KB199898

오늘부터 시작하는 영성 훈련

오늘부터 시작하는 영성 훈련

기획 | 서정오
책임편집 | 이강학
지음 | 영성 연구회 평상
초판 발행 | 2017. 10. 23
6쇄 발행 | 2024. 3. 12
등록번호 | 제1988-000080호
등록된 곳 | 서울특별시 용산구 서빙고로 65길 38
발행처 | 사단법인 두란노서원
영업부 | 2078-3352   FAX | 080-749-3705
출판부 | 2078-3331

독자의 의견을 기다립니다.
tpress@duranno.com   www.duranno.com

두란노서원은 바울 사도가 3차 전도여행 때 에베소에서 성령 받은 제자들을 따로 세워 하나님의 말씀으로 양육하던
장소입니다. 사도행전 19장 8-20절의 정신에 따라 첫째 목회자를 돕는 사역과 평신도를 훈련시키는 사역, 둘째 세
계선교(TIM)와 문서선교 (단행본·잡지) 사역, 셋째 예수문화 및 경배와 찬양 사역, 그리고 가정·상담 사역 등을 감당하
고 있습니다. 1980년 12월 22일에 창립된 두란노서원은 주님 오실 때까지 이 사역들을 계속할 것입니다.

한국 교회와 성도들을 위한 영성 훈련 입문서

오늘부터 시작하는 영성 훈련

서정오 기획 | 이강학 책임편집 | 영성 연구회 평상 지음

두란노

《오늘부터 시작하는 영성 훈련》을 펴내면서

마르틴 루터 종교개혁 500주년의 해가 끝나 가는 요즘, 씁쓸한 느낌을 지울 수 없다. 한국 교회는 그동안 기회가 있을 때마다 "개혁"을 외쳤지만 몇 번의 포럼, 세미나, 회개 기도회와 예배, 집회로 모여서 개혁선언문, 신학 선언서 몇 장을 발표하고는 대개 그것으로 끝낼 때가 많았다. 개혁의 과제를 구체적으로 실천한 결과물들을 보지 못한 아쉬움이 있었다는 의미이다. 그런데 올해도 역시 크게 다르지 않고, 이렇게 또 개혁의 기회를 잃고 마는가 하는 생각에 답답하다.

한국 교회는 과연 "교회는 항상 개혁되어야 한다"(Ecclesia semper reformanda)라는 기치 아래 있는 개혁 교회가 맞을까? 어떤 외국 학자가 "오늘날의 한국 교회는 종교개혁 직전의 가톨릭과 완전히 닮은꼴"이라 한 지적에 누군들 할 말이 있을까?

몇 년 전 세 번째 안식년을 보내며, 몇 년 남지 않은 시간에 어떻게 유종의 미를 거둘 수 있을까 고민하다가 그동안 눈앞에 닥치는 것들에 허겁지겁 반응하다가 정작 중요한 사명에 게을렀음을 돌이켜 보며 후회했다. 결국 문제의 핵심은 제도도, 조직도, 프로그램도 아니라 영적 지도자들의 영성이었음을 다시 한 번 더 절실히 깨달으며, 남은 시간만큼이라도 이 일에 집중해야겠다고 결심했다. 하지만 그렇게 결심하고 나니, 아는 것도 해 놓은 것도 없어서 혼자서는 아무것도 못하겠다는 생각에 뜻있는 여러 분들이 함께 일할 수 있는 자리라도 마련하면 좋겠다 싶었다.

30여 년 전, 아직 '영성 형성'(spiritual formation)이라는 말이 익숙하지 않던 시절, 하나님의 은혜로 영성 신학에 대한 공부를 할 수 있었다. 하지만 영성 신학이란 개념도 분명하지 않았던 초창기였고, 영어도 제대로 배워 본 적이 없었으니 개념을 이해하는 것조차 벅찼다. 그러고는 힘에 부치는 목회를 감당하느라 허덕이며 여기까지 왔고, 은퇴를 몇 년 앞둔 시점에 서게 되었다.

그래서 제대로 영성을 공부한 젊은 신학자들과 목회 현장에서 정신없이 뛰고 달리는 목회자들이 서로 만나서 삶과 생각과 지혜를 나누는 장을 마련해 보았다. 일러 영성 신학적 '산학 협동'(産學 協同)이라 할까, 너무 딱딱하지 않고 편하게 생각과 삶을 나누는 모임으로 '평상'이라는 이름을 지었다.

시골에서 자란 내게 평상은 밥상이요, 침상이요, 책상이었다. 선친과 그 교우들이 시국을 논하시던 정치 토론장이었고, 어머님과 이웃 아낙네들이 부침개를 부쳐 먹으며 웃으시던 행복한 나눔의 자리였다. 지나가던 사람들도 거리낌 없이 끼일 수 있고, 그러다가 급한 사람은 언제든 자유롭게 일어나 떠날 수 있는 편안한 곳, 규칙도 규정도 헌법도 회장도 임원도 없는 곳이었다.

그렇게 촌스럽지만 정감이 가는 이름 아래 모임을 시작하면서 신학자들이 각각 연구한 내용들을 발표하고, 목회자들은 듣고 질문하고 토론하며 삶을 나누었다. 그렇게 모아진 생각들을 신학자들이 평신도들도 이해하고 훈련할 수 있을 만큼 쉽고 재미있게 정리해서 첫 번째 책을 내게 되었다.

초본을 읽으며 가슴이 설레었다. 희망이 보였다. 번역서들의 낯선 어투나 딱딱한 개념 설명을 한국인 학자들이 한국적 정서로 녹여 내어 쓴 글들을 읽으며 영성 훈련에 관심을 가진 사람이라면 누구든지 이 책을 통해서 자신 있게 훈련을 시작할 수 있겠다는 확신이 들었다.

이 책은 평신도 양육 교재로 사용할 수 있는 최적의 영성 훈련 입문서다. 쉽고도 재미있는 설명과 매 장마다 첨가된 영성 훈련 안내문과 소그룹 나눔 질문은 평소 감히 엄두를 내지 못했던 평신도들은 물론, 영성 목회를 꿈꾸는 목회자들에게도 훌륭한 지침을 제공한다. 앞으로 영성 훈련 인도자를 위한 책을 낼 예정이지만, 이 책만으로도 한국 교회의 영성 훈련에 실제적인 도움이 될 수 있으리라 생각되어 기쁘기 그지없다.

도와주신 많은 분이 없었다면 이 책은 출판될 수 없었을 것입니다. 무엇보다 이 일을 할 수 있도록 기꺼이 지원해 준 동숭교회 당회와 모자라는 재정을 기쁨으로 도와주신 ㈜도시애의 구지윤 회장, 디자인과 숙소, 때마다 식사까지 대접해 주신 최난숙 대표, 이 어려운 작업의 중심에서 젊은 신학자들이 최선의 작품을 낼 수 있도록 기획하고 방향을 잡을 뿐 아니라 꼼꼼하게 챙겨 이만큼 좋은 작품이 나오도록 진두지휘해 주신 이강학 교수님, 뜨거운 열망으로 매 모임마다 참석하시면서 출판을 6개월이나 앞당겨 주신 두란노에 감사를 드린다.

바라기는 이 책이 한국인 학자들이 힘과 지혜를 모아 쓴 영성 훈련 종합 입문서로, 한국 교회와 영적 지도자들이 신앙의 본질로 돌아가는 좋은 훈련 교재가 되기를 소망한다. 동시에 '평상'에 함께 자리하고 싶으신 분들이 있다면 자유롭게 들락거리며 삶을 나누었으면 한다. 깊은 산속 조그만 옹달샘에서 솟아나는 작은 물줄기가 언제 그 큰 강물을 다 맑힐 수 있을까 때로는 조바심도 나지만, 포기하지 않고 계속 샘물을 흘려보내면 언젠가는 온 세상을 맑히는 물 근원이 되리라 믿어 본다.

 Soli Deo Gloria(오직 하나님께만 영광을).

영성 연구회 평상의 첫발을 축하하며

서정오

한국 교회를 위한 영성 훈련 안내서

한국에 기독교 영성이 소개된 지도 이제 30여 년이 훨씬 넘었다. 많은 신학교에서 기독교 영성을 전공한 교수들이 신학생 및 목회자들을 위해 영성 강의 및 영성 훈련 안내를 하고 있다. 또한 영성 훈련과 영성 지도를 도와주는 영성 센터들도 속속 설립되고 있다. 아울러 많은 지역 교회에서 기독교 영성에 대한 이해가 깊은 목회자들이 성도들의 영성 심화를 위한 강의 및 영성 훈련 기회를 제공하고 있다. 목회 상담 또는 기독교 상담 전문가들도 영성 및 영성 지도에 관심을 갖게 되었고, 자신들의 이해와 경험을 바탕으로 상담 사역에서 상담과 영성의 통합을 시도하고 있다. 영성에 대한 깊은 이해, 그리고 다양한 경험을 한 일반 성도들도 많아졌다.

이처럼 한국 개신교에서 근래에 영성에 대한 관심이 고양된 배경에는 한국 그리스도인들의 깊은 영적 열망이 자리 잡고 있다. 그 열망은 한국 교회의 상황이 어둡기에 더 강렬해진 것이다. 정상적인 그리스도인이라면 누구나 하나님과의 깊은 만남을 지향하게 되어 있다. 기독교 영성은 하나님과의 만남의 경험에서 출발하는데, 하나님을 만난 사람은 하나님과 더 깊은 사귐을 갈망하기 때문이다. 그러나 현재 한국 교회의 환경은 그러한 영적 열망에 제대로 부응하지 못하고 있는 것이 현실이다.

종교개혁 500주년을 기념하며 우리는 다시 이런 질문을 하게 된다. "어떻게 하면 우리 자신이 영적으로 더 깊어지고, 더 넓어질 수 있을까? 어떻게 하면 다른 그리스도인이 영적으로 더 깊어지고, 더 넓어지도록 도와줄 수 있을까?" 이 책은 이 질문에 대한 젊은 영성학자들의 반응이다.

영적인 열망이 있는 사람들은 누구나 영성을 주제로 한 책을 읽든지, 영성을 안내해 줄 수 있는 사람을 만나려고 한다. 그동안 많은 현대 영성 저자들이 한국 교회 영성의 대중화에 기여했다. 대표적으로 토머스 머튼(Thomas Merton), 헨리 나우웬(Henri Nouwen), 리처드 포스터(Richard Foster), 유진 피터슨(Eugene H. Peterson), 그리고 달라스 윌라드(Dallas A. Willard) 등을 들 수 있다.

그런데 영성에 대한 이해는 영성 훈련을 실습하면서 더 깊어진다. 기독교 영성 훈련이란 개인적으로, 그리고 공동체적으로 그리스도인이 하나님의 현존(또는 임재, presence)과 활동, 부르심을 알아차리기 위해 하나님께 집중하는 데 도움이 되는 모든 방법을 가리킨다. 다양한 영성 훈련을 하는 책들도 대중적으로 소개되었다. 리처드 포스터의 《영적 훈련과 성장》처럼 다양한 영성 훈련들을 한 권에 담은 책들도 있고, 제임스 윌호이트(James Wilhoit)와 에반 하워드(Evan Howard)의 《렉시오 디비나》처럼 한 가지 영성 훈련을 집중적으로 소개하는 책들도 있다.

그런데 문제는 기독교 영성 훈련을 소개하는 책들이 대부분 번역서라는 점이다. 물론 영성 훈련을 소개하는 좋은 외국 저자들의 책을 대중이 읽을 수 있도록 번역하는 것은 필요한 일이다. 그렇지만 최근에 번역된 영성 훈련 관련서들 가운데는 새로운 내용은 없이 예화들만 바뀐 것 같은 느낌을 주는 책들이 있다. 또 한국 교회의 상황에서 현실적으로 적용하기 힘든 내용들로 채워진 책들도 있다. 바야흐로 한국 교회의 실정을 잘 아는 한국인 저자들이 쓴 영성 훈련 안내서가 필요한 때가 왔다.

동숭교회 서정오 목사님과의 만남은 이런 문제의식에 돌파구가 되었다. 서정오 목사님은 영성에 관심이 있는 목사들과 영성을 전공한 젊은 신학자들이 만나서 대화를 나누고, 그 결과를 모아 책으로 출판하면 좋겠다고 필자에게 제안했다. 젊은 영성학자들은 연구한 내용을 발표하고, 목사들은 목회 현장을 염두에 두고 질문하고 토론하며 서로 소감을 나누는 세미나 또는 포럼 형식의 모임을 갖는 것이다. 이 모임의 이름은 '평상'이 되었다. 평상은 집이나 마을 회관 앞에 놓여 누구나 편안하게 대화를 나눌 수 있는 자리다.

그렇게 영성 학자들과 목사들이 모여 '평상'이 시작된 지 벌써 1년이 넘었다. 몇 차례의 포럼을 통해 영성 학자들은 목회 현장에서 비롯된 목사들의 관심과 염려를 이해하게 되었고, 목사들은 두리뭉실하게 여겨졌던 영성을 좀 더 잘 알게 되었다.《오늘부터 시작하는 영성 훈련》은 그 첫 열매다.

《오늘부터 시작하는 영성 훈련》의 특징은 무엇인가?

제목에 '시작'이라는 단어를 보면서 아마도 독자들은 다음에 심화편이나 인도자용이 나오리라고 예상했을 것이다. 맞다. '평상'은 인도자를 위한 영성 훈련서를 계획하고 있다. 그래서 저자들은 본서에서 가급적이면 쉽게, 대중적으로 쓰려고 노력했다.

아울러 집필 원칙으로서 중요하게 생각한 것은 가능한 한 개신교인 독자를 배려하자는 것이었다. 그래서 각 장에서 해당 영성 훈련의 성경적 배경을 깊이 있게 다루었다. 또한 개신교 자료를 가급적이면 많이 참고하려고 했다. 물론 영성 훈련의 역사적 뿌리를 살펴보자면 어떤 영성 훈련은 가톨릭 자료들을 참고할 수밖에 없다. 그럼에도 불구하고 저자들은 개신교 신학에 잘 접목되는 한도 내에서 그 자료들을 참고하려고 노력했다.

다음으로, 각 장은 영성 훈련을 혼자서도 실습할 수 있도록 구체적인 안내문을 제시했다. 그리고 소그룹 모임에서 사용할 수 있는 토론 질문들을 실어 공동체가 함께 영성 훈련을 실습해 나가는 데 도움을 주고자 했다.

마지막으로, 영성 훈련은 개인과 공동체 사이에 균형을 잡는 것이 중요하다. 이 책은 영성 훈련을 개인적으로 해 나갈 수 있도록 돕는 데 초점을 두었지만 공동체를 도외시하지 않았다. 소그룹으로 함께 영성 훈련을 하도록 격려할 뿐만 아니라 "예배"(4장), "자연 묵상"(8장), "환대"(11장), 그리고 "영성 지도"(14장) 등의 주제들은 이웃과 자연을 영성 훈련에 포함시키고 있다. 영성 훈련의 목적은 하나님께 초점을 맞추는 것이지만, 하나님의 임재와 부르심을 알아차리는 경험은 한 개인의 내면만이 아니라 외면, 즉 이웃 안에서, 또 피조 세계 안에서도 일어날 수 있기 때문이다.

《오늘부터 시작하는 영성 훈련》의 각 장의 주제는 다음과 같은 생각을 바탕으로 배열했다.

1장은 기독교 영성 훈련의 기본적인 개념들을 이론적으로 제시한다. 2장부터 12장까지는 다양하면서도 필수적인 영성 훈련들을 소개한다. 13장과 14장은 영성 훈련을 지속하는 데 도움이 되는 방법을 안내한다.

구체적으로, 1장에서 이종태 박사는 기독교 영성과 관련된 중요한 개념들, 즉 '기독교 영성', '영성 형성', 그리고 '영성 훈련'을 설명해 준다. 기독교 영성 훈련의 출발은 성경 묵상이다. 2장에서 권혁일 박사는 대표적인 성경 묵상법인 '거룩한 읽기'(렉시오 디비나)를 성경 및 교회사 자료를 바탕으로 소개한다. 3장에서 김경은 박사는 또 다른 대표적인 성경 묵상법인 '그리스도의 생애 묵상'을 설명해 준다.

4장에서 이종태 박사는 그리스도인이 하나님의 임재를 경험할 수 있는 핵심적인 환경으로서의 예배를 영성 훈련의 관점에서 바라본다. 5장에서 박세훈 박사는 필수적인 영성 훈련인 기도를 다룬다. 6장에서 백상훈 박사는 현대 사회에서 참 안식을 경험하려면 어떻게 해야 하는지를 설명해 준다.

7장에서 이주형 박사는 금식 훈련을 금욕과 더불어 폭넓게 적용한다. 8장에서 최광선 박사는 영성 훈련의 장을 자연으로 넓혀서 생태적 예수를 닮아 가는 훈련의 관점에서 자연 묵상을 소개한다. 9장에서 김경은 박사는 일상 속에서 삶의 경험을 살펴보면서 하나님을 알고 자신을 알아 가는 의식 성찰 훈련을 안내한다.

10장에서 권혁일 박사는 영적 일기를 영성 훈련의 관점에서 들여다본다. 11장에서 이경희 박사는 우리의 시야를 이웃에게 돌려서 환대를 영성 훈련으로 실습하도록 제안한다. 12장에서 백상훈 박사는 일을 영성 훈련의 관점에서 바라보도록 돕는다. 13장에서 이주형 박사는 영적 분별 훈련을 통해 성령의 역사를 분별하는 방법과 하나님의 뜻 안에서 결정을 내리는 방법을 안내한다. 마지막으로 14장에서 이강학 박사는 영성 훈련을 지속할 수 있도록 도와주는 영성 지도에 대해 소개한다.

영성 훈련은 혼자서 하기보다는 소그룹으로 함께 해 나가는 것이 효과적이다. 영성의 심화는 공동체 환경 안에서 가능하다는 것이 신앙 선배들의 경험에서 우러나온 조언이다.

소그룹 모임은 다음과 같이 운영하기를 제안한다. 이때 소그룹 나눔 분위기는 14장 "영성 지도"에서 제안하는 경청 및 반응 대화 방식을 따른다. 첫째, 함께 각 장을 읽고 토론하며 이해하는 시간을 갖는다. 둘째, 개인적으로 실습 안내문을 사용해 실습한다. 셋째, '소그룹 나눔 질문'을 사용해 경험한 것을 함께 나눈다. 넷째, 서로를 위해 기도한다.

이 책의 출판과 관련해서 감사드릴 분들이 많다. 먼저 출판이 가능하도록 물심양면으로 지원해 주신 서정오 목사님께 감사드린다. 또한 신학 교육 및 목회 현장에서 바쁜 사역에도 불구하고 좋은 원고를 써 주신 저자들께 감사드린다. 아울러 저자들의 신학적 사고가 목회 현장에 뿌리내릴 수 있도록 좋은 질문을 던져 주시고 소감을 나눠 주신 '평상'의 목사님들께 감사드린다. 마지막으로, 독자들의 구미에 맞게 뛰어난 감각으로 원고들을 편집해 준 두란노 출판부에 감사드린다.

아울러 편집인으로서 몇 가지 염려가 있다. 논문 쓰는 습관을 벗어나지 못한 저자들의 표현 때문에 혹시 불편한 마음이 드는 독자가 있을 수 있다. 또 9명의 저자들이 참여했기 때문에 어떤 독자는 한 사람의 저자가 쓴 글과는 다른 불연속성을 발견할 수도 있겠다. 한국인 영성 저자들이 앞으로 더 좋은 영성 서적을 출판할 수 있도록 여러분의 격려와 조언을 부탁드린다.

앞서 언급했듯이 인도자를 위한 교재를 기획하고 있다. '인도자용'은 각 영성 훈련과 관련된 신학적이고 역사적인 내용을 학문적인 자료들을 바탕으로 더 깊이 있게 다룰 예정이다. 아울러 '학습자용'에 관한 독자들의 질문에 대한 저자들의 답변도 실으려고 한다. '평상'의 노력이 한국 교회의 영성을 깊이 있게 하는 데 조금이라도 기여할 수 있기를 바라고 기도한다.

500주년 종교개혁을 기념하며
이강학

1

기독교 영성 · 영성 형성 · 영성 훈련

이종태

'영성'이라는 말

|

'영성'은 성경에 없는 말이다. '신학'이라는 말이 그렇듯이 말이다. 하지만 신학이라는 말과 더불어 이제 영성은 신앙을 논할 때 빠뜨리기 어려운 핵심 용어가 되었다. 그럼에도 '신(神)에 대한 학문(學)'을 뜻하는 신학(神學)과 달리, 영성(靈性)은 한자어만 가지고는 의미를 종잡기가 어렵고, 오히려 오해를 조장하기 쉽다.

국어사전에서 '영성' 항목을 찾아보면 "신령한 품성이나 성질"이라고 뜻풀이가 되어 있다. 이런 의미의 영성은 '물성'(物性, 물질이 가지고 있는 성질)의 반대어라 할 수 있을 것이다. 하지만 현대 기독교 문헌이나 담론에서 영성이 그런 의미로 사용되는 경우는 거의 없다. 그렇다면 영성이란 무엇인가?

영성의 의미를 확정 지으려는 것이 이 글의 목적은 아니라는 점을 처음부터 밝혀 둔다. "영성이란 무엇인가?"는 학계에서 논의가 이제 막 본격적으로 시작된 문제라 할 수 있다. 신학계, 종교학계뿐 아니라 심리학계, 사회학계, 보건학계 등 여러 다양한 학문 분야가 영성에 대한 여러 다양한 작업적 정의(working definition)를 개진하고 연구를 수행하고 있는 실정이다.

학계의 토론장에서 영성에 대한 합의된 정의(定義)가 도출될 가능성은 '아름다움'에 대한 합의된 정의가 도출될 가능성만큼이나 희박해 보인다. 다시 말해, 영성은 딱 부러지게 정의하기(define) 어렵다.

사실 우리 삶에서 정말 중요한 말들은 다 그렇게 딱 부러지게 정의 내리기 어렵다. 사랑이 무엇인지, 정의(justice)가 무엇인지, 진리가 무엇인지 그 말을 쓰는 사람들 모두가 동의할 만한 정의를 내리는 일이 가능할까? 아니, 과연 필요한 일일까?

아름다움의 의미에 대한 딱 부러진(definite) 정의는 존재하지 않지만, 실제 삶에서 우리는 그 말을 가지고 유의미한 소통을 하고 있다. 우리는 어떤 사람이 무언가를 가리켜 "아름답다!"라고 말할 때 그 말이 무슨 말인지 안다. 마찬가지로, 우리는 사람들이 어떤 이를 가리켜 "영성이 깊다"라고 말할 때, 혹은《지성에서 영성으로》[1] 같은 책 제목을 접할 때 그 말이 무슨 말인지 안다. 적어도 감(感)을 잡는다.

영성과 신학

|

하지만 아름다움과 달리 영성은 고래(古來)로부터 쓰이던 말이 아니라 불과 30여 년 전부터 광범위하게 회자되기 시작한 말이다. 이러한 이유로 그 기간의 사정을 살펴보는 일은 오늘 우리가 그 말을 가지고 유의미한 소통을 하는 일을 위해 필요하다. 한 가지 유용한 접근법은 영성이 신학이라는 말과 어떻게 구별된 의미를 갖게 되었는지를 살펴보는 것이다.

기독교 역사에서 본래 신학은 오늘 우리가 영성이라는 말로 뜻하는 바를 포함하는 말이었다. 신학은 단순히 (요즘 의미의) 학문이 아니었다. 보다 정확히 말하자면, 본래 학문은 곧 영성(적 활동)이었다. 학문을 한다는 것은 곧 영성을 추구한다는 것이었다. 신학자는 곧 영성가였고, 영성가는 곧 신학자였다. 신학을 한다는 것(신학함)은 단순히 지식(information)을 추구하는 활동이 아니었고, 자기 실존의 변화(transformation)를 추구하는 영적 활동이었다. 다시 말해, 신학(함)이란 곧 구도(求道)였다. 신학자는 구도자였다.

비단 신학만이 구도는 아니었다. (적어도) 고대 세계에서 철학(함)은 "참 사람의 길"(a way of life)을 찾는 영성적 활동이었다.[2] 철학자는 단순히 똑똑한 사람이 아니라 지혜로운 사람이었다. 단순히 머릿속에 든 것이 많은 지식인이 아니라 사람들에게 우주의 도(道)와 그에 따른 인생의 도를 가르쳐 줄 줄 아는 현인(賢人)이었다. 진정한 철학자가 추구했던 것은 지식이 아니라 지혜였다. 헬라어에서 지혜는 '소피아'(sophia)인데, 철학 곧 '필로소피아'(philo-sophia)는 '지혜를 향한 사랑'이라는 뜻이다. '지혜를 갖춘 자'라는 뜻의 '소피스트'(sophist)들과 달리 소크라테스(Socrates), 플라톤(Plato) 같은 철학자들은 스스로를 '지혜를 사랑하고 추구하는 자'라고 불렀다. 즉 그들은 구도자였던 것이다.

북아프리카 히포의 주교였던 어거스틴(St. Augustine, 354-430)은 《신의 도성》, 《삼위일체론》 같은 위대한 신학 명저를 남긴 신학자이기도 하지만 《고백록》 같은 심오한 영성 고전을 남긴 영성가이기도 하다. 그에게 있어서 신학과 영성은 분리될 수 없는 하나였다. 그의 신학은 영성으로부터 흘러나왔고, 그의 영성은 신학의 토대 위에 서 있었다. 그의 신학적 통찰은 곧 그의 영성적 통찰이었고, 그의 영성적 깊이는 곧 그의 신학적 깊이였다.

신학과 영성이 본래 하나였다는 흔적은 오늘날 아주 없어지지는 않았다. 신학도들은 단순한 지식 추구, 학문적 연구로서의 신학 공부와 구분되는 의미로 '신학함'(doing theology, theologieren)이라는 말을 쓰기도 한다.

신학함이란 영(성)적 추구로서의 신학 공부로서, '공부'(工夫)라는 말이 가진 본연의 의미, 즉 단순한 연구나 학습이 아닌 수련(discipline)으로서 공부다. 이 공부는 머리를 쓰는 일일 뿐 아니라 몸과 마음을 닦는 일이며, 자신의 실존적 변화, 영적 성숙을 목적으로 한다. 즉 신학함에 있어서 영성(경건)과 학문은 하나다.[3]

하지만 오늘 우리는 어떤 사람이 뛰어난 신학자라고 해서 그가 깊은 영성가일 것이라고는 생각하지 않는다. 아니, 오히려 신학 공부를 많이 하면 할수록 영적으로는 메말라진다고 생각하는 경향이 있다. 신학과 영성의 분리가 일어난 것이다.

영성의 역사를 연구하는 이들은 흔히 12-13세기를 신학과 영성의 분리가 일어나기 시작한 시기로 본다. 당시 유럽에 대학교가 처음 세워지기 시작했는데, 대학교의 등장은 인류의 지성사, 문명사뿐 아니라 기독교 영성의 역사에 있어서도 중요한 의미를 갖는다.

그전까지 신학은 수도원에서 수도사들이 연구(수련)하는 학문이었다. 하지만 이제 신학은 대학교에서 교수들이 연구하고 가르치는 하나의 학과(subject)가 되었다. 대학교 신학은 점점 더 요즘 의미로 학문적이 되어 갔고, 수도원 신학은 신학 센터로서의 지위를 잃어 가면서 점점 더 '정의'(情意)적(affective)이 되어 갔다. 여기서 정의란 의지(意志)가 동반되는 감정(感情)을 의미한다. 후기 중세 이후로 기독교 영성가들은 진리 자체이신 하나님을 지성(intellect)적으로 깨닫는 영성보다는 하나님을 의지(마음)를 다해 사랑하는 영성을 더 강조했다.

거칠게 말해, 신학과 영성의 분리 이후로 신학은 점점 더 지성에 경도되어 이성화(rationalization)되어 갔고, 영성은 점점 더 감성에 경도되어 심리화(psychologization)되어 갔다. 신학은 이성적 이론(theory)으로 축소되었고,

영성은 심리적 체험(experience)으로 축소되었다. 교부 신학과 영성의 중심 어휘인 '테오리아'(theoria, 관상, 觀想)에 내포된, 참된 이론은 체험적인 것이고, 참된 체험은 이론적인 것이라는 본래적 비전을 잃어버리고 말았다.

신학의 본질이었던 (그러나 점차 신학의 중심부에서 밀려나 버린) 구도적 삶과 영적 체험을 가리키는 말로 30여 년 전부터 영성(spirituality)이라는 말이 즐겨 사용되어 왔다. 이런 의미에서 영성은 신학의 원천이자 목적이다. 가령 삼위일체 신학(trinitarian theology)은 하나님을 삼위일체로서 경험했던 체험과 그 영적, 신학적 비전을 따라 사는 삶, 즉 삼위일체 영성(trinitarian spirituality)에서 비롯한 것이며, 또 그런 체험과 삶으로 우리를 인도해 주는 안내자여야 한다. 이런 의미에서 신학은 영적 체험과 영적 삶에 대한 이차 담론(second-order discourse)으로서, 영성에 대한 성찰(reflection)이라고 할 수 있다.

이렇게 볼 때 우리는 왜 그간 영성이 상당 부분 의미가 중첩되는 '신심'(devotion)이나 '경건'(piety) 같은 말들을 대체하고 포섭해 왔는지 그 사정을 어느 정도 이해할 수 있게 된다. 신심이나 경건 같은 말들은 그 본래적 의미가 무엇이었든, 오늘날에 이르러서는 신학의 원천과 목적으로서의 자기이해를 가진 말들이 못 된다. 영성은 흔히 종교의 핵심 내지 심층을 가리키는 말로 이해되고, 따라서 종교의 현 양태를 뿌리에서부터(radically) 새롭게 변모시킬 수 있는 무엇으로 이해되는 반면, 신심이나 경건 같은 말들은 그처럼 기존의 신학이나 종교에 근본적 도전을 제기할 수 있는 무엇으로 [일반 언중(言衆)에게] 이해되지 못하고 있는 형편이다.

사실 신심이나 경건은 신학의 이성화와 맞물려 있는 영성의 심리화와 그에 따른 영성의 개인주의화(individualization), 사사화(privatization) 등으로 인해 (불행하게도) 상당한 의미 축소를 겪은 말들이라 하겠다.[4]

영성은 종교를 넘어 철학, 문화, 예술의 핵심이자 심층을 가리키는 말로 사용되기도 한다. "종교가 문화의 실제 내용이며 문화는 종교의 형식"[5]이라면 충분히 이해되는 일이다. 즉 영성은 인간이 단순 생존을 위해 하는 일을 넘어 '인간으로서'(qua human) 하는 모든 일의 궁극적 관심(ultimate concern) 차원을 가리키는 말로 이해가 확대되고 있는 추세다.

보편적 영성

인간의 궁극적 추구와 관계된 무엇으로서의 영성에 대한 이해로서 현재 신학계에서 가장 많이 회자되는 영성에 대한 정의는 샌드라 쉬나이더스(Sandra Schneiders)의 것인데, 요약하면 다음과 같다.

"영성이란 궁극적 가치를 향해 자기 초월을 통해 온전한 삶을 추구하는 경험이다."[6]

이 정의가 강조하는 몇 가지를 정리해 보면 이렇다. 영성은 경험이고 체험인데, 어쩌다 해 본 경험이나 단순한 감정적 체험이 아니라 무엇인가를 추구하는 경험이다. 다시 말해, 영적 체험이 곧 영성은 아니다. 초자연적 환상을 보았다면 어떤 의미에서 영적 체험을 한 것이지만, 그것이 곧 영성은 아니다. 영성은 무엇인가를 추구하는 여정이고 그 길을 걷는 삶이다. 다시 말해, 영성은 구도하는 삶, 실천, 수련, 경험이다. 그런데 영성이 추구하는 도는 꼭 종교적인 무엇일 필요 없는, (본인에게) 궁극적 가치로 여겨지는 온갖 것이다. 지향하는 궁극적 가치가 삼위일체 하나님, 하나님 나라 등이라면 그 영성은 기독교 영성이 된다.

그리고 궁극적 가치를 추구하는 일은 자기 초월을 수반한다. 자기밖에 모르는 사람은 영성의 길을 가는 사람일 수 없다. 영성은 자기를 넘어서는 무엇을 추구하는 길이며, 그 길에서 그는 참 자기를 찾는다. 삶이 통합되고 온전해진다.

주지하는바, 이는 영성에 대한 보편적 정의로서 모든 보편적 정의가 가진 강점과 약점을 지니고 있다. 약점은 이렇다. 가령 기독교 영성 전통에 충실한 일원이라면 이러한 보편적 정의가 "성령을 따라 사는 삶"이나 "예수 그리스도의 형상을 본받는 삶" 같은 (기독교 영성 전통에 충실한) 정의에 비해 너무 추상적이라고 느낄 것이다. 자신들이 실제로 살아 내고 있는 영성의 생동감과 구체성을 제대로 포착하지 못했다고 여길 것이다.

그러나 강점도 분명하다. 먼저 우리는 좋든 싫든 이제 영성은 기독교가 배타적으로 독점할 수 없는 단어가 되었다는 사실을 받아들여야 한다. 신학이라는 말도 기독교가 독점했던 시대가 지나고 '이슬람 신학'이라는 말이 버젓이 사용되고 있듯이, 현재 학계와 서구의 일반 담론 공간에서는 '힌두교 영성', '생태주의 영성'이라는 말이 활발히 통용되고 있는 실정이다.

우리는 생태주의 운동가들에게 영성 운운하지 말라고 말하거나, 혹은 우리 편에서 그 말을 불온시하는 식의 대응을 하기보다는 오히려 영성을 복음 전도(evangelism)를 위한 일종의 접촉점(point of contact)으로 삼아야 한다. 그들에게 생태주의가 단순히 사상이나 이데올로기나 운동을 넘어 영성인 이유를 이해시키고, 그들의 그런 영적 갈망(desire)이 그리스도 안에서 어떻게 성취(를 향한 희망)를 발견할 수 있는지를 소개하고 증언하는 식의 접근을 할 필요가 있다.

다시 말해, 영성은 깊은 차원에서의 상호 이해를 촉진하는 대화를 가능하게 한다. 대화 없이 전도할 수 없음은 물론이다.

하나님의 형상

|

기독교 신학에 따르면, 인간에게 영성이 있는 이유는 인간이 하나님의 형상(imago dei)대로 지음 받은 존재이기 때문이다. 과거에는 흔히 하나님의 형상을 인간에게 (고유하게) 있는 이성을 가리키는 것으로 이해하곤 했으나, 근래에는 인간에게 선물(gabe)이자 과제(aufgabe)로 주어진 하나님의 형상을 인간의 관계성을 가리키는 것으로 이해하자는 제안이 힘을 얻어 왔다. 즉 인간은 (인격적) 관계를 맺을 수 있는 존재이며, 관계를 맺을 수 있는 존재이기에 사람이다.

"나는 더불어 존재한다. 그러므로 나는 존재한다"(coexisto ergo sum).

인간을 관계적(relational) 존재로 보는 입장은 영성을 관계성 차원에서 이해해 볼 수 있게 해 준다. 즉 인간은 하나님(the divine Thou)과 관계를 맺을 수 있는 존재이며, 또 이웃인 너(thou)와 관계를 맺을 수 있는 존재다. 더 나아가 인간은 자연과도 관계를 맺을 수 있으며, 보다 미묘한 의미에서이지만 나 자신과도 관계를 맺을 수 있는 존재다.

기독교 영성이 추구하는, 그리스도께서 약속하신 풍성한 삶(요 10:10)이란 바로 이러한 관계들이 꽃피는(flourishing) 삶이라고 할 수 있을 것이다. 즉 하나님과 나 사이, 나와 너 사이, 나와 자연 사이, 나와 나 사이 등 모든 사이가 좋아지는 것이 성경이 말하는 샬롬(shalom)이며 화해(reconciliation)일 것이다. 하나님과 내가 친(親)해지고, 나와 너가 친해지고, 나와 자연이 친해지고, 나와 내가 친해지는 것 말이다.

나는 당연히 나와 친할 것 같지만, 실제 사람은 알게 모르게 자기를 혐오하거나 용납하지 못한 채 살아가고 있다. 하나님이 그리스도 안에서 나를 용납해 주셨다는 사실, 즉 복음을 받아들일 때 사람은 비로소 자기 자신을 용납하고 진정으로 사랑할 수 있는 영적 힘을 얻게 된다.

나와 나 사이뿐 아니라 나와 너 사이, 그리고 나와 자연 사이 등 모든 사이가 회복되기 위한 관건, 근본 토대가 되는 사이는 다름 아니라 하나님과 나 사이이며, 그 모든 사이를 회복시켜 주는 존재는 바로 중보자 예수 그리스도이시다.

갈망

|

기독교에 있어서 영성은 본질적으로 관계성이며, 모든 관계 중에서 근본 관계는 하나님과의 관계이기에 기독교 영성은 하나님과 (더 깊은) 관계를 맺고자 하는 갈망을 근본 특징으로 한다. 더 나아가 기독교는 인간이 품게 되는 모든 인간다우면서도 영적인 갈망의 배후와 근저에 바로 이러한 하나님과의 일치를 향한 갈망이 자리하고 있으며, 그 갈망을 알아차리고 삶의 동인(動因)으로 삼을 때 영적인 삶이 시작된다고 가르친다. 어거스틴의 《고백록》에 나오는 다음 구절은 가히 기독교 영성의 정수를 집약적으로 보여 주는 한 문장이라 할 만하다.

"당신은 우리를 당신을 향해서 살도록 창조하셨으므로 우리 마음은 당신 안에서 안식(rest)할 때까지는 평안할 수 없습니다(restless)"(1.1.1).[7]

사람의 마음은 쉼 없이 요동한다. 마음 둘 곳을 찾지 못했기 때문이다. 본향을 떠나왔기 때문이다. 사람은 본래 하나님 안에서 살도록 지음 받았다. 내가 하나님 안에 있고, 하나님이 내 안에 사시는 영적 일치[8] 가운데 사는 것이 사람이 본래 지음 받은 뜻이었다. 그렇기에 사람은 세상으로 향하던 마음을 돌려 하나님을 향해(ad te) 살 때 비로소 실존의 불안이 그치고 평안을 얻게 된다. 마음의 쉼(sabbath)을 찾게 된다.

영성 형성

|

하나님의 형상대로 지음 받은 인간이 관계적 존재인 이유는 하나님 자신이 관계적 존재이시기 때문이다. 이슬람 신학의 신과 달리, 기독교 신학의 하나님은 삼위일체라는 거룩한 사랑의 관계 안에 존재하시는 분이다. 성부는 성자를 사랑해 자신의 모든 것을 끊임없이 내어 주시는 분이고, 성자는 성부를 사랑해 자신이 성부께 받는 모든 것을 끊임없이 성부께 다시 돌려 드리시는 분이며, 성부와 성자 사이에서 끊임없이 운동하는 그와 같은 거룩한 사랑이 곧 성령이시다.

기독교 신학의 근본인 삼위일체는 또한 기독교 영성의 근본이기도 해서, 기독교 영성학은 그리스도인의 영성의 삶을 하나님의 생명인 그러한 역동적 사랑의 관계 안에 (은혜로 초대 받아) 참여(koinonia)하는 것으로 이해한다. 그리스도인에게 영성의 삶이란 성자가 성부를 사랑하시는 그 사랑에 내가 그리스도 안에서 동참하는 것이다. 이는 은혜에 대한 응답인데, 성자를 향한 성부의 사랑("너는 내 사랑하는 아들이다!")이 그리스도 안에서 내게 쏟아부어졌기 때문이다. 이것이 "성령을 따라 사는 삶", "예수 그리스도의 형상을 본받는 삶"의 신학적, 영성적 의미다.

성경은 성령이 하시는 일은 우리를 성자이신 그리스도의 형상으로 변화시키시는 것이라고 말한다.

"주는 영이시니 주의 영이 계신 곳에는 자유가 있느니라 우리가 다 수건을 벗은 얼굴로 거울을 보는 것같이 주의 영광을 보매 그와 같은 형상으로 변화하여 영광에서 영광에 이르니 곧 주의 영으로 말미암음이니라"(고후 3:17-18).

　그리스도께서는 "보이지 아니하는 하나님의 형상"(골 1:15)이시다. 성령을 통해 그리스도의 형상대로 변화(trans-formation)되고 재형성(re-formation)되는 것을 일컬어 '영성 형성'(spiritual formation)이라고 말한다. 즉 영성 형성이란 하나님의 형상대로 창조된 존재로서의 인간 본연의 모습을 회복하는 것이다. 다시 창조되는 일(re-creation)이다.

　바울은 자신이 목양하는 성도들을 향해 "너희 속에 그리스도의 형상을 이루기까지(until Christ is formed in you) 다시 너희를 위하여 해산하는 수고를 하노니"(갈 4:19)라고 말한 바 있고, 또 "너희는 이 세대를 본받지(con-formed) 말고 오직 마음을 새롭게 함으로 변화(trans-formation)를 받아 하나님의 선하시고 기뻐하시고 온전하신 뜻이 무엇인지 분별하도록 하라"(롬 12:2)라고 말했다. '마음을 새롭게 함으로 변화를 받다'라는 것은 다시 말하면 "그리스도 예수의 마음"(빌 2:5)을 품게 되는 일이다. 자신의 모든 것을 내어 주시는 성부의 사랑에 응답해 자신이 받는 모든 것을 다시 성부께 돌려 드리는 성자이신 그리스도의 마음 말이다.

영성 훈련

|

영성 형성, 혹은 영적 성장을 도모하기 위한 수단으로서 기독교 전통 안에서 발전되어 온 여러 수행(practice)들을 총칭해 '영성 훈련'(spiritual discipline)이라고 한다. 영적 독서(lectio divina), 성무일도(Divine Office), 금식, 영성 지도, 환대 등 여러 영성 훈련들은 궁극적으로 은총의 수단(means of grace)이

다. 다시 말해, 은혜를 받기 위한 수단이며, 그 자체가 목적은 아니다. 우리를 변화와 성숙으로 이끌어 주는 것은 우리가 하는 훈련들 자체가 아니라 하나님이 주시는 은혜의 역사다. 영성 훈련은 다만 은혜가 역사할 공간을 하나님께 내어 드리는 준비용 작업, 수용적(receptive) 활동에 불과하다.

그래서 기독교 영성 전통에서는, 가령 힌두교 영성 전통과는 달리 기도나 명상 기술 같은 것이 많이 발전되지 않았다. 기독교는 기도 신학을 가르치지 기도 '기술'을 강조하지 않는다. 기독교에서 영성은 '술'(術)이 아니라 '학'(學)이다.[9] '삶의 방식'(a way of life)으로서의 '학' 말이다. 그래서 '훈련'을 뜻하는 영어 단어 'discipline'이 '학과'(學科)를 뜻하기도 하는 것은 우연이 아니다. 'Discipline'과 어원적으로, 어의적으로 긴밀한 관계에 있는 단어가 바로 'disciple'(제자), 'discipleship'(제자도)이다. 영성 훈련은 그리스도의 제자(다운 제자)가 되기 위한 훈련이며, 기독교 영성은 제자도(道)를 추구하는 삶의 경험이다.[10]

무릇 도는 닦는 것, 즉 수행(修行)하는 것이다. 수행 없는 영성의 길이란 있을 수 없다. 본서에 소개되어 있는 영성 훈련들은 영성 형성을 위한 기독교의 전통적 수행들이다. 기독교 영성 훈련의 전통을 공부한다는 것은 지난 2000년간 성령이 신자를 그리스도의 형상대로 변화시키는 일에 사용해 오신 대표적 수단들을 내 것으로 삼는다는 뜻이다. 각 장에서 설명될 테지만, 모든 전통적 영성 훈련은 성경에 깊이 뿌리박고, 신학을 통해 지지받으며, 역사 속에서 풍성한 열매를 맺어 온 것들이다.

무엇보다 영성 훈련은 예수님의 멍에를 메는 일이며 예수님께 배우는 일이다. 예수님의 제자가 될 때 우리는 마음에 참 쉼(contemplation)을 얻으며, 그 안식의 힘을 가지고 세상에 나가 일다운 일(action)을 하게 된다. 영성 훈련으로의 초대는 "내게로 오라"(마 11:29)라는 주님의 초대다.

소그룹 나눔 질문

1 '영성', '영성의 길', '영성이 깊다' 등의 말을 들을 때 드는 생각이나 떠오르는 이미지를 자유롭게 나누어 보자.

2 "당신은 우리를 당신을 향해서 살도록 창조하셨으므로 우리 마음은 당신 안에서 안식(rest)할 때까지는 평안할 수 없습니다(restless)"라고 기도했던 어거스틴의 고백에 공감하는가? 어떤 점에서 그러한가?

3 각자의 신앙생활에 가장 중요한 영성 훈련(QT, 새벽 기도, 주일 성수, 봉사 활동 등)이 있다면 무엇인지 나누어 보자.

참고 도서

· 메조리 J. 톰슨, 최대형 역.《영성 형성 훈련의 이론과 실천》. 서울: 은성, 2015.
· 어거스틴, 선한용 역.《고백록》. 서울: 대한기독교서회, 2003.
· 제럴드 싯처, 신현기 역.《영성의 깊은 샘: 초대교회로부터 현대까지 영성으로 읽는 기독교 역사》. 서울: IVP, 2016.

2

거룩한 읽기(렉시오 디비나)

권혁일

개요

|

한국 교회는 성경 읽기와 매우 특별한 인연을 맺고 있다. 잘 알려진 것처럼 19세기 말 개신교 선교사들이 한국 땅에 들어와 본격적으로 활동하기도 전에 이미 해외에서 한국인들의 참여로 성경이 한글로 번역되고, 국내로 반입되어 읽혔다. 또한 20세기 초 평양을 중심으로 일어난 대부흥운동에서도 성경을 읽고 배우는 사경회(査經會)가 매우 중요한 역할을 했다.

성경 읽기는 라틴어 성경을 자국어로 번역하며 성경 읽기를 강조한 마르틴 루터(Martin Luther, 1483-1546)의 종교개혁 정신에 부합한다. 뿐만 아니라 경전 읽기를 중시하는 한국의 유교 문화와도 잘 맞아떨어져서, 지금까지도 한국 교회에서 기도와 더불어 가장 강조되는 영성 훈련이다.

그렇다면 성경은 어떻게 읽어야 할까? 오늘날 한국 교회 안에는 다양한 성경 읽기 방법이 통용되고 있다.

가장 일반적인 형태인 '성경 통독'은 성경 전체의 흐름과 윤곽을 이해하기 위해 빠르게 읽는 방법이고, 반대로 흔히 '말씀 묵상'이라고 불리는 유형은 짧은 본문 말씀을 깊이 묵상하기 위해 천천히 반복적으로 읽는 방법이다. 그리고 '성경 공부'는 특정 본문 말씀의 내용을 이해하기 위해 주석이나 다른 참고 자료들을 활용해 그 배경과 의미를 연구하는, 주로 지성적인 접근 방법이다.

다음으로, 음성의 사용 여부에 따라 말씀을 소리 내어 읽는 '낭독'과 침묵 가운데 읽는 '묵독'이 있다. 또한 예배나 모임에서 함께 말씀을 읽을 때는 정해진 독서자가 혼자 '봉독'하기도 하고, 순서를 정해서 번갈아 가며 '교독'하기도 하며, 모두가 동시에 '합독'하기도 한다.

폭넓게는 말씀을 직접 손으로 한 글자 한 글자 옮겨 적는 '성경 필사'와 특정 성경 구절이나 장을 암기하는 '성경 암송'도 하나님의 말씀을 마음에 새기기 위한 성경 읽기의 방법들이라고 할 수 있다.

이 중 《메시지 성경》을 번역한 목회자 겸 작가 유진 피터슨은 천천히, 반복적으로, 소리 내어 읽는 방법을 권한다. 그는 한국어판 《메시지 성경》 번역자 이종태와의 인터뷰에서 한국의 독자들에게 다음과 같이 조언했다.

"제가 할 수 있는 최선의 조언은 천천히 읽으라는 것입니다. 그리고 반복해서 읽으십시오. … 저는 성경을 반복해서 읽을 때 큰 소리로 읽곤 합니다. 소리는 또 다른 상상력을 불러일으키게 해 줍니다."[1]

유진 피터슨이 권하는 성경 읽기는 음성과 상상력을 사용한다는 점에서, 한국 교회에서 유행하는 '큐티'(Quiet Time)와는 분명하게 구별된다. 둘 다 짧은 본문 말씀을 반복적으로 읽는 말씀 묵상의 범주에 들어가지만, 큐티가 주로 관찰-해석-적용의 3단계를 통해 본문 말씀에 이성적으로 접근해 가는 방법이라면, 유진 피터슨이 권하는 성경 읽기는 이성뿐만이 아니라 상상력과 감성을 사용하는 전인적 접근을 선호한다.

성경적 배경과 역사적 배경

유진 피터슨이 권하는 성경 읽기는 전통적으로 '렉시오 디비나'(lectio divina)로 알려진 방법에 기초하고 있다. 라틴어에서 '렉시오'는 '읽다'라는 뜻을, '디비나'는 '거룩한' 또는 '신성한'이라는 의미를 갖고 있다. 유진 피터슨은 자신의 저서《이 책을 먹으라》에서 흔히 '거룩한 독서' 또는 '영적 독서'로 번역되는 렉시오 디비나의 뿌리를 구약의 묵상 전통에서 찾았다.

구약성경에서 종종 주님(의 말씀)을 '묵상하다'라고 번역되는 히브리 동사는 '하가'(הָגָה)다. 시편 1편 2절에서 "오직 여호와의 율법을 즐거워하여 그의 율법을 주야로 묵상하는도다"라고 노래할 때 사용된 단어가 바로 '하가'다.

그런데 유진 피터슨은 이 단어가 이사야 31장 4절에서는 사자가 자기의 먹이를 움키고 '으르렁거리는' 모습을 표현할 때 사용된다는 점에 주목했다. 그는 자신이 키우던 개가 뼈다귀를 주워 와서는 나지막하게 그르렁거리며 즐겁게 물어뜯는 모습을 예로 들며, 구약의 묵상 전통에 뿌리를 둔 영적 독서는 말씀에 푹 빠져서 "반추하면서 여유롭게, 정보를 게걸스럽게 취하지 않고 단어를 가지고 유희하듯이 놀며" 읽는 것이라고 말했다.[2]

이처럼 원래 하나님의 말씀을 거룩하게 읽는 것은 초기 기독교 훨씬 이전의 유대 전통으로부터 내려오는 영적 훈련이자 실천이다. 유대인들은 시편 기자와 같이 개인적으로 말씀을 읊조리기도 했고(시 119:97), 공동체가 함께하는 집회나 전례에서 정해진 이가 말씀을 낭독하기도 했다. 최초의 사례를 들면, 모세는 하나님의 율법을 기록해 온 이스라엘 백성 앞에서 낭독했고(출 24:7; 신 31:30), 자신의 사후에도 매 7년마다 초막절에 율법을 낭독할 것을 지시했다(신 31:10-13). 이스라엘 공동체는 이처럼 절기를 맞아 하나님 앞에 모여서 말씀이 낭독되는 것을 귀 기울여 들음으로써 그 말씀을 단순히 책에 기록된 글이 아니라 하나님이 지금 자신들에게 하시는 생생한 말씀으로 인식했다.

그런데 이러한 모세의 명령이 항상 제대로 지켜진 것은 아니었다. 하나님의 말씀을 낭독하는 일에 소홀해졌을 때 히브리인들은 점점 하나님의 길로부터 멀어져 자신들의 구부러진 길을 걸었다. 그러나 반대로 율법이 제대로 읽히고, 그것이 회개와 변화를 요구하는 현재적인 하나님의 말씀으로 받아들여졌을 때 유다 공동체는 다시 변혁되고 회복되었다.

유다 왕 요시야 때 율법 책이 우연히 재발견되어 왕 앞에서 낭독되었는데, 이 말씀을 들은 요시야 왕의 주도로 유다에 개혁이 일어나 유다 백성이 다시 하나님께로 돌아간 것이 그 대표적 사례다(왕하 22-23장; 대하 34-35장). 또한 느헤미야서에는 바벨론 포로 귀환 이후 모세의 지시대로 초막절에 율법이 낭독된 매우 인상적인 사례가 기록되어 있다. 이때 학사 에스라가 광장에서 율법 책을 크게 낭독했고, 레위 사람들이 무리의 중간중간에 서서 백성이 말씀을 깨닫도록 해설했다. 말씀을 들은 회중은 크게 슬퍼하며 회개했고, 하나님과 새로운 언약을 세웠다(느 8-10장).

낭독의 전통은 신약시대에도 이어졌다. 낭독되는 텍스트는 모세의 율법서뿐만 아니라 시편과 선지자들의 글로까지 확장되었다. 복음서에는 예수님이 당시의 관습을 따라 회당에서 이사야의 글을 낭독하셨다고 기록되어 있다. 예수님은 말씀을 낭독하신 뒤 청중을 향해서 "이 글이 오늘 너희 귀에 응하였느니라"(눅 4:21)라고 말씀하셨다. 이는 선지자가 예언한 메시아가 바로 자신임을 계시하신 것과 동시에, 기록된 말씀이 텍스트 속의 죽은 글자가 아니라 현재적으로 우리에게 다가오는 하나님의 말씀임을 강조하신 것으로 이해할 수 있다. 사실 텍스트를 낭독하신 예수님이 말씀(Logos,

요 1:1)이시지 않은가!

또한 예수님 이후 초대교회 시대에는 바울의 편지들이 이미 교회에서 낭독되었으며(골 4:16; 살전 5:27), 예배 중에 말씀을 낭독하는 것이 공동체를 맡은 일꾼들의 중요한 의무 중에 하나로 여겨졌다(딤후 4:13).

이처럼 공적인 모임이나 전례에서의 말씀 낭독과 더불어 사적인 시간과 장소에서의 말씀 읽기 또는 묵상도 성경 시대와 기독교 역사에 걸쳐 오랫동안 행해져 왔다. 다만 고대에는 사적으로 텍스트를 소지하는 것이 쉽지 않았기 때문에, 성경 시대의 개인적인 묵상은 주로 특정 구절을 암기해 읊조리는 형태로 행해졌을 것으로 추정된다. 그 근거를 다음과 같은 모세의 명령에서 찾을 수 있다.

"오늘 내가 네게 명하는 이 말씀을 너는 마음에 새기고 네 자녀에게 부지런히 가르치며 집에 앉았을 때에든지 길을 갈 때에든지 누워 있을 때에든지 일어날 때에든지 이 말씀을 강론할 것이며 너는 또 그것을 네 손목에 매어 기호를 삼으며 네 미간에 붙여 표로 삼고 또 네 집 문설주와 바깥문에 기록할지니라"(신 6:6-9).

실제로 유대인들은 이 구절을 담은 '경문'(phylactery)이라는 작은 상자를 몸에 착용하고 기도했다. 모세의 명령에서의 강조점은 단지 텍스트를 물리적으로 늘 소지하는 데 있다기보다는 말씀을 마음에 새기고, 말씀이 삶의 환경에 배어 한 개인과 공동체의 영성과 삶을 형성하는 데 있다. 또한 시편 19편 14절의 "마음의 묵상[읊조림]"이라는 표현은 말씀 낭독이 단순히 머리로 외운 말씀을 입으로 중얼거리는 것이 아니라 마음에서 일어나는 것이어야 한다는 점을 잘 보여 준다.

그렇다면 렉시오 디비나라는 용어는 언제 처음 사용되었을까? 현재 전해지는 자료들 중에서는 오리게네스(Origenes, c. 185-254)의 편지글에서 '테이아 아나그노시스'(theia anagnosis)라는 그리스어 표현이 처음 사용된 것을 발견할 수 있는데, 이것을 번역하면 '거룩한 독서'가 된다.[3] 그리고 아마도 이것에 영향을 받은 요한네스 카시아누스(Johannes Cassianus, c. 360-435)도 '사크라이 렉시오니'(sacrae lectioni)라는 라틴어 표현을 사용해 수도자들에게 거룩한 독서를 지속적으로, 그리고 열정적으로 실천할 것을 권했다.[4]

또한 교부 요한네스 크리소스토무스(Johannes Chrysostomus, c. 347-407)는 비록 거룩한 독서라는 용어를 사용하지는 않았지만, 집에서도 교회에서 들은 말씀을 펴서 읽을 것을 권했다.[5] 그리고 유명한 아우그스티누스(Augustinus, 354-430)의 《고백록》을 보면, 밀란의 주교 암브로시우스(Ambrosius, c. 340-397)가 홀로 침묵 가운데 말씀을 읽는 장면이 기록되어 있다. 어거스틴은 암브로시우스의 모습을 다음과 같이 묘사했다.

"독서할 때 그의 눈은 책장을 훑어가고 그의 마음은 그 뜻을 찾고 있었는데 목소리는 내지 않고 혀를 쉬게 하면서 정독하였습니다. … 우리 생각에 그가 (침묵 가운데) 정독한 이유는 자기 마음을 새롭게 하기 위해 모처럼 얻은 그 짧은 시간을 다른 사람들의 복잡한 문제로 마음의 헛갈림을 받지 않으려 한 것이라 보았습니다."[6]

그러므로 개인적으로나 가정에서 말씀을 거룩하게 읽는 것은 낭독 또는 묵독의 형태로 고대 기독교 전통에서부터 실천되고 있었음을 알 수 있다.

이렇게 기도로 충만한 독서를 의미하는 렉시오 디비나라는 정확한 라틴어 표현은 누르시아의 베네딕투스(Benedictus, c. 480-c. 547)의 수도 규칙에서 처음 발견되었다. 그는 수도자들이 예배 시에 시편을 낭송하는 것 외에도 매일 일정한 시간 동안 렉시오 디비나를 하도록 다음과 같이 규정했다.

"게으름은 영혼의 적이다. 그러므로 형제들은 렉시오 디비나뿐만 아니라 육체노동을 위한 구체적인 시간을 배정해야 한다."[7]

이후 베네딕투스의 수도 전통에서 렉시오 디비나는 중요한 영성 훈련 중의 하나로 내려오고 있는데, 이를 지금의 형태로 체계화한 인물이 베네딕트회의 한 분파인 카르투지오(Carthusian) 수도회의 수도원장 귀고 2세 (Guigo II, ?-c. 1188)다. 그는 《수도승의 사다리》(*Scala Claustralium*) 또는 《관상 생활에 관한 편지》(*Epistola de Vita Contemplativa*)로 알려진 글에서 렉시오 디비나를 읽기(lectio), 묵상하기(meditatio), 기도하기(oratio), 바라보기 (contemplatio) 등 4가지 단계로 정리해 체계적으로 안내했다. 네 단계가 반드시 순차적으로 이루어져야 하는 것은 아니지만, 서로 조화를 이루지 않으면 렉시오 디비나가 제대로 이루어지지 않는다. 그래서 귀고 2세는 다음과 같이 힘주어 말했다.

"묵상 없는 독서는 메마르며, 독서 없는 묵상은 오류에 빠지기 쉽습니다. 묵상 없는 기도는 냉담하고, 기도 없는 묵상은 열매를 맺지 못합니다. 기도가 열정적일 때 바라봄에 이르는 것이지, 기도 없이 바라봄에 이르는 경우는 거의 없으니, 그것은 기적에 가깝습니다."[8]

종교개혁 이후 개신교 전통에서도 존 칼빈(John Calvin, 1509-1564), 마르틴 루터, 그리고 청교도 신학자 리처드 백스터(Richard Baxter, 1615-1691)가 고대로부터 내려오는 묵상적인 성경 읽기 방법을 옹호하고 실천했다.

그중 루터는 《기도에 이르는 단순한 길》이라는 편지에서 '네 가닥의 화환 기도'라 불리는 방법을 소개했다. 말씀으로부터의 교훈, 감사, 죄의 고백, 간구의 네 순간으로 이루어진 이 기도는 주의 기도, 십계명을 비롯한 성경 말씀이 오늘 나에게 의미하는 것이 무엇인지 묵상하며 기도하는 실천 방법이다.

이외에도 루터는 시편 119편을 근거로 하나님의 말씀을 올바르게 공부하는 3가지 규칙을 제시했는데, 기도(oratio)와 묵상(meditatio)과 시련(tentatio)

이다. 이것은 용어의 유사성 때문에 종종 귀고 2세가 정리한 렉시오 디비나의 네 단계와 비교된다. 여기서 루터가 읽기(lectio)를 별도의 단계로 제시하지는 않았지만, 성경 연구에서 읽기는 반드시 포함되어야 하는 당연한 과정이므로 생략한 것으로 보인다. 그러므로 루터의 성경 연구 방법에서 가장 특징적인 점은 시련이 들어간 것이다. 시련에 관해서 루터는 다음과 같이 말했다.

"이것[시련]은 그대가 하나님의 말씀을 알고 이해할 뿐만이 아니라, 그 말씀이 얼마나 올바르고, 얼마나 진실하며, 얼마나 달콤하고, 얼마나 사랑스러우며, 얼마나 강하며, 얼마나 위로가 되는지를 경험하도록 가르치는 시금석이다."[9]

사람은 시련을 통해서 하나님의 말씀에 대한 지식적인 앎에서 경험적인 앎으로 나아갈 수 있다는 의미인데, 이것은 루터가 종교개혁 과정에서 수많은 시련을 겪었던 배경을 반영한다. 곧 시련에 대한 강조에는 루터 자신의 경험에서 나온 고백이 담겨 있다고 볼 수 있다.

그러나 루터가 제시한 3가지 규칙은 말씀 묵상 방법이라기보다는 성경 연구 또는 신학 공부 방법이다. 루터는 당시 지나치게 사변화된 스콜라 신학을 거부하고, 그 대안으로서 연구와 묵상과 기도, 나아가 삶이 통합된 영성적인 신학 방법을 추구했다. 그러므로 루터의 신학 공부 방법에 바라보기가 없다는 이유로 개신교 전통에서의 렉시오 디비나에서는 바라보기 대신 시련이 들어가야 한다고 주장하는 것은 루터의 영성과 신학에 대한 편협한 이해다.

영성 훈련의 효과: 렉시오 디비나와 영성 형성

|

일반적으로 읽기에는 두 가지 방식이 있다. 첫 번째는 정보를 얻기 위한 읽기(reading for information)로, 신문이나 광고지 등을 읽는 것이 이에 해당한다. 이때 독자는 머리로 읽으며 텍스트를 사용한다. 두 번째로 자신이 변화되기 위한 읽기(reading for transformation)가 있다. 이것은 머리만이 아니라 전인격으로 읽으며 텍스트를 수용하는 방식인데, 성경 읽기가 여기에 해당한다.

이런 점에서 렉시오 디비나 또는 거룩한 읽기의 목적은 분명하다. 성경에 대한 지식의 습득이 아니라 말씀을 통해 내가 변화되는 것이다. 곧 거룩한 읽기는 내가 말씀을 읽는 것이 아니라 하나님(의 말씀)이 나를 읽으시는 과정이다. 같은 본문을 읽어도 사람에 따라, 또는 읽는 때에 따라 마음에 와 닿는 구절이나 단어가 다른 이유가 여기에 있다. 이렇게 하나님이 말씀을 통해 우리를 읽으시고, 우리가 그분의 음성에 겸손하고 진솔하게 반응할 때 하나님은 우리를 변화시키신다.

렉시오 디비나의 텍스트로는 성경 외에도 교부들의 문헌, 영성 고전, 영성가들의 시나 일기 등의 문학작품들도 사용되어 왔다. 이 모든 것이 유용한 자료들이지만, 그중에서도 가장 중요한 텍스트는 단연코 하나님의 말씀인 성경이다(딤후 3:16).

수도자 출신으로서 교황이 된 최초의 인물인 그레고리우스 1세(Gregorius I, c. 540-604)에 따르면, 하나님은 성경을 통해서 우리 각자에게 필요한 모델들을 자비롭게 제공하신다. 그러므로 우리가 변화되고자 하는 열망과 겸손한 태도로 하나님의 말씀을 읽을 때 각자의 상황에 적절한 모델들을 발견하게 되고, 그들을 본받음으로써 하나님이 원하시는 모습으로 변화될 수 있다. 그레고리우스는 다음과 같이 설명한다.

"만약 누군가 믿음에서 멀어진 사람이 있다면, 그로 하여금 주를 비겁하게 부인하고서 고통스럽게 통곡하는 베드로를 바라보게 하십시오. 만약 이웃을 향한 악과 잔인함으로 불타오르는 사람이 있다면, 심지어 죽음의 순간에 회개하고서 생명의 보상을 얻은 강도를 바라보게 하십시오. 만약 또 다른 이가 탐욕으로 불타올라 남의 좋은 것을 약탈했다면, 그로 하여금 자신이 남에게서 빼앗은 것이 있다면 네 배로 갚겠다고 말한 삭개오를 바라보게 하십시오. 만약 정욕으로 불타올라서 육체의 순결을 잃은 이가 있다면, 신적인 사랑의 불로 육체의 사랑을 씻어 낸 [막달라] 마리아를 보게 하십시오.

전능하신 하나님이 우리가 당연히 본받아야 하는 이들을 언제나 어디에서나 우리의 눈앞에 두신 것을 보십시오. 그분은 당신의 자비의 모델들을 항상 우리에게 공급하십니다."[10]

그러므로 거룩한 읽기는 우리가 거짓 자아에서 벗어나 하나님의 형상으로 회복되고 변화되는 영성 형성(spiritual formation)의 과정이다. 곧 렉시오 디비나를 통해서 우리는 하나님이 우리를 창조하시고 계획하신 유일하고 독창적인 나로 형성되어 간다. 그래서 아타나시우스(Athanasius, 296-373)는 성경 중에서도 특히 시편을 우리 자신을 그린 '초상화'에 비유했다. 시편을 통해서 우리 자신의 참 모습을 이해하게 되고, 시편이 제시하는 모범에 따라 자신을 형성하게 된다는 것이다.

"시편은 당신의 초상이 그려진 그림과 같습니다. 그래서 당신은 그 그림을 보면서 자신을 이해하게 되고, 마침내 시편이 제시하는 모범에 따라 자신을 형성하게 됩니다. 성경의 다른 곳에서 당신은 지켜야 할 이러저러한 계명들을 읽습니다. 아니면 선지서들을 읽고 구세주의 오심을 배우거나,

역사서들을 읽고 왕들과 거룩한 사람들이 한 일들을 배웁니다. 그러나 시편에서는 이 모든 것들 외에 당신 자신에 대해 배웁니다. 당신은 그 속에 당신 영혼의 모든 움직임들, 곧 영혼의 변화들, 기복, 실패와 회복이 묘사된 것을 발견합니다."[11]

비슷하게 종교개혁자 존 칼빈은 시편을 '영혼의 모든 부분이 담긴 해부(도)'와 인간의 모든 감정이 담겨 있는 '거울'에 비교했다. 실제로 그는 시편에 담긴 다윗의 삶과 내적 경험을 읽으며 자신의 것들과 공명을 이루는 부분들을 발견하고서 자신이 소명의 길을 걸어가는 데 큰 위로와 도움을 얻었다고 고백한다. 그래서 흥미롭게도 1557년에 기록된 칼빈의 《시편 주석》 서문은 상당 부분이 그의 자전적인 이야기로 채워져 있는데, 그가 학술적인 글과 자전적인 글을 결합시킨 이러한 형태는 그의 다른 저작에서는 찾아보기 힘든 사례다.

이처럼 렉시오 디비나는 소명을 분별하고, 많은 역경에도 불구하고 계속해서 그 길을 걸어가는 데 도움이 된다. 하나님이 창조하시고 의도하신 참된 나로 살아갈 수 있도록 도와준다.

범위를 조금 넓혀 보면, 렉시오 디비나를 공동체가 함께 실천하고 훈련함으로써 공동체가 함께 형성되어 갈 수도 있다. 물론 각각의 개인은 독창적인 존재이지만, 공동체의 구성원들은 렉시오 디비나를 통해서 같은 마음을 품게 되고, 하나님이 각각의 공동체를 어떻게 부르시는지에 함께 주의를 기울이게 되며, 점진적으로 하나님이 주시는 독특한 사명을 가진 한 몸으로 형성되어 간다.

훈련의 차원에서도, 구역 모임이나 부서 모임 등 교회 내의 공동체 모임에서 렉시오 디비나를 주기적으로 실천하게 되면 개인이 각자의 삶의 자리에서 매일 또는 일주일에 한두 번이라도 렉시오 디비나를 지속적으로 실천할 수 있는 동기와 동력을 제공 받을 수 있다. 곧 공동체 내의 구성원들이 서로를 영적 여정의 동반자로서 인식하고, 실제로 서로 손을 잡고 동행할 수 있다.

한 걸음 더 나아가, 렉시오 디비나를 영성 지도와 병행하면 훨씬 더 많은 유익을 누릴 수 있다. 영성 지도자와 대화를 나누면서 렉시오 디비나를 통해서 말씀하시는 하나님의 음성을 더욱 분명하게 인식하고 분별할 수 있게 된다. 혹시 주변에서 숙련된 영성 지도자를 찾지 못한다 할지라도 렉시오 디비나를 그룹으로 실천하면 서로가 도움을 주고받으며 성령 안에서 함께 자라 갈 수 있다.

영성 훈련 안내문 및 해설

앞서 언급한 사례들 외에도 기독교 전통에서는 거룩한 읽기를 실천하는 다양한 방법들이 사용되어 왔는데, 여기서는 귀고 2세가 체계화한 방법에 따라 렉시오 디비나를 소개한다. 비록 그의 《관상 생활에 관한 편지》는 짧은 글이지만, 그가 정리한 방법은 900여 년 가까이 이어져 내려왔으며, 지금까지도 교파를 초월해 널리 실천되고 있다.

여기서는 이해를 돕기 위해 귀고 2세가 정리한 4가지 단계에 '들어가기'와 '나가기'를 추가했다. 그리고 그가 렉시오 디비나의 과정을 설명하기 위해 사용한 음식 섭취의 비유를 일부 수정해 소개한다.

들어가기

안내문

"잠시 침묵 가운데 머물며 마음을 고요하게 합니다. 그리고 지금 이곳에 함께 계신 하나님의 현존을 바라보며, 독서와 기도의 과정을 이끌어 주시도록 성령께 도움을 청합니다."

해설

방해 받지 않는 고요한 장소와 시간을 선택한다. 주변을 정돈하고, 오늘 읽을 말씀을 준비한다. 그리고 마음을 차분하게 한다. 수면이 잔잔해야 사물이 깨끗하게 비치는 것처럼, 우리의 내면을 잔잔하게 하지 않으면 하나님의 말씀이 명료하게 들리지 않는다. 그러므로 먼저 몸을 바르게 해야 한다. 자세가 흐트러지면 마음도 흐트러지기 마련이다.

그다음에는 렉시오 디비나를 시작하기 전에 문을 닫는 것부터 해야 한다(마 6:6). 다른 걱정과 생각들은 내려놓는다. 시냇물에 종이배를 띄워 보내듯이 하나둘 흘려보낸다. 이때의 비움은 채움을 위한 것이다.

비워진 마음을 하나님의 현존으로 채운다. 성령이 함께하시고 이끌어 주시기를 구한다. 성경의 기록자들에게 감동을 주시고(딤후 3:16), 나보다 나를 잘 아시는 성령과 함께 읽고 기도할 때 오늘 나를 향한 하나님의 뜻이 분명하게 나타난다(롬 8:26). 이때 "성령님, 오시옵소서!"라고 요청할 수도 있다. 그러나 사실은 멀리 있는 분께 오시도록 요청한다기보다는, 이미 우리 안에 계신 성령을 의식하고 그분께 우리의 전 존재를 열어 드리는 과정이다(계 3:20). 마치 라디오의 주파수를 맞추듯이 성령께 우리의 전 존재를 향하고 마음을 연다.

이것은 음식을 먹는 것으로 비유할 때 식탁을 정리해 음식을 차리고, 식탁에 앉는 단계다. 시간에 쫓겨 식탁에 앉지도 않고 허둥지둥 음식을 입에 넣으면 그 음식이 입으로 들어가는지 코로 들어가는지, 맛은 어떤지 제대로 알 수 없다. 그렇게 식사를 대충 때우듯 말씀을 읽는다면 목구멍에 걸려 제대로 넘어가지 않을 것이다.

렉시오(Lectio, 읽기)

안내문

"이제 말씀을 두세 번 반복해서 읽습니다. 내가 말씀을 읽는 것이 아니라 하나님의 말씀이 나를 읽도록 마음을 열고 천천히 반복해서 읽습니다."

해설

하나님이 들려주실 사랑의 음성을 기대하며 성경을 읽는다. 이것은 상에 차려진 음식을 집어서 입에 넣는 단계에 비유할 수 있다. 이때 단순히 눈으로만 읽는 것보다 오감을 사용하면 더욱 좋다. 손으로 성경을 들고, 눈으로 한 글자 한 글자 읽으며, 입으로 천천히 말씀을 읽는다. 동시에 그 소리에 귀를 기울임으로써 그 말씀이 하나님이 지금 내게 건네시는 말씀임을 의식한다. 그리고 마음으로 그 말씀에 담긴 하나님의 선하심을 맛본다(시 34:8). 이때 마음에 와 닿거나 시선이 머무르는 구절이나 단어가 있다면 읽기를 잠시 멈추어도 좋다. 그렇게 두세 번 본문을 읽는다.

　그런데 렉시오 디비나를 그룹으로 할 때는 미리 정해 놓은 두세 사람이 중간에 약 1-2분 정도의 침묵을 두고 한 사람씩 순서대로 본문을 읽으면 좋다. 같은 본문이라도 다른 사람의 목소리로 들을 때 다른 구절이나 단어가 마음에 부딪혀 오기도 한다.

　그런데 여기서 읽는다는 것은 사실 내가 말씀을 읽는다기보다는 말씀이

나를 읽는 과정이다. 우리가 하나님의 말씀 앞에 자신을 열어 드릴 때 성령이 우리의 삶과 내면의 깊은 영역을 읽으시며 우리에게 말을 건네신다. 그러므로 우리는 말씀의 지식을 얻기 위해서가 아니라 말씀이 우리를 변화시키도록 주님께 주도권을 내어 드려야 한다.

메디타시오(Meditatio, 묵상하기)

안내문

"이제 마음에 와 닿는 구절이나 단어에 주목합니다. 그 말씀이 왜 나의 마음을 움직이는지, 주님이 그 말씀을 통해서 내게 무엇을 말씀하고 계신지를 차분하게 묵상합니다."

해설

이것은 음식을 입 안에서 잘게 부수고 맛을 음미하는 단계다. 마음에 와 닿는 구절 혹은 단어를 반복해서 음미한다. 마음속으로 반복해서 기억해도 되고, 혼자서 묵상할 때는 입으로 소리를 내어 읊조려도 좋다. 손과 눈을 사용해서 노트에 정성껏 적어도 된다. 이렇게 우리 자신의 전 존재로 묵상한다. 여기서 반복은 단순히 기억을 위한 것이 아니라, 씹어서 우리의 내면에서 소화시키기 위한 것이다.

우리가 매일 같은 본문을 읽는다고 해도 매일매일 다르게 다가올 수 있다. 그것은 성령이 당시의 삶과 내면의 정황에 따라 우리를 읽어 내려가시기 때문이다. 그러므로 왜 그 말씀이 오늘 나의 마음을 움직이는지 곰곰이 생각한다. 또한 그 말씀을 통해서 주님이 지금 나에게 무엇을 말씀하시고자 하는지 여쭈어 본다.

여기서 주의할 것은 묵상은 이성을 사용하는 단계이지만, 말씀에 대한 지적인 탐구가 결코 아니라는 점이다. 하지만 반대로 해당 구절이나 단어를 전체적인 문맥과 상관없이 자의적으로 해석해서도 안 된다. 그러므로 평소에 성경 공부나 설교 등을 통해서 성경 각 책의 저자와 역사적, 지리적 배경 등에 대해 꾸준히 공부할 필요가 있다. 만약 렉시오 디비나를 그룹으로 실천한다면 인도자가 사전에 본문에 대한 배경을 간단하게 설명해 주는 것이 도움이 된다. 또한 렉시오 디비나를 한 경험을 가지고 영성 지도를 받는다면 자신의 체험과 해석을 분별하는 데 도움을 받을 수 있다.

오라시오(Oratio, 기도하기)

안내문

"이제 마음속 깊은 곳에서 솟구쳐 오르는 기도를 주님께 드립니다. 그리고 주님이 무엇이라 말씀하시는지 주님께 귀를 기울입니다."

해설

누군가가 나에게 말을 건네면 거기에 반응하듯이, 읽기와 묵상은 자연스럽게 기도로 이어진다. 기도는 말씀을 통해서 깨닫게 된 생각이나 감정 등을 하나님께 진솔하게 아뢰는 단계다. 곧 읽기와 묵상하기를 통해서 나를 읽은 말씀이 실제적으로 나의 존재를 형성할 수 있도록 나를 새롭게 빚으시는 주님과 소통하는 단계다. 이것은 음식을 삼켜서 위로 내려보내는 것처럼, 눈으로 읽고 머리로 묵상한 말씀을 마음 깊은 곳으로 내려보내는 과정이다. 렉시오 디비나를 혼자 할 때는 소리를 내어 기도해도 되지만, 그룹으로 할 때는 다른 이들에게 방해가 되지 않도록 침묵으로 기도한다.

그러나 기도의 단계라고 해서 계속해서 말하기만 하는 것이 아니라 주님께 말씀드리고, 또 듣기도 한다. 마치 친구와 대화하듯이 자연스럽게 말하기와 듣기가 반복된다. 그리고 묵상 중에 기도가 솟아날 수도 있고, 기도 중에 묵상이 깊어질 수도 있다. 그래서 실제로 렉시오 디비나는 사다리를 하나하나 오르듯 항상 순차적인 단계를 거치며 발전되지는 않는다.

메조리 J. 톰슨은 렉시오 디비나를 '춤'에 비유한다. 톰슨에 따르면, 렉시오 디비나의 단계들은 딱딱한 절차가 아니라 성령이 연주하시는 음악의 변화에 따라 스텝을 바꾸어 가는 과정이다.[12] 곧 성령의 인도하심에 따라 읽기, 묵상하기, 기도하기, 바라보기라는 스텝을 밟으며, 또는 동작을 취하며 춤추는 것이다.

컨템플라시오(Contemplatio, 바라보기, 관상)

안내문

"이제 침묵 가운데 고요히 하나님의 현존을 바라보고 그 안에 머무르겠습니다."

해설

읽기와 기도하기와 묵상하기를 통해 점차 깊어진 하나님과의 만남은 바라보기를 통해서 가장 깊은 차원으로 들어간다. 바라보기 또는 관상(觀想)은 말씀을 펼쳐 놓고 주님과 대화를 나누다가, 이제는 고개를 들어 서로의 눈을 말없이 사랑으로 바라보는 상태를 말한다.

이 용어의 유래에 대해서 유해룡 교수는 다음과 같이 설명한다.

"'관상'으로 번역되는 라틴어 '컨템플라시오'(contemplatio)는 '템플럼'(templum)에서 유래한다. 템플럼은 로마인들이 예언을 위해서 구별한 하늘이나 땅 위의 지정된 공간을 의미한다. 그곳에서 제사장들은 하나님의 뜻과 의도를 읽기 위해서 사물의 내면을 바라보는 일을 하였다. 그러므로 컨템플라시오란

실체의 내면을 바라보는 것을 의미하며, 실체의 근원을 바라보노라면 거기에서 하나님을 바라보게 된다는 것으로 유추된다."[13]

그러므로 바라보기(관상)란 사고(思考)보다는 성령에 의해 하나님의 현존을 경험하는 그 자체를 말한다. 바라봄의 경험은 오직 하나님의 선물이다. 다시 말해, 우리가 만들어 내거나 일어나게 할 수 있는 현상이 아니라 온전히 하나님이 은혜로 주시는 것이다. 그런데 여기서의 바라봄은 일방적인 것이 아니라 상호적이다. 바라봄의 선물을 받은 영혼은 그 속에서 나만 주님을 바라보는 것이 아니라 주님이 먼저 사랑의 눈으로 나를 바라보고 계신 것을 경험한다. 연인이 서로를 사랑의 눈으로 바라보는 모습을 상상해 보자. 그런데 하나님과 영혼의 신적인 사랑은 인간적인 사랑을 초월한다. '주님을 향한 나의 바라봄'과 '나를 향한 주님의 바라봄'이 만나서 사랑의 불로 하나가 되는 것이 바라봄의 상태다. 이러한 하나님과의 사랑의 연합 또는 일치가 바라봄 체험의 핵심이다. 그래서 사도 요한은 이렇게 증언한다.

"하나님이 우리를 사랑하시는 사랑을 우리가 알고 믿었노니 하나님은 사랑이시라 사랑 안에 거하는 자는 하나님 안에 거하고 하나님도 그의 안에 거하시느니라 … 우리가 사랑함은 그가 먼저 우리를 사랑하셨음이라"(요일 4:16, 19).

필자는 최근 결혼 13년 만에 간절히 기다리던 첫아이를 얻었다. 그런데 아이가 태어나기도 전에 만삭인 아내의 배 위에 손을 얹고 기도하다가, 아이가 얼마나 사랑스럽던지 아이와 하나가 되고 싶다는 간절한 마음이 가슴속 깊은 곳에서부터 솟구쳐 오르는 것을 느꼈다. 그러면서 동시에 하나님 아버지께서도 당신의 사랑하시는 자녀인 우리와 하나가 되기를 얼마나 간절히 바라시는지를, 그 불타오르는 사랑을 체험할 수 있었다. 그것은 일종의 신비한 경험이었다. 그리고 필자의 아내는 요즘 밤중 수유로 잠을 충분히 자지 못함에도 불구하고 아이가 정말 사랑스럽고 보고 싶어서 자다가도 여러 번 눈을 뜨고 새근새근 잠자는 갓난아기를 물끄러미 바라보곤 한다.

비슷하게, 하나님과 영혼 사이의 상호적인 바라봄의 동인(動因)은 사랑이다. 서로를 사랑해서 서로를 바라보고, 그 사랑으로 서로 하나가 된다. 나아가 우리 영혼은 사랑의 바다이신 하나님 안에서 이웃과 세상을 발견하고, 또한 동료 인간과 자연과도 하나임을 경험하게 된다.

오늘날 한국 개신교 안에는 관상에 대한 많은 오해가 있다. 먼저 관상은 자아를 의식하지 못하는 황홀경(ecstasy)에 빠지거나, 육체에서 영혼이 분리되는 탈혼 경험을 말하는 것이므로 건전하지 못한 신비주의로 인도한다는 견해를 들 수 있다.

그런데 그러한 경험이 관상의 한 형태일 수도 있지만 관상이 반드시 그런 형태로 체험되어야 하는 것은 아니다. 그리고 만약 그러한 현상이 관상 중에 일어난다고 할지라도, 엄밀히 말하면 그것은 관상의 본질이 아니라 부수적인 현상에 지나지 않는다. 관상의 본질은 앞서 말한 것처럼 하나님과 영혼의 사랑의 일치다. 그러한 사랑의 일치 속에서는 어떤 신비적 현상도 아무것도 아닌 것이 된다. 사랑하는 연인을 직접 만나게 되면 그 연인이 휴대전화로 보낸 메시지나 사진이 아무것도 아닌 것이 되는 것과 마찬가지다.

또한 관상은 술이나 약물이나 반복되는 몸동작 등으로 만들어 내는 어떤 심리적, 정신적 현상들과도 본질적으로 구분된다. 왜냐하면 그런 현상들의 동인은 하나님과의 사랑이 아니기 때문이다.

관상은 가톨릭적인 것이기 때문에 개신교와는 어울리지 않는다는 주장이 있다. 그러나 사실 관상이라는 용어는 종교개혁 훨씬 이전의 고대 기독교 문헌에서부터 발견된다. 비록 성경에는 관상이라는 용어가 나오지 않지만 관상이라고 부를 만한 체험들은 기록되어 있다. 그것은 용어가 먼저 있고 체험이 뒤따르는 것이 아니라, 체험이 먼저 있고 그 체험을 묘사하고 설명하는 용어가 뒤따르기 때문이다.

성경에 나오는 관상 체험 중 가장 대표적인 것은 예수님이 포도나무 비유에서 말씀하신, 주님이 우리 안에 거하시고 우리가 주님 안에 거하는 일치의 체험이다(요 15장). 또한 교회에서 즐겨 부르는 찬송들에도 그런 체험을 형상화한 가사들이 있다. 예를 들면, "밤 깊도록 동산 안에 주와 함께 있으려 하나 … 우리 서로 받은 그 기쁨은 알 사람이 없도다"(새찬송가 442장 "저 장미꽃 위에 이슬", 3절), "오 나의 주님 친히 뵈오니 영원한 세계 밝히 나타나"(새찬송가 228장 "오 나의 주님 친히 뵈오니", 1절) 등이다.

관상에 대한 오해

바라봄의 체험은 렉시오 디비나를 실천할 때 매번 일어날 수도 있고, 그렇지 않을 수도 있다. 렉시오 디비나는 바라봄으로 가는 기계적인 과정이 아니라 순전한 하나님의 선물을 받을 수 있도록 우리 자신을 준비하는 방법이기 때문이다. 이렇게 우리는 렉시오 디비나를 통해 우리 안에 현존하시는 자비로우신 하나님과 그분 안에 있는 우리 자신을 발견하게 된다(요 15장). 그리고 마치 어머니의 품 안에 안긴 젖 뗀 아이처럼, 우리는 하나님의 품 안에서 말로 형언할 수 없는 깊은 평안과 사랑을 경험한다(시 131편).

우리는 바라봄의 경험을 통해 하나님과의 더 깊고 친밀한 관계 안에 거하게 되고, 점점 더 하나님의 형상으로 회복되어 간다. 이 순간에 이르면 더 이상 말씀의 의미가 무엇인지, 나의 간구가 응답되었는지는 그리 중요하지 않다. 주님의 뜻에 나의 뜻이 일치되고, 응답의 여부와 상관없이 주님만으로 기쁨과 만족이 넘치기 때문이다.

렉시오 디비나에서 이 순간을 음식을 먹는 것에 비유하면, 삼킨 음식을 소화시키고 흡수해 내 몸의 일부분이 되게 하는 과정이라고 할 수 있다.

나가기

안내문

"이제 이 시간 함께하시고 이끌어 주신 주님께 고요히 감사 기도를 드립니다. 그리고 마음에 와 닿았던 구절이나 주님이 주신 깨달음을 한두 문장으로 요약, 정리해 마음에 간직합니다. 마지막으로 주님의 기도를 드리며 묵상을 마무리합니다."

해설

렉시오 디비나를 통해서 주님의 음성을 듣고, 그분의 뜻을 깨달으며, 깊은 사랑을 경험하면 주님께 감사드리지 않을 수 없다. 진솔한 고백을 담아 감사 기도를 드린다. 주의 기도를 함께 드려도 좋다. 마지막으로, 가장 마음에 와 닿았던 구절을 하나 선택해서 마음에 간직한다. 묵상 노트나 일기장에 적어 두면 주님과 내가 함께 써 나가는 영적 여정의 기록이 된다. 마음에 간직한 말씀을 일상생활 중에 틈이 날 때마다 반복해서 읊조린다. 또는 짧은 기도 문구로 만들어 화살기도(ejaculatory prayer)를 드린다.

이러한 반추(reflection) 가운데 말씀이 기억을 통해 내면화되고, 바라봄의 체험이 일상의 삶으로까지 이어진다. 말씀이 양분이 되어 내 몸(삶)에 흡수되고, 나아가 그 말씀이 내 몸(삶)의 일부가 된다. 곧 몸에 흡수된 말씀은 양분이 되어 렉시오 디비나가 끝나도 우리 각자가 자신의 삶의 자리에서 말씀을 실천하며 살아갈 수 있도록 힘을 공급해 준다.

소그룹 나눔 질문

1 성경을 읽다가 내가 말씀을 읽는 것이 아니라 하나님의 말씀이 나를 읽는 경험을 한 적이 있다면 나누어 보자. 이러한 경험이 어떻게 가능할까?

2 왜 성경 읽기와 묵상은 기도로 이어져야 하는 것일까? 그리고 왜 기도는 말씀에서 샘솟아야 하는 것일까?

3 렉시오 디비나에서 바라봄(관상)이 왜 중요한 것일까? 그렇다면 바라봄의 선물을 받지 못했다면 렉시오 디비나에 실패한 것일까?

4 거룩한 읽기를 일상생활 속에서 지속적으로, 그리고 규칙적으로 실천하기 위해서 지금 나(우리)에게 필요한 것은 무엇인가?

참고 도서

· 메조리 J. 톰슨, 최대형 역.《영성 형성 훈련의 이론과 실천》. 서울: 은성, 2015.
· 엔조 비앙키, 이연학 역.《말씀에서 샘솟는 기도》. 왜관: 분도출판사, 2001.
· 유진 피터슨, 양혜원 역.《이 책을 먹으라》. 서울: IVP, 2006.
· 이경용.《말씀 묵상 기도: 현대인을 위한 렉시오 디비나》. 고양: 스텝스톤, 2010.
· 허성준.《수도 전통에 따른 렉시오 디비나 I》. 왜관: 분도출판사, 2014.

3

그리스도의 생애(복음서) 묵상

김경은

개요

|

영성 훈련의 목적은 예수 그리스도를 닮기 위한 것이다. 예수님의 마음을 알고 성품과 인격을 본받아 예수님처럼 살기 위한 것이다. 예수님은 하나님의 뜻을 가장 잘 아시고, 가장 완전하게 행하신 분이다(요 6:38-39). 그래서 예수님의 마음을 알고 그분의 사역에 동참하는 것은 모든 그리스도인을 향한 하나님의 기대이며 부르심이 된다. 예수님을 따르는 제자의 길은 그리스도인의 존재 이유이자 궁극적인 목적이다. 이 부르심은 "나를 따르라"라는 예수님의 초대에 의해 구체화된다.

제자의 길로 초대하시는 부르심에 응답하는 가장 탁월한 방법은 성육신하신 예수님의 삶을 본받는 것이다. 성경에 나타난 예수 그리스도의 말씀과 사역을 묵상하고 기도하면서 예수님의 마음을 알고 성품을 닮아 가는 것이다. 이렇게 예수 그리스도의 생각과 인격을 닮아 가는 과정을 구체적으로 제시하는 영성 훈련이 '그리스도의 생애 묵상'(또는 '복음서 묵상')이다. 그리스도의 생애 묵상은 복음서를 자료로 해 복음서에 나타난 예수 그리스도의 일생을 묵상하고 기도하는 영성 훈련 방법이다.

그리스도의 생애 묵상은 예수님이 생각하시고, 느끼시고, 말씀하시고,

행동하신 방식을 배우고 본받아 우리의 삶에서 행함으로써 예수님을 닮아가게 한다. 성경은 이것을 '그리스도 예수의 마음을 품는 것'이라고 말한다(빌 2:5-8). 그리스도의 마음은 복음서에 기록된 예수님의 말씀과 사역을 통해 드러난다. 그리스도의 마음을 품은 사람이 되기 위해 그리스도인들은 복음서에 계시된 예수님의 생애를 묵상하며 그 가운데 드러난 예수님의 마음과 성품을 내면화해야 한다.

복음서에 나타난 예수님의 일생을 묵상하고 기도하면서 우리는 그리스도와 연합하고, 그리스도 안에 계시된 하나님을 만난다. 예수님의 말씀과 행적을 묵상하는 가운데 하나님의 뜻을 깨닫고, 하나님의 사랑을 구체적으로 경험한다. 나아가 우리의 삶에서 하나님의 계획에 응답하는 길을 발견하게 된다. 결국 그리스도의 생애 묵상은 예수님의 마음을 소유하고 그분의 성품을 닮은 제자가 되도록 인도하는 핵심적인 영성 훈련이다.

성경적 배경

|

그리스도인들은 예수 그리스도를 통해 하나님의 사랑과 은혜를 구체적으로 경험하고 뜻과 계획을 보다 확실히 알게 된다(엡 1:7-9). 예수님을 믿고 하나님의 뜻대로 살면서 하나님의 자녀(요 20:17; 엡 1:5)이자 예수 그리스도의 친구(요 15:15)라는 영적 정체성을 갖게 되고, 그리스도의 제자(마 4:19; 막 1:17, 2:14)이자 증인(눅 24:48)이 되라는 음성에 확신과 담대함으로 응답하게 된다. 그리스도의 제자로서 합당한 삶을 살기 위해 그리스도인들은 예수님을 더 잘 알고 그분과 하나가 되어야 한다. 그래서 성경은 그리스도 예수의 마음을 품고 그리스도를 전하라고 요청한다(고전 2:16).

예수님을 더 잘 알기 위한 가장 적절한 방법은 그분의 삶의 체취를 맡으며 생각과 마음에 공감하는 것이다. 예수님께 공감하고 닮아 가면서 자신 안에 그리스도의 형상을 이루기 위해 애쓰는 것이다. 바울이 스스로를 "그리스도를 본받는 자"(고전 11:1)라고 선언한 것처럼 예수님의 제자로 살기 원하는 그리스도인들의 영성 생활의 모범은 예수 그리스도이시다. 우리는 예수 그리스도의 일생을 묵상하며 기도하는 가운데 예수 그리스도의 마음을 알고 인격을 닮은 제자가 되어 간다.

예수 그리스도의 생애를 묵상하며 기도하는 것은 예수 그리스도라는 거울로 자신을 비추어 보는 영성 훈련이면서, 동시에 세상을 보는 창문이기도 하다. 예수님의 말씀과 사역을 통해 우리는 그분의 눈으로 자신과 세상을 보는 법을 배운다. 예수님과 함께 하는 기도 속에서 예수님과 함께 걷는 친구가 되었음을 느끼고, 이웃을 향해 사랑과 베풂, 연민과 돌봄, 겸손과 자기를 내어 줌, 타인에 대한 용납과 환대의 마음을 갖게 된다. 예수님을 닮아 가도록 우리 속에서 일하시는 성령으로 인해 다른 사람들도 하나님의 형상으로 창조되었고 하나님의 성전으로 함께 지어져 가는 존재임을 인정하게 된다(엡 2:18-22). 우리는 그리스도의 일생을 묵상하고 예수님과 함께 기도하면서 예수님을 믿는 것과 아는 일에 하나가 되어 온전한 사람으로 자라고, "그리스도의 장성한 분량이 충만한 데까지"(엡 4:13) 이른다.

"너희가 나를 선생이라 또는 주라 하니 너희 말이 옳도다 내가 그러하다 … 내가 너희에게 행한 것같이 너희도 행하게 하려 하여 본을 보였노라"(요 13:13-15).

"누가 주의 마음을 알아서 주를 가르치겠느냐 그러나 우리가 그리스도의 마음을 가졌느니라"(고전 2:16).

역사적 배경

|

예수님의 생애에 대한 묵상 기도를 구체적으로 체계화한 영성 훈련 방법
은 로욜라의 이냐시오(Ignatius of Loyola, 1491-1556)가 《영신 수련》이란 책
에서 제시하고 있다. 그러나 이 영성 훈련 방법이 이냐시오에 의해 시작된
것은 아니다. 그 이전에 이미 많은 그리스도인이 예수 그리스도의 말씀과
행적을 영적 성장을 위한 토대로 삼고 실천했다. 초대교회 때부터 그리스
도인들은 예수 그리스도를 따르고자 갈망하면서 순교와 사막 생활을 자
원했다. 그것이 예수님의 제자들이 가야 할 길이라고 생각했기 때문이다.

11세기와 12세기에 들어오면서 영성 생활의 초점에 변화가 일어났다. 이
전 시기의 주요 관심이었던 속죄와 구원의 문제에서 구원자이신 예수 그
리스도께로 관심이 옮겨진 것이다. 따라서 복음서가 전하는 예수님의 지
상 생애의 구체적인 모습들이 의미를 갖게 되었다.[1] 예수님의 지상에서의
삶에 대한 관심은 아시시의 프란체스코(Saint Francis of Assisi, 1181-1226)처
럼 예수님의 청빈한 모습을 본받고자 하는 영성 운동의 등장을 가져왔다.

종교개혁에 많은 영향을 끼친 데보티오 모데르나(Devotio Moderna, 근대
의 경건)는 영성 훈련을 위한 자료로 그리스도의 생애를 적극적으로 활용
하기 시작하면서 성경 묵상을 중심으로 하는 실천적 영성을 강조했다. 데
보티오 모데르나의 선구자로서 공동생활형제단을 창립한 게르트 그루테
(Geert Groote, 1340-1384)는 그리스도인들은 예수님을 따라야 하고 이를
위해서는 예수님의 일생이 가장 좋은 묵상 자료라고 하면서, 특히 그리스
도의 수난에 대한 묵상을 강조했다. 공동생활형제단의 경건 생활 지침을
가르친 토마스 아 켐피스(Thomas a Kempis, 1380-1471)는 《준주성범: 그리
스도를 본받아》라는 책에서 그리스도를 본받기 위해서는 그리스도의 생애

를 묵상하는 영성 훈련이 중요하다고 강조한다. 《준주성범》은 경건과 그리스도를 본받는 삶을 강조했던 당시의 시대적 특징을 집약적으로 담고 있으며 《영신 수련》에도 많은 영향을 주었다.

"'나를 따르는 이는 어둠 속을 걷지 않고 생명의 빛을 얻을 것'(요 8:12)이라고 주님께서 말씀하셨다. 이는 우리에게 깨우침을 주시는 그리스도의 말씀이다. 우리가 진정으로 광명을 받아 깨닫고 마음의 눈이 멀지 않으려면 그리스도의 삶과 행실을 본받아야 한다. 그러므로 예수 그리스도의 일생을 묵상하는 것이야말로 우리에게는 가장 중요한 과제다."[3]

상상력을 풍부하게 발휘하면서 그리스도의 생애를 자료로 해 기도하는 복음서 묵상은 《영신 수련》이라는 책에 구체적으로 안내되어 있다.[4] 《영신 수련》은 "그리스도의 일생을 따라가며 기도한다"라는 대전제 아래 4단계로 구분되어 있다. 각 단계는 '주간'(week)이라는 독특한 용어로 부르며, 각각의 주간은 7일을 뜻하지는 않고 다양한 길이로 구성되어 있다. 각 주간마다 기도의 초점이 다르며 독특한 기도들을 포함한다.[5]

《영신 수련》과 함께하는 그리스도의 생애 묵상의 목적

《영신 수련》과 함께하는 영성 훈련의 목적은 두 가지다. 하나는 예수님 안에서 하나님을 만나고 그 만남에 대한 응답으로 예수님을 더 잘 알고, 사랑하고, 가까이 따르게 되는 것, 즉 예수님과 친밀한 사랑의 관계다. 다른 하나는 하나님의 부르심이 무엇인지를 분별하면서 어떻게 그 부르심에 응답할 것인가를 결단하는 것이다. 이 목적을 위해서는 어떤 것에도 치우치거나 얽매이지 않고 하나님의 초대에 응답할 수 있는 영적 자유가 요청된다.

기도자는 복음서에 나타난 예수님을 묵상하면서 세상에 대한 무질서하고 무분별한 애착을 버리고 영적 자유를 얻으며, 평온하고 초연한 가운데 하나님의 뜻에 합당한 삶을 형성해 간다. 예수님을 본받는 삶을 살기 위해 이기적인 욕망을 버리고, 마음을 깨끗하게 하며, 예수님의 마음으로 채우는 여정을 걷게 된다.

이 영성 훈련의 원형은 30일 피정(retreat)으로, 한 달간 기도에만 전념하는 것이다. 하지만 현대인들의 생활 방식의 변화와 일상 속의 영성 추구에 대한 관심으로 오늘날에는 다양한 형태로 수행되고 있다. 특히 직장이나 개인적 사정으로 한 달간의 피정에는 참여하기 어렵지만 이 훈련에 대한 열망을 갖고 있는 사람들을 위해 제공되는 '일상 속에서의 영신 수련'에 대한 관심과 참여가 갈수록 증대되고 있다.

《영신 수련》과 함께하는 그리스도의 생애 묵상의 내용

《영신 수련》은 각 주간마다 기도의 초점이 다르게 주어진다. 첫째 주간에는 죄의 묵상과 하나님의 용서를 체험하고, 둘째 주간에는 더 친밀하게 주님을 알고 가까이 따르기 위해 예수님의 생애를 묵상한다. 셋째 주간에는 예수님의 구원 사역을 구체적으로 경험하기 위해 그리스도의 수난을 묵상하며, 넷째 주간에는 그리스도의 부활의 기쁨이 우리 삶에 넘치도록 하기 위해 부활과 승천을 묵상한다.[6]

《영신 수련》은 영성 훈련에 참여하는 사람이 가져야 할 마음가짐에 대해 말하는데, 가장 중요한 마음가짐은 자기가 원하는 것을 얻으려 하기보다는 하나님이 주시려는 은혜에 온전히 자신을 맡기는 것이다. 은혜는 자신에 의한 것이 아니라 온전히 하나님의 선물이기 때문이다.[7]

첫째 주간의 기도

자기 자신을 돌아보는 주간으로, 하나님의 용서와 사랑의 체험이 핵심이 된다. 이를 위해 인간 창조의 목적을 깨닫고 인간의 죄를 묵상하며 기도한다. 이 주간의 기도에서 기도자는 이 세상에 살고 있는 모든 사람이 하나님을 찬양하고, 경배하며, 그분의 뜻에 따라 살아가면서 구원에 이르러야 한다는 인간 창조의 본래 목적을 깨닫게 된다. 또한 인간의 보편적인 죄와 개인적인 죄에 대해 묵상하면서 죄에 대한 슬픔과 두려움을 느끼게 되고, 죄인인 자신에 대해 한없는 부끄러움을 느끼게 된다.

그러나 이 주간에 강조되는 기도의 초점은 죄의 인식이 아니라 인간의 죄보다 더 큰 하나님의 사랑을 구체적으로 경험하는 것이다. 기도자는 죄인인 자신을 향한 하나님의 용서와 사랑의 은혜를 깊이 체험하면서 회심으로 이끌린다. 그리고 이러한 하나님의 사랑에 대해 반응하기로 결심하게 된다. 그 반응은 예수 그리스도를 더욱 친밀하게 경험하고 그분의 제자로 살고자 하는 의지의 형성이다.

둘째 주간의 기도

예수님의 탄생과 어린 시절, 그리고 공생애를 묵상 자료로 하여 기도하면서 그리스도에 대한 사랑이 더 깊어지게 하는 데 초점이 있다. 기도자의 중심이 그리스도를 향해 새롭게 정조준되게 한다. 그리스도의 제자가 된다는 의미에 대해 알고, 제자가 되는 일에는 개인적 책임이 따른다는 것을 경험하게 된다. 예수님이 자신을 위해 인간이 되셨다는 깊은 내적 인식을 갖게 되면서 주님을 더욱 사랑하고 따르려는 마음이 자란다. 예수님의 탄생부터 수난 전까지의 공생애가 묵상의 자료가 된다.

셋째 주간의 기도

예수님의 생애 가운데 가장 특별한 시간인 수난, 십자가, 죽음을 내적으로 깊이 경험하는 데 기도의 초점이 있다. 기도자는 예수님의 수난에 함께 참여하도록 초청되고, 이 모든 것이 나를 위한 것이라는 사실을 경험하게 된다. 예수님의 인격적인 사랑의 행위였던 십자가는 그리스도의 수난에 공감하고 그리스도께 일치되어 가도록 이끄는 매개체가 된다. 이 기도를 통해 십자가의 수난이 부활의 영광에 참여할 수 있도록 하는 유일한 통로라는 것을 경험하게 된다. 기도자는 이 경험을 통해 복음서의 가치인 '자기를 내어 주는 사랑'에 대해 생각하도록 도전받는다. 묵상의 자료는 예수님의 수난과 십자가를 지고 돌아가시는 장면까지다.

넷째 주간의 기도

부활하신 예수님과 함께 그 기쁨에 참여하는 데 초점이 있다. 기도자는 이 기도를 통해 예수님의 부활에 의해 새롭게 된 세계를 생각하게 된다. 이 과정을 통해 그리스도의 친구가 되고 그 우정을 더욱 발전시켜 가게 된다. 그래서 하나님 나라를 위해 예수님의 사역에 함께하려는 자발적인 마음이 형성된다. 이 주간의 기도를 통해 기도자는 예수님과의 관계에 있어 새로운 단계로 들어선다. 새롭게 된 마음으로 모든 것 안에서 일하시는 하나님을 발견하고, 사랑의 마음으로 예수님의 사역에 동참하고자 하는 사도적 영성을 갖게 된다. 묵상 자료는 예수님의 부활과 승천 장면까지다.

《영신 수련》의 4주간의 훈련을 요약하면 다음과 같이 표현할 수 있다.
- · 1주간: 하나님의 사랑을 만남, 사랑으로 정화됨
- · 2주간: 사랑으로 그리스도를 따름
- · 3주간: 수난의 신비에 참여함
- · 4주간: 부활하신 그리스도와 함께하는 삶

그리스도의 생애 묵상의 효과

|

오늘날 영성을 추구하는 사람들은 기도 속에서 그리스도의 생애를 경험하며 하나님의 사랑에 응답하는 영적 여정에 많은 관심을 갖는다. 그래서 예수님 안에서 하나님과 자신의 관계를 깊이 보도록 안내해 주는 이 영성 훈련이 몇 가지 이유에서 대단히 매력적으로 느껴진다.[8]

첫째, 복음서의 이야기들을 묵상하고 기도하면서 예수님의 일생에 비추어 자신의 삶을 돌아보게 된다. 이 과정을 통해 자연스럽게 회심과 그리스도를 따르고자 하는 열망이 일어나며 헌신으로 이끌린다.

둘째, 이 영성 훈련의 고유한 특징 중 하나인 영적 분별을 배우면서 예수님의 삶의 방식을 따라 선택하고 결정하는 법을 익히게 된다. 예수님의 가치관을 습득하면서 그분의 가치 체계에 따라 분별하는 습관을 형성하게 된다.

셋째, 기도와 분별을 통해 하나님에 대한 사랑과 예수님에 대한 신뢰가 더욱 깊어진다. 예수님과의 친밀한 사귐이 이루어지면서 깊은 우정 관계가 형성되고, 하나님의 은혜를 더 깊이 체험하면서 신앙이 더욱 성장한다.

넷째, 그리스도께 초점을 두는 훈련을 통해 세상과의 관계에서 질서를 잡게 된다. 더 먼저 생각해야 할 것과 더 많이 사랑해야 할 것에 대한 기준이 생기고, 우선순위에 따라 판단과 결정을 하게 된다. 따라서 그리스도의 생애로 기도하는 영성 훈련은 매일의 삶 속에서 우리의 관심이 올바른 방향을 찾도록 하는 데 매우 효과적이다.

그리스도의 생애 묵상이 영성 생활의 성장에 효과적인 이유는 상상력을 풍부하게 발휘하며 기도하는 '상상 기도'와 성령과 함께 선택하고 결정하는 '영적 분별'을 배우기 때문이다.

먼저, 상상 기도는 기도자의 상상력을 발휘해 복음서의 이야기로 기도하면서 예수님과 만나는 경험이다. 복음서 이야기 속의 한 인물이 되는 상상적 체험을 통해 예수님과의 만남이 살아 있는 경험이 된다. 이를 통해 예수 그리스도와 개인적으로 친밀한 관계를 형성하고, 예수님의 시선으로 사람과 사물을 보는 능력을 키우게 된다.

기도자는 상상 기도를 하는 동안 예수 그리스도의 삶에 비추어 자신의 일생을 돌아보게 된다. 자신의 인생 여정을 새로운 관점으로 재해석하고, 그리스도 안에 있는 자기 인식을 분명히 하게 된다. 그리스도인으로서의 영적 정체성이 더 뚜렷해지고, 모든 경험 속에서 하나님을 만나는 은혜를 누린다. 자신이 하나님의 사랑받는 자녀라는 사실을 더 확신하게 되며, 자신의 인생 이야기가 신앙 이야기가 된다. 고통의 기억도 하나님과 함께한 거룩한 경험으로 이해되면서 치유를 경험한다. 그로 인해 일상의 삶은 하나님을 경험하는 현장이 되고, 복음서의 가치에 충실한 삶을 살고자 하는 의지는 더욱 커진다.

복음서의 이야기를 상상적 방법으로 기도하는 것은 그리스도를 통해 완성된 하나님의 구원 신비를 실제적으로 경험할 수 있는 강력한 기도 방법이다.

또한 영적 분별은 그리스도를 따르는 여정에서 자신의 삶이 어떤 방향으로 가야 할지, 무엇을 선택하며 살아야 할지를 결정하는 데 효과적이다. 영적 분별을 통해 우리는 그리스도인다운 삶의 형태를 만들어 가게 된다. 이것은 성령의 움직임에 민감해지고, 하나님의 부르심에 제대로 반응하게 된다는 것을 뜻한다. 성령 안에서 분별하는 삶은 성숙한 제자로서의 삶을 가능하게 하는 통로다. 복음서의 이야기들을 묵상하고 기도하면서 분별하는 습관은 더욱 성장한다.

안내문 및 해설

|

복음서 묵상의 기도 방법은 마치 자신이 본문 이야기의 현장 속에 있는 것처럼 상상력을 발휘해 기도하는 것이 특징이다. 기도 방법은 다음과 같은 순서에 따라 진행된다.

(1) 본문 선택하기: 복음서(마태복음, 마가복음, 누가복음, 요한복음)의 이야기 가운데 하나를 선택한다.

(2) 기도로 시작하기: 1분 정도 묵상하면서 성령이 기도의 과정을 인도해 주시기를 간구한다.

(3) 본문 읽기: 본문의 배경과 이야기가 전개되어 나가는 상황을 이해하기 위해 본문을 여러 번 읽는다. 본문의 사건에 대해 기초적인 그림을 그릴 수 있도록 반복해서 읽는다.

(4) 본문의 이야기 상상하기: 눈을 감고 마음을 모아 그 장면이 떠오르게 한다. 마치 영화나 드라마를 보듯이, 그 현장에 있는 것처럼 생생하게 이야기가 펼쳐지도록 구체적으로 상상한다. 본문의 내용이 영상처럼 분명하게 그려지도록 한다. 사람들의 말과 행동, 구체적인 상황 등을 보고, 듣고, 느끼고, 냄새 맡는 등 기도자의 전인격으로 이야기 속에 동화되도록 한다.

(5) 본문의 이야기에 참여하기: 가능한 한 본문 속에 푹 잠겨 수동적이 되려고 하면서 그 장면에 함께 머무른다. 때로는 본문 속의 한 인물이 되어 보기도 하고, 때로는 제삼자가 되기도 하면서 사람들의 이야기를 듣기도 하고, 대화도 하며 그들의 활동에 참여한다. 특히 예수님의 말씀과 행동을 주의 깊게 살피고 예수님과 대화하기도 하면서 예수님의 마음이 자신에게 스며들도록 한다.

(6) 반추와 기록하기: 기도가 끝난 후 묵상하는 동안 일어난 일들에 대해

돌아보고 마음에 떠오르는 체험이나 주제들을 점검하고 요약해 기록한다. 이 시간 함께해 주신 주님께 감사드리는 기도로 마친다. 이 단계에서 다음과 같은 내용을 생각하면 도움이 된다.

· 묵상할 때 무엇을 경험했는가?
· 예수님에 대해 좀 더 분명하게, 또는 새롭게 알게 된 내용이 있는가?
· 자신에 대해 좀 더 분명하게, 또는 새롭게 알게 된 내용이 있는가?
· 하나님이 새로운 믿음의 단계로 초대하신다고 느낀 것이 있는가?

기도 예시

요한복음 5장 2-9절 '베데스다 연못의 38년 된 환자'를 본문으로 선택해 실습하도록 한다.

(1) 본문 선택하기: 요한복음 5장 2-9절

(2) 기도로 시작하기: 1분 정도 묵상하면서 성령이 기도의 과정을 인도해 주시기를 간구한다.

(3) 본문 읽기: 30초 정도 간격을 두고 본문을 여러 번 읽으면서 본문의 이야기 속으로 잠겨 들도록 한다. 주변 여건이 허락된다면 처음에는 소리 내어 읽는다. 30초 정도의 간격을 두고 눈으로 본문을 다시 읽는다. 본문 읽기를 여러 번 반복하면서 세밀한 부분까지 전체 장면 안으로 어우러져 들어오도록 한다.

(4) 본문의 이야기 상상하기: 눈을 감고 베데스다 연못의 38년 된 환자와 주변 상황을 떠올린다. 연못 주변에서 벌어지고 있는 상황을 보고, 느끼고, 사람들의 이야기를 듣기도 하고, 그들의 행동을 살펴보기도 하며 구체적

으로 상상하는 가운데 기도자 자신이 그 장면 속으로 들어간다.

(5) 본문의 이야기에 참여하기: 가능한 한 수동적이 되어 본문 속의 인물이 되거나 제삼자가 되어 이야기 속에 참여한다. 자신이 38년 된 환자가 되는 상상을 한다면, 자신의 곁으로 다가오시는 예수님을 느끼면서 주님과 대화를 나누어 본다. 예수님께 베데스다에 오게 된 이유를 말씀드리고 "네가 낫고자 하느냐"(6절)라고 물으시는 주님께 마음을 열고 자유롭게 대답한다. "일어나 네 자리를 들고 걸어가라"(8절) 하시는 예수님께 자신의 반응을 보이며 응답한다. 예수님과 함께 나눈 믿음과 확신을 묵상하며 예수님의 마음과 사랑이 자신에게 스며들도록 한다. 충분히 기도했다고 생각되면 눈을 뜬다.

(6) 반추와 기록하기: 묵상하는 동안 경험한 내용들을 돌아보며 기도 내용을 요약해 본다. 예수님과 자신에 대해 좀 더 분명하게, 또는 새롭게 알게 된 내용이 있는지 살펴보며, 주님의 사랑과 부르심에 자신이 어떻게 반응했는지를 점검한다. 다음에 기도할 때 다시 기도해야겠다고 생각되는 부분이 있는지 살펴본다. 이 시간 함께해 주신 주님께 감사드리는 기도로 마친다.

소그룹 나눔 질문

1 그리스도의 생애 묵상이 영적 성장에 어떤 점에서 도움이 되었는가?

· 하나님의 뜻을 더 잘 알게 하는 데 도움이 되었는가?

· 기도를 통해 알게 된 하나님의 뜻과 부르심에 나는 어떻게 응답하고 있는가?

2 그리스도의 생애 묵상을 통해 예수 그리스도의 제자로서 각자의 모습을 살펴볼 수 있다.

나는 예수님께 어떤 제자인가?

3 그리스도의 생애 묵상이 삶의 방향성을 정립하는 데 어떤 도움이 되었는가?

· 나의 방향은 어디를 향하고 있는가?

· 나의 삶에서 우선순위는 무엇인가?

· 내가 버려야 한다고 생각하는 애착(집착)은 무엇인가?

4 당신은 예수님의 어떤 모습을 가장 본받으며 따르고 싶은가?

참고 도서

· 류해욱.《여울지는 강물을 따라: 영신 수련의 해설과 적용》. 서울: 이냐시오영성연구소, 2011.

· 데이빗 L. 플레밍, 김용운 · 손어진 · 정제천 공역.《당신 벗으로 삼아 주소서: 영신 수련 현대적 해석》. 서울: 이냐시오영성연구소, 2008.

· 에반 B. 하워드, 채수범 역.《성경 그대로 기도하기》. 서울: 규장, 2014.

· 유해룡.《기도 체험과 영적 지도》. 서울: 장로회신학대학교출판부, 2007.

4

예배

이종태

영성의 원천과 정점으로서의 예배

예배는 기도다. 예배는 교육 활동이기도 하고, 전도 집회이기도 하고, 친교 모임이기도 하지만, 예배는 본질적으로 기도다. 하나님께 공동체가 드리는 기도다. 부름 받은 공동체(에클레시아)인 교회가 예수님의 이름으로 드리는 기도다.

예배라는 기도는 공도(公禱)다. 즉 개인이 각자 드리는 기도인 '각도'(各禱)가 아니라 한 몸을 이룬 공동체가 한마음으로 드리는 공동(公同) 기도다. 그저 개인들이 한 장소에서 각자 기도를 동시에 드린다고 해서 공도가 되는 것이 아니다. 예배라는 공도는 공동체가 한 몸처럼 드리는 기도다.

집합한 개인들을 한 몸처럼 움직이게 해 주는 것이 '예'(禮)이며, '예배'(禮拜)란 '예를 갖추어 절(拜)한다'라는 말이다. 우리는 질서(order of worship) 있게 예를 행함을 통해 한 몸을 이루어 한마음으로 하나님을 경배한다.

마음이 몸을 움직이는 것이지만, 역으로 몸이 마음을 움직이는 것 또한 사실이다. 한마음을 품을 때 한 몸을 이룰 수 있는 것이겠으나, 먼저 한 몸처럼 움직이면 한마음이 생겨나는 것도 사실이다. 호감이 있으면 반갑게 인사를 나누겠지만, 반갑게 인사를 나누다 보면 호감이 생겨나는 것도 사실이다. 마음이 맞아야 자주 만나겠지만, 자주 만나야 마음이 맞게 되는 것도 사실이다. 거룩한 사랑이 있어야 거룩한 키스를 나누게 되겠지만(살전 5:26; 고전 16:20; 고후 13:12; 롬 16:16), 거룩한 키스를 나누다 보면 거룩한 사랑이 생겨나는 것도 사실이다.

하나님을 사랑하는 일도 그렇다. 우리는 예배를 그저 우리 믿음의 표현이라고만 생각하는 경향이 있지만, 사실 예배는 우리 안에 믿음을 만들어내는 매트릭스다. 예를 갖추어 몸을 굽혀 하나님께 절하다 보면 우리의 마음이, 영혼이 굽혀진다. 하나님을 전심으로 섬기려는 마음이 생겨난다. 기도하는 마음이 생겨난다. 기도하면 기도하는 마음이 생겨난다. 기도의 예를 행하면, 예배를 드리면 영성이 생겨난다.

예배는 영성의 원천(source)이다. 또한 정점(summit)이다. 예배는 단순히 사람이 땅에서 하늘을 향해 하는 일에 불과한 것이 아니다. 성경에 따르면, 땅에서 드리는 예배는 다름 아니라 지금 하늘에서 벌어지고 있는 예배에 참여하는 일이다! 하늘에서는 지금 이 순간도, 또 영원히 예배가 행해진다. 영적인 눈이 열리면 우리는 이를 목도하게 된다.

"웃시야 왕이 죽던 해에 내가 본즉 주께서 높이 들린 보좌에 앉으셨는데 그의 옷자락은 성전에 가득하였고 스랍들이 모시고 섰는데 각기 여섯 날개가 있어 그 둘로는 자기의 얼굴을 가리었고 그 둘로는 자기의 발을 가리었고 그 둘로는 날며 서로 불러 이르되 거룩하다 거룩하다 거룩하다 만군의 여호와여 그의 영광이 온 땅에 충만하도다 하더라 이같이 화답하는 자의 소리로 말미암아 문지방의 터가 요동하며 성전에 연기가 충만한지라"(사 6:1-4).

주일 아침 성도들이 예배당에 모여 "거룩 거룩 거룩 전능하신 주님 이른 아침 우리 주를 찬송합니다 거룩 거룩 거룩 자비하신 주님 성 삼위일체 우리 주로다"(새찬송가 8장, 1절)라고 찬양할 때 그들은 하늘에서 울려 퍼지고 있는 천군 천사들의 찬양 소리에 화답하는 것이다. 영원 전부터 하늘에서 선창이 불려졌다. 지상의 교회는 그 영원한 천상의 찬양에 동참(koinonia)하는 것이다. 그 찬양을 따라 부르는 것이다. 함께 부르는 것이다.

이 영적 진실을 믿음의 눈으로 목도하며 예배하는 것이 바로 "영과 진리로"(요 4:24), 다시 말해 성령 안에서 참되게 예배하는 것이다. "주의 날에"(아마도 예배를 드리다가) "성령에 감동"(계 1:10)된 요한은 눈이 열려 "하늘에 보좌를 베풀었고 그 보좌 위에 앉으신 이가 있는"(계 4:2) 광경을 보았다. 그리고 귀가 열려 그 보좌 주위에서 울려 나는 우렁찬 찬양 소리를 들었다.

"내가 또 들으니 하늘 위에와 땅 위에와 땅 아래와 바다 위에와 또 그 가운데 모든 피조물이 이르되 보좌에 앉으신 이와 어린양에게 찬송과 존귀와 영광과 권능을 세세토록 돌릴지어다 하니"(계 5:13).

예배자는 이 광경을 목도하고 이 소리를 들을 때 "엎드러져"(계 1:17) 주님을 경배(敬拜)하게 된다.

예전과 영성 형성

|

예배는 믿음의 모판이며 영성 형성(spiritual formation)의 장이다. 예배 때 행하는 예를 일컬어 '전례'(典禮), 혹은 '예전'(禮典, liturgy)이라고 한다. 예배 예전이 자신이 느끼는 바를 잘 표현해 주지 못해 예배 때 은혜를 받지 못한다며 불평하는 신도에게 랍비 헤셸(Abraham Joshua Heschel, 1907-1972)은 이렇게 대답했다고 한다.

"예배 예전이 내가 느끼는 바를 표현해야 하는 것이 아닙니다. 예배 예전이 표현하는 바를 내가 느낄 줄 알아야 합니다."

예배가 표현하는 바를 몸에 익혀 내면화하는 것, 다시 말해 예배의 정신을 체득(體得)하고 체현(體現)하는 것이야말로 기독교 영성의 정수라 할 수 있다. 그렇다면 우리 몸에 배게 해야 할 예배의 정신이란 무엇인가? 예배 예전의 4가지 중심적 동작(movement)을 따라 생각해 보고자 한다.

모임

먼저, 예배는 흩어져 있던 성도들이 하나님 앞에 함께 모이는 모임(gathering) 예전으로 시작한다. 하나님의 부르심을 받아 하나님 앞에 모인 회중이 바로 에클레시아, 즉 교회다. 예배는 교회가 교회 되는 일이며, 따라서 교회의 일 중에 이보다 더 중요한 일은 없다. 교회는 하나님이 세상에서 불러내어 당신 앞에 모으신 사람들로서, 성도(saints)가 바로 교회다.

성경에서 '성도'가 언제나 복수형이라는 사실은 의미심장하다. 다시 말해, 성경적 영성에서 영성의 절정은 헬라철학적 영성에서처럼 "홀로이신 분께 홀로 나아가는 것"(flight of the alone to the Alone)이 아니다.[1] 밧모 섬에서 요한이 본 천국 비전에서는 "각 나라와 족속과 백성과 방언에서 아무도 능히 셀 수 없는 큰 무리가 나와 흰옷을 입고 손에 종려 가지를 들고 보좌 앞과 어린양 앞에 서서"(계 7:9) 하나님을 찬양하고 예배했다. 천국은 공동체다. 그렇기에 천국을 바라보는 영성은 사귐의 영성이요, 관계의 영성이다. 하나님 자신이 삼위일체(tri-unity)라고 하는 사귐이시요, 관계이시기 때문이다.

기독교 신앙에서 구원은 관계로의 초대다. 공동체 안으로의 초대다. 우리는 각자 알아서 신앙생활 하다가 신앙생활에 도움을 받기 위해 가끔씩 교회를 찾는 것이 아니다. 교회 생활이 곧 신앙생활이다. 공동체 생활이 곧 영성 생활이다. 기독교 영성에 있어 영성의 꽃은 개인적 득도가 아니라 공동체적 삶의 만개(滿開)다. "형제가 연합하여 동거"하는 그 "선하고 아름다운" 삶에 성삼위 하나님이 내리시는 복이 "영생"이며(시 133:1-3), 이런 영생을 체득하고 체현하고자 자기를 넘어서는 것(self-transcendence)이 기독교적 구도의 삶이다.

기독교 영성에서 진정한 영성가는 "교회적 인간"(ecclesial person)이다.[2] 개인적 인간(the individual)은 아직 참 인간이 못 된 인간이다. 참 인간은 관계 안에 있는 존재(being-in-relation)이며, 그렇게 관계(koinonia) 가운데 살아가는 것이 참 인간이 되는(being human) 길이다.

말씀

예전의 두 번째 동작은 말씀이다. 예배할 때 우리는 예를 갖추어 말씀을 읽고, 예를 갖추어 말씀을 듣는다. 말씀을 봉독(奉讀)하고 경청(敬聽)한다. 말씀을 읽되, 개인적으로 읽지 않고 교회적으로(ecclesially) 읽으며, 받들어 읽히는 말씀에 온 교회가 한목소리로 "아멘" 하고 응답한다.

성경은 개인에게 주어진 책이기 이전에 공동체에게 주어진 책이며, 서재(study)에서 읽혀야 할 책이기 이전에 예배당(sanctuary)에서 선포되고 노래되어야 할 책이다. 이 사실을 망각할 때 우리의 개인적 성경 읽기는, 그것이 QT이든 렉시오 디비나이든 사사로운 읽기가 되어 버리고, 개인의 자기 경영을 위한 도구(self-help book)로 전락해 버리고 만다.

성경은 "발에 끌리는 옷을 입고 가슴에 금띠를 띠고 … 머리와 털의 희기가 흰 양털 같고 눈 같으며 … 눈은 불꽃 같고 … 발은 풀무불에 단련한 빛난 주석 같고 … 음성은 많은 물소리와 같으며 … 오른손에 일곱 별이 있고 … 입에서 좌우에 날 선 검이 나오고 … 얼굴은 해가 힘 있게 비치는 것"(계 1:13-16) 같으신 분께서 각 교회에 보내신 말씀이다. 교회다운 교회가 되라는 말씀이고, 교회다운 교회가 되게 하는 말씀이다.

성경을 "교회의 책"(Church's book)[3]이 아니라 개인적 교양이나 영감이나 위안이나 영성을 위한 책으로 읽는 이들은 진정한 기독교 영성에 입문조차 하지 못한다. 성경은 교회를 흔들어 세우시는 하나님의 말씀이며, 개인적 성경 읽기는 예배 가운데 행해지는 교회적 성경 읽기를 토대로 삼아 그 위에 서 있어야 한다. 성경은 교회가 기도(公禱)하며 읽는 책이며, 우리는 오직 예배를 통해 바르게 기도하는 법(lex orandi)과 바르게 성경 읽는 법(lex credendi)을 배운다.

성찬

예전의 세 번째 동작은 성찬이다. 앞선 예전이 말씀을 듣는 동작이었다면, 이번 동작은 말씀을 보는 동작이다. 어거스틴과 존 칼빈은 세례와 성찬, 즉 성례(sacrament)를 일컬어 '보이는 말씀'(verbum visibile)이라고 했다. 우리는 들리는 말씀을 통해서뿐 아니라 보이는 말씀을 통해서도 은혜를 받을 수 있다. 성례는 은혜를 받는 방편(means of grace)으로 주님이 교회에 주신 선물이다.

그런데 성례에서 은혜를 받자면 먼저 성례의 의미를 알아야 한다. 초기 교회에는 세례와 성찬례의 예절 하나하나의 의미를 밝혀 말해 주는 교육 활동이 있었다. 바로 '미스타고지'(mystagogy)가 그것이다. 미스타고지는 그대로 옮기면 '신비 입문 교육'이라는 말인데, 초기 (헬라) 교회는 성례를 '미스테리온'(mysterion), 즉 '신비'라고 불렀기 때문이다. 초기 교회는 성례를 신비를 가리켜 주는 거룩한 표징이라고 보았다. 그리고 성례의 영적 의미를 성경 말씀에 비추어 밝혀 말해 주는 교육 활동(pedagogy)을 '신비 입문 교육'이라고 불렀다.

시릴의《미스타고지 강론》

초기 교회 미스타고지 현장을 엿보게 해 주는 귀한 자료가 있다. 주후 4세기 예루살렘 교회의 주교였던 시릴(Cyril of Jerusalem, c. 315-387)의《미스타고지 강론》이 그것인데,[4] 시릴은 그 강론에서 세례와 성찬례를 "영적, 천상적 신비(mysteries)"라고 부른다. 이 신비에 참여하는 것은 "신성한 성품에 참여하는 자"(벧후 1:4)가 되기 위함이다.

시릴은 세례는 단순히 죄 사함을 받는 것 훨씬 이상의 것이라고 강조한다. 세례는 그리스도 안으로 들어가는 것이요(롬 6:3), 그리스도로 옷 입는 것이다(갈 3:27). 세례 때 옷을 벗는 것은 옛 사람과 그 행위를 벗어 버린다는 뜻이다(골 3:9). 세례 받고 새 옷으로 갈아입은 이들은 이제 성찬에 초대되는데, 성찬에 대한 강론을 시작하면서 시릴은 이렇게 묻는다.

"그리스도께서 친히 '이것은 내 몸이다' 말씀해 주셨건만 어떻게 감히 성찬의 떡이 그리스도의 몸임을 의심할 수 있습니까? 그리스도께서 친히 '이것은 내 피다' 말씀해 주셨건만 어떻게 성찬의 포도주가 그분의 피라고 말하길 주저할 수 있습니까?"

당시도 성찬의 떡과 포도주가 그리스도의 몸과 피라는 것은 분명 믿기 어려운 일이었을 터다. 그러나 시릴은 묻는다.

"갈릴리 가나에서 물이 포도주가 되게 하셨던 분께서 포도주가 피가 되게 하실 수 없겠습니까?"

시릴은 성찬은 가나 혼인 잔치와 같은 혼인 잔치이며, 감각(sense)은 성찬의 상에서 떡과 포도주를 볼 뿐이지만 믿음(의 눈)은 거기서 그리스도의 몸과 피를 본다고 말한다.

시릴은 성찬 예전의 예절 하나하나의 뜻을 성서의 말씀에 비추어 밝혀 준다. 손을 씻는 것은 죄 된 행실을 씻는다는 뜻이다. "서로를 받아들이십시오. 우리 서로 입맞춤합시다"라는 부름에 성도 간에 입맞춤을 나누는 것은 서로의 죄를 용서해 주며, 함께 영적으로 어우러지며, 서로 간에 행한 모든 잘못에 대한 기억을 모조리 추방시킨다는 의미이며, "예물을 제단에 드리려다가 거기서 네 형제에게 원망 들을 만한 일이 있는 것이 생각나거든 예물을 제단 앞에 두고 먼저 가서 형제와 화목하고 그 후에 와서 예물을 드리라"(마 5:23-24)라고 하셨던 그리스도의 말씀을 따르는 일이다. 이 키스는 화해의 키스이며, 따라서 거룩한 입맞춤이며, 성도 간에 문안하는 "사랑의 입맞춤"(벧전 5:14)이다.

이 키스례(禮) 후 성찬 집례자는 큰 소리로 "여러분의 마음을 드높이십시오" 하고 외치는데, 이는 이 경외로운(awful) 시간에 예배자는 땅의 것이 아니라 "위의 것을 생각"(골 3:2)해야 한다는 부름이다. 그러면 회중은 "우리의 마음을 주님께 드높입니다"라고 응답하며 이 세상 모든 염려를 다 내려놓고 주님이 계신 하늘을 향해 영혼의 눈을 든다. 그다음에는 집례자가 "주님께 감사드립시다"라고 말하고, 회중은 "(감사드림이) 마땅하고 옳은 일입니다"라고 말하며 응답한다.

성찬(eucharist)은 감사의 예를 행하는 것이며, "여호와를 광대하시다 하며 함께 그의 이름을 높이"(시 34:3)는 일이다. 시릴은 지상의 교회가 드리는 찬양은 하나님의 보좌 주위에 있는 스랍들의 찬양(사 6:2-3)에 동참하는 일이라고 말한다.

감사와 찬양의 기도 후 교회는 하나님께 당신의 성령을 보내 주시어(에피클레시스) 성찬의 떡과 포도주가 그리스도의 몸과 피가 되게 해 달라고 간구를 드리고, 교회의 평화와 세상의 안녕을 위해 기도드리고, 앞서 잠든 이들을 추도하고, 주님이 가르쳐 주신 기도를 다 함께 드린다.

이제 집례자는 "거룩한 것을 거룩한 이들에게"라고 말하는데, 시릴은 그리스도께서는 본질상(by nature) 거룩하신 분이지만, 우리는 그분의 거룩하심에 참여함으로(by participation) 거룩한 사람들, 즉 성도가 된다고 말한다. 성령을 통해 거룩한 것이 된 떡과 포도주를 먹고 마시라는 초대의 말은 노래로 불렸다. 노래하는 이(chanter)가 성스러운 멜로디에 맞추어 노래했다.

"너희는 여호와의 선하심을 맛보아 알지어다"(시 34:8상).

시릴은 예루살렘 교회 성도들에게 성찬의 떡과 포도주를 받기 위해 앞으로 나올 때 "왼손으로 오른손을 받치도록 하십시오"라고 말한다. 마치 보좌로 왕을 받치는 듯한 손 모양은 성찬의 떡과 포도주를 받는 것이 왕을 영접하는 것임을 뜻한다. 그리고 시릴은 성도들에게 성찬의 떡을 받을 때 "아멘!" 하고 받은 다음, 떡을 눈에 갖다 대어 눈을 성화시킨(hallowed your eyes) 다음 떡을 들라고 말한다.

성례전적 영성

예배는 우리의 눈이 성화되는 시간이어야 한다. 믿음의 눈이 뜨이면 우리는 세례와 성찬뿐 아니라 이 세상 만물과 만사에서 말씀을 알아보게 된다. 우리 눈에 보이는 모든 것이 성례, 즉 거룩한 표징(sacrum signum)이 된다. 말씀으로 창조된 세상이기에, 세상은 말씀 천지이기 때문이다. 믿음의 눈은 일상 속에서 신비를, 평범 속에서 기적을, 자연 속에서 초자연을 알아본다. 알아보며 놀라워하고, 보며 황홀해한다. 그래서 믿음의 사람은 연신 "할렐루야!"를, "아멘!"을 터뜨린다. 예배당 안에서 말씀을 들을 때뿐 아니라 예배당 밖에서 '보이는 말씀'을 보면서도 은혜를 받는다.

예배는 이 세상만사와 만물을 둘러싸고 있는 거룩한 신비에 눈뜨게 되는 시간이다. 예배의 성례와 예전이 궁극적으로 표현해 주는 것은 결국 '신비'다. 구속의 신비, 창조의 신비다. 세상은 말씀으로 창조되었고, 그 말씀이 육신이 되어 우리에게 오신 분이 바로 예수 그리스도이시다. 따라서 그리스도를 만나면 눈이 열린다. 만유일체에서 하나님의 말씀을 알아보는 눈이 열린다.

성례와 전례를 행하는 교회의 예배 시간은 바로 이런 눈이 길러지는 시간이다. 예배 가운데 행해지는 세례의 물을 보면서 그리스도께서 우리를 위해 들어가셨다가 나오신 요단강, 그 죽음의 강물을 볼 줄 아는 사람, 예배 가운데 행해지는 성찬의 떡과 포도주를 보면서 우리를 위해 죽으신 그리스도의 몸과 피를 볼 줄 아는 사람이라면 예배를 마치고 집으로 돌아가는 길에서 마주치는 들꽃 한 송이에서 부활의 영광을, 십자가의 성흔(聖痕, stigmata)을, 창조의 신비를 알아볼 수 있을 것이다.

파송

예전의 마지막 네 번째 동작은 파송(sending)이다. 보냄을 받는 것이다. 교회는 부름 받아 모인 공동체(에클레시아)이지만, 더 나아가 부름 받아 나선(missional) 공동체다. 교회는 길 가는 공동체다. 예수님을 좇아 십자가의 길을 따라나선 공동체다. 이 세상 속에서 그리스도의 몸이 되어 그리스도께서 이 땅에서 하셨던 일을 행하며, 그리스도께서 지금도 하고 계시는 일에 동참한다. 두루 다니며 하나님 나라의 기쁜 소식을 전하며, 몸과 마음이 아픈 이들을 손을 대어 치유해 주며, 이 세상에서 박대받는 이들을 두 팔 벌려 환대하며 안아 준다. 그렇게 그리스도의 발이 되며, 그리스도의 손이 되며, 그리스도의 품이 된다. 그렇게 그리스도의 부활을 증거한다.

부활 생명은 반드시 몸으로 나타난다. 자기 몸을 움직여 주린 사람들에게 먹을 것을 갖다 주고, 목마른 사람들에게 마실 것을 갖다 주고, 나그네들을 영접하고, 헐벗은 이들에게 입을 것을 갖다 주고, 병들어 있는 이들을 찾아가 돌보아 주고, 감옥에 갇힌 이들을 찾아가 주는 사람의 몸으로 말이다(마 25:31-46). 그렇게 자기 몸을 드려 거룩한 산제사를 드리는 사람이 바로 진정한 영적 예배자다. 세상에 나가 이런 예배를 드리려고 일어서는 사람들에게 축복(benediction)이 선언된다.

"주 예수 그리스도의 은혜와 하나님의 사랑과 성령의 교통하심이 … 함께 있을지어다"(고후 13:13).

예배 훈련 안내문

|

(1) 예배에 대한 윌리엄 템플(William Temple, 1881-1944)의 다음 글을 찬찬히 새기며 자신의 예배 경험에 대해 성찰해 보는 시간을 가져 본다.

"예배한다는 것은 하나님의 거룩함에 의해서 양심을 깨우는 것, 하나님의 진리로 정신을 먹이는 것, 하나님의 아름다움에 의해서 상상을 정화하는 것, 하나님의 사랑에 마음을 여는 것, 하나님의 목적에 의지를 헌신하는 것이다."[5]

(2) "성전에 올라가는 노래"(Song of Ascent)라는 제목이 붙어 있는 시편 120-134편은 예배자의 마음을 준비시켜 주는 순례의 노래들이다. 본서에 안내되어 있는 '거룩한 읽기'(렉시오 디비나) 방식으로 그 시편들을 개인적으로나 그룹으로 묵상하는 시간을 가져 본다.

(3) 본서 10장에 안내되어 있는 대로 '영적 일기'를 쓰고, 주일날 예배당에서 예배의 시작을 기다릴 때 한 주간 동안 썼던 일기 내용을 읽어 본다.

(4) 요한계시록 4-5장은 지상의 교회가 드리는 예배의 참된 실재인 천상의 예배를 묘사하고 있다. 주일 아침 예배가 시작되면 영적인 상상력을 통

해 그 경배와 찬양의 실재에 믿음으로 참여해 본다.

소그룹 나눔 질문

1 설교 시간을 제외하고, 예배 가운데 가장 은혜가 되거나 의미 있게 다가오는 순간이 언제 인지 이야기를 나누어 보자.

2 예배와 삶이 통합을 이루는 경지란 어떤 것일지 이야기를 나누어 보자.

참고 도서

· 노라 갤러거, 전의우 역.《성찬: 거룩과 일상이 만나는 주님의 식탁》. 서울: IVP, 2012.

· 돈 E. 샐리어스, 이필은 역.《예배와 영성: 예배와 영성 형성과의 관계》. 서울: 은성, 2010.

· 로버트 뱅크스, 신현기 역.《1세기 교회 예배 이야기》. 서울: IVP, 2017.

· 장자끄 폰 알멘, 박근원 역.《구원의 축제: 그리스도교 예배의 신학과 실천》. 서울: 아침영성 지도연구원, 2010.

· 톰 라이트, 최현만 역.《톰 라이트 예배를 말하다》. 서울: 에클레시아북스, 2010.

5

기도

박세훈

개요

|

기도는 영성 훈련에 있어서 가장 직접적인 주제 중 하나다. 영적인 존재로서 각 개인은 기도 중 하나님과 관계 맺음을 통해 영적 존재로서의 본성(정체성)을 온전하게 이해하며 성장과 성숙을 도모할 수 있다. 각 사람은 하나님과 대화적 관계를 맺음으로써 성경 가운데 드러난 하나님의 뜻과 활동, 그리고 그리스도를 통해 드러난 계시의 의미를 경험적으로 학습해 간다. 이때 하나님의 영이신 성령은 기도의 전 과정 가운데 영혼을 인도하셔서 계시된 하나님의 뜻과 활동에 동참하는 방식으로 하나님과 친밀한 관계로 성장해 가도록 이끄신다.

기도를 통해 그리스도인은 하나님의 진리를 삶 가운데 구체화해 갈 원동력을 얻을 뿐 아니라 하나님과 영혼 사이의 관계를 드러내는 영적 활동을 한다.

대부분의 그리스도인들은 기도 실천의 필요성과 중요성에 대해서 동의하고 있다. "기도는 하나님과의 대화"라는 기본적인 정의는 상당수의 사람들이 알고 있고, 기도 실천의 필요성은 아무리 강조해도 지나침 없이 느껴진다. 그리스도인 자체가 하나님의 자녀라는 관계적 정체성을 기초로 시작하기에, 기도를 통한 하나님과의 대화적 관계 형성과 성장은 그리스도인의 삶에 있어서 필수적 요소가 된다.[1]

보이지 않으시는 하나님의 구원 초대에 대한 믿음의 응답으로 시작된 성도의 삶은 하나님과 대화적 관계를 실질적으로 맺어 가는 가운데 구체화될 수 있다. 이런 이해를 바탕으로 한국 교회에서 기도의 실천은 지속적으로 강조되어 왔으며, 실제로 한국 교회의 외형적, 내용적 성장에 있어서 큰 동력 요인이 되었다. 다수의 성도가 통성으로 함께 드리는 기도는 한국 교회 가운데 대표적인 기도의 실천으로 자리 잡았으며, 이를 통해 열정적인 신앙의 지평을 넓혀 갈 수 있었다. 성경의 진리에 뿌리를 두는 동시에 하나님과의 친밀한 관계 형성을 추구하는 기도의 실천은 그리스도인의 자기 정체성 인식과 삶을 살아 내는 과정에 지속적으로 생명력을 부여해 왔다.

문제는 기도를 하나님과의 대화라고 보는 공통된 이해가 있음에도 불구하고 이해와 실천 사이에 상당한 괴리가 있다는 사실이다. 기도의 필요성과 중요성에 대한 기본적인 동의는 있지만, 그 실천에 있어서는 어려움을 호소하는 성도들이 많다. 기도에 대한 많은 저서가 지속적인 관심을 받는 사실도 기도의 동기를 새롭게 얻고자 하는 성도들의 소망을 반증한다. 또한 많은 그리스도인이 기도에 관한 책을 읽음으로써 그 실천의 결핍을 채워 보고자 시도하기도 한다.

사실 기도 자체를 지향하고 소망하는 마음이 하나님과의 대화를 열어 간다는 면에서, 기도에 대한 안내서를 읽고 동기 부여를 얻는 것은 영적 삶에 유익하다. 그러나 왜 기도가 어렵고, 흔히 바쁘면 미루게 되는 활동인지에 대해서는 분명히 살펴볼 필요가 있겠다.

이 장에서는 기도의 필요성에 대한 인지적 동의와 그 실천 사이의 괴리를 염두에 두고, 영성 훈련으로서의 기도를 제안해 보고자 한다. 기도의 성경적 근거와 역사적 배경을 살펴본 뒤 기도 실천과 훈련의 구체적인 효과에 대해 다루고자 한다. 이어 그 실천의 구체적인 방안에 대해서도 안내하겠다.

성경적, 역사적 근거와 배경

기도의 성경적 근거와 배경

기도에 대한 성경적 근거를 찾아볼 때 무엇보다 성령의 인도하심에 초점을 둘 수 있다. 하나님의 영이신 성령은 기도의 자리로 영혼을 초대하시고, 기도의 활동과 내용 전체를 이끌어 가신다. 바울은 "[성령이]우리의 연약함을 도우시나니 우리는 마땅히 기도할 바를 알지 못하나 오직 성령이 말할 수 없는 탄식으로 우리를 위하여 친히 간구하시느니라"(롬 8:26)라고 전해 준다. 그리고 성령은 무엇보다 '하나님의 뜻대로' 각 영혼을 인도하시기에 기도의 활동 자체가 가능할 수 있는 절대적인 근거가 되신다.

그리고 예수님의 말씀을 통해서도 기도의 근거와 방향성을 확인할 수 있다. 예수님은 무엇보다 인격적 관계 형성 및 교제로서의 기도를 가르쳐 주셨다. 포도나무의 비유를 통해 "내 안에 거하라 나도 너희 안에 거하리라"(요 15:4상)라고 요청하심으로 기도 안에서 친밀한 관계를 형성하는 것이 얼마나 중요한지를 말씀하셨다. 또한 이어서 "가지가 포도나무에 붙어 있지 아니하면 스스로 열매를 맺을 수 없음같이 너희도 내 안에 있지 아니하면 그러하리라"(요 15:4하)라고 강조하셨다.

곧 신앙의 외적 열매나 행위보다도, 존재론적으로 주님과의 친밀한 관계 형성이 우선시되어야 함을 가르쳐 주신 것이다. 이런 면에서 행위 이전에 존재론적으로 하나님과 인격적 관계를 형성하는 것이 기도 활동에서 놓치지 말아야 할 요소임을 확인할 수 있다.

예수님은 보혜사 성령에 대해 소개하시는 중에도 영혼과 하나님의 영 사이의 관계성을 강조하셨다. 자신을 대신해 하나님의 뜻과 활동으로 각 영혼을 인도하실 '돕는 분'으로 성령을 소개하시면서, 성령의 능력이나 행위보다는 고아와 같이 버려두지 않는 돌보심과 사랑의 관계를 강조하셨다. "내가 너희를 고아와 같이 버려두지 아니하고 너희에게로 오리라"(요 14:18)라는 약속의 말씀은 기도로 인도함을 받는 모든 영혼을 향한 예수님의 약속이자 축복의 뜻이다.

물론 예수님도 간절히 기도할 필요성을 말씀하셨다. 누가복음에 나오는 간청하는 기도의 예(눅 11:5-13)는 일반적인 바람을 뛰어넘는 적극적인 간구와 간절한 기도의 전형을 보여 준다. 기도자의 영혼은 간절한 기도 안에서 피상적인 기대의 나열을 뛰어넘어 하나님과 보다 적극적인 관계 맺기를 추구할 수 있다. 그럼에도 불구하고 친밀한 대화적 관계를 맺기보다 여전히 자기 몰입적인 청원과 소망을 아뢰기에 그칠 수 있는 위험성도 배제할 수 없다.

그러므로 구약의 선지자인 엘리야의 간청 기도 안에서 그가 소망하는 목표에 귀 기울일 필요가 있다. 엘리야는 "아브라함과 이삭과 이스라엘의 하나님 여호와여 주께서 이스라엘 중에서 하나님이신 것과 내가 주의 종인 것과 내가 주의 말씀대로 이 모든 일을 행하는 것을 오늘 알게 하옵소서"(왕상 18:36)라고 기도했다. 기도의 목표가 간구하는 바의 성취에 있기보다는 하나님과 이스라엘 백성 사이의 관계가 무엇인지, 그리고 엘리야 자신의 소명과 그 근거가 무엇인지를 드러내는 것을 향하고 있다. 하나님과 관계 맺음으로서의 기도의 특성은 구약시대를 통해서도 강조되어 왔다.

예수님은 "너는 기도할 때에 네 골방에 들어가 문을 닫고 은밀한 중에 계신 네 아버지께 기도하라"(마 6:6)라고 가르치심으로 하나님과 더 친밀한 관계로 초대하셨다. 하나님을 '은밀한 중에 계신 분'으로 묘사하시면서 이스라엘 민족과 하나님 사이의 언약적 관계를 개인과 개인이 나누는 긴밀한 관계로 더 구체화시키셨다.

더불어 이 기도의 가르침은 하나님을 '아바 아버지'로 부르는 주기도문으로 이어졌다. 예수님은 제자들의 요청에 응답해 기도문을 가르쳐 주셨는데, 이 기도문은 여러 시대를 거쳐 완전한 기도로 인정받았다. 주기도문은 기도문이지만 동시에 하나님의 말씀으로, 성경에 기록되어 있다(마 6:9-13; 눅 11:1-4). 이 기도문에 대한 다양한 주석이 있으며, 이를 통해 예수님이 전해 주신 기도의 가르침에 관한 내용을 재확인할 수 있다.

무엇보다 이 기도의 시작에서 드러나는 '아바 아버지'라는 호칭은 하나님과 각 영혼 사이의 관계를 재정의해 준다. 예수님은 이전의 유대 전통 가운데 등장한 적이 없던 '아바'(Abba)라는 호칭으로 하나님을 부르며 기도하기를 주저하지 않으셨다. 이를 통해 스스로 하나님의 아들로서의 자기 인식을 명백히 하면서 기도를 실천하셨다. 더불어 이런 자기 인식 때문에 유대의 종교 지도자로부터 신성모독이라는 판결을 받고 정치적으로 십자가형에 달리시게 되었다.

놀라운 사실은 "너희는 이렇게 기도하라"(마 6:9)라는 주기도문의 시작에서 '아바 아버지'의 호칭을 수여해 주셨다는 점이다. 하나님과 아들 예수님 사이에 나누는 친밀한 관계를 모든 그리스도인이 나누고 동참하라고 초대하신 동시에 명령하신 것이다. 예수님이 친히 가르쳐 주신 주기도문은 '아바 아버지'를 부름으로 시작함으로써 기도자와 하나님의 관계를 규정하는 기도가 된다. 그러므로 예수님의 주된 가르침으로서, 친밀한 하나님과의 관계 맺음으로서의 기도의 특성을 놓치지 말아야 하겠다.

마지막으로, 기도의 실천에서 성경과 기도의 관계도 간략히 다루고자 한다. 앞서 밝혔듯이, 기도에 있어서 성령의 역할은 중대하다. 성령은 기도의 자리로 영혼을 인도하실 뿐 아니라 하나님의 뜻대로 기도하도록 이끌어 가신다. 성령의 역할은 "하나님의 감동으로 된"(딤후 3:16) 성경을 이해하고 그 안에 드러난 하나님의 활동에 동참할 수 있도록 영혼을 인도하시는 것이다.

기도자는 말씀에서 기도의 근거를 찾고 이해할 뿐 아니라 이제 성경 안에서 드러났고, 또 지금도 진행되는 하나님의 임재와 활동에 동참할 수 있게 된다. 성경을 통해 계시되는 하나님의 뜻을 인지적으로 이해하는 차원을 넘어서 자기 변화적인 방식으로 하나님의 뜻과 대면하고, 그 안에 드러나는 하나님의 계시를 내면화할 기회를 얻게 된다. 그 말씀 안에서 일하고 계신 하나님의 임재와 활동에 동참함으로써 전인격적으로 대면하고, 사귀고, 자기 변화적인 관계 맺기를 시작할 수 있게 된다.

기도의 역사적 근거와 배경

기도는 기독교 역사를 통해서도 그 근원을 확인해 볼 수 있다. 사실 성경적 근거는 역사적 근거도 되는데, 왜냐하면 앞서 언급한 예수 그리스도와 바울의 기도의 가르침은 성경에 기록된 것임과 동시에 예수님의 제자 공동체와 초대교회 역사 가운데 실천적으로 적용되었기 때문이다.

그럼에도 불구하고 기도의 역사적 배경을 살펴보는 것은 필요하다. 왜냐하면 신약 이전에도 유대 공동체는 신정 사회로서 하나님을 향한 예배와 기도를 지속해 왔으며, 이러한 유대인의 삶과 기도가 초대 기독 공동체의 주요 구성원인 유대인들에게 영향을 끼쳤기 때문이다. 뿐만 아니라 예수님과 바울의 가르침 안에서도 유대 공동체의 기도의 특성들이 발견되는 것을 확인할 수 있다. 감사와 찬양의 주제가 반복적으로 나타남과 동시에, 거래적 제사가 아니라 하나님의 은혜에 의지해 용서를 간구하는 유대 공동체의 기도는 바울의 가르침에서 새롭게 강조된다.

유대 공동체는 하나님의 언약인 율법, 하나님께 대한 예배와 봉사, 그리고 은혜와 자비를 중심으로 하나님과의 관계를 중시하는 신정 사회를 유지해 왔다. 하나님과의 관계 맺음을 공동체의 핵심 가치로 유지했기 때문에, 기도의 실천에서도 절대자이신 신에게 솔직한 감정으로 나아가는 독특성을 확인할 수 있다. 특별히 시편은 예배에서 사용되는 공동의 기도문이면서도 인간 감정의 다양하고 진술한 양상을 담고 있다.

기도는 '기도 본문'과 '(제의적) 행위', '주제'라는 3가지 요소를 중심으로 연구할 수 있는데, 유대 공동체는 탄식과 같은 인간 감정을 허용하는 기도의 전통을 유지해 왔다. 그렇게 함으로써 인간의 삶 가운데 관계를 맺으시고 사람의 마음을 통해 말씀하시는 하나님의 음성을 듣는 길을 열어 놓았다고 할 수 있다. 앞서 살펴보았듯이, 예수님은 유대 공동체의 기도에서 더 나아가 하나님을 "아바 아버지"로 부르며 기도할 길을 열어 주셨다. 유대 공동체가 이전까지 고백하지 못했던 호칭으로 하나님을 부르고 관계를 맺는 기도의 길을 제시해 주신 것이다.

이러한 제의를 넘어서 진실된 감정을 나누는 새로운 국면의 기도는 기독교 역사를 통해서 지속된 것을 확인할 수 있다. 초대 교부 시대를 거쳐 초기 서방 교회의 대표적 인물로 볼 수 있는 어거스틴은 "참되고 완전한 기도는 사랑 외에는 아무것도 아니다"라고 말함으로써 하나님과 정감적 관계의 성장으로서의 기도를 가르쳐 주었다. 중세 수도자인 끌레르보의 버나드(Bernard of Clairvaux, 1090-1153)는 보다 시적이고 격정적인 언어로 하나님과의 관계를 묘사해 기도가 무엇보다 진실한 사랑의 교감임을 보여 주었다. 그는 이렇게 기도했다.

"예수님, 당신을 생각하는 일은 얼마나 달콤한지요! 당신은 내 마음을 기쁨으로 채우십니다. 주님 사랑의 달콤함은 꿀보다 더합니다. 설명할 수 있는 그 어떤 것보다 달콤합니다."[2]

종교개혁가인 마르틴 루터 또한 예언자적 사역을 감당하면서도 개인적 기도에서는 진실된 마음을 나누는 기도의 삶을 살았다. 그는 "나는 믿음이 연약하오니 나를 강하게 하옵소서. … 오 주님, 나를 도우소서. 나의 믿음을 강하게 하시고 당신만을 신뢰하게 하소서. 주님 안에 나의 모든 보화를 두었나이다"라고 기도했다.[3]

이러한 기도의 예들은 기도하는 영혼이 하나님과 어떤 관계와 교제 안에 머물러 있었는지를 보여 준다. 그들은 마음속 깊은 곳에서 하나님께 진실함을 드렸으며, 하나님은 응답 가운데 자신을 계시하시고 영혼과 함께 하셨다. 기도문들은 이 상호 간의 대화를 담아냈으며, 신앙 경험이자 고백의 증거로서 기도의 역사적 기록들로 자리매김하고 있다.

기도의 효과

|

기도를 통해 각 영혼은 직·간접적인 효과와 열매를 얻을 수 있다.

하나님과 친밀한 관계의 성장

일차적으로 기도자는 하나님과 친밀한 관계를 형성하고, 또한 발전시킬 수 있다. 기도가 하나님과의 대화라는 정의를 생각해 볼 때 기도의 시간을 가지는 만큼 하나님과 대화적 관계를 발전시킬 수 있다.

　일반적으로 인격적인 관계는 관계를 맺는 시간에 따라 일정 부분 성장하기 마련이다. 그러나 관계를 맺는 대상에 따라서 그 관계성의 성장의 양상이 매우 달라질 수도 있다. 미성숙한 존재나 악한 본성을 가진 이들과 맺는 관계는 긍정적으로 흘러가지 못하고, 관계가 깨어지거나 소원해지면서 마무리될 수밖에 없다. 그러나 기도 안에서 만나는 하나님은 선하시며, 각 영혼을 향한 사랑이 넘치시는 분이다. 그러므로 기도하는 영혼은 주님과 대화적 관계 안에서 더 많은 시간을 보낼수록 하나님께 대한 더 깊은 이해를 얻으면서 친밀한 관계 안으로 들어가게 된다.

기도의 훈련

하나님과의 친밀한 관계의 성장은 기도라는 영성 훈련의 이차적 효과로 이어진다. 곧 성경의 진리가 하나님과의 관계 안에서 체험적으로 학습되는 효과를 낳는다. 성경을 통해 인지적으로 이해하고 있던 하나님의 성품을 인격적 관계 안에서 재경험하고, 정감적으로 맛보아 깨닫게 된다. 더불어 하나님이 보시는 눈으로 자기 자신을 바르게 이해하는 기회를 얻게 된다. 죄성으로 인해 깨어진 자기 본성에 대한 이해와 함께 이제 용서받고 사랑의 대상이 된 자신을 발견하게 된다. 이는 하나님과의 친밀한 관계 형성 가운데 성령의 역사로 말미암아 경험적으로 재인식하게 되는 성경의 진리다.

　기도의 훈련은 범신론적 대상이나 비성경적인 하나님 이미지와의 관계 맺기 놀이가 아니다. 성경의 근원적 가르침에 기초해 성경에서 보여 주고 있는 하나님과 인격적인 관계를 발전시키는 교제의 행위다. 이는 하나님에 대한 내면적 신뢰의 향상을 돕고, 성경에서 드러나고 묘사되는 하나님의 모습과 말씀을 더 수용할 수 있도록 영혼을 인도한다.

대부분의 인격적 관계를 생각해 볼 때 각 개인은 더 많은 신뢰 관계에 있는 대상의 말과 행위를 잘 받아들인다. 기도 안에서 영혼은 하나님의 선하심과 인자하심을 맛보아 알아 가는 친밀한 관계를 경험하며, 하나님과 자기 이해에 새로운 전환을 맞이할 수 있다.

자기 이해와 자기 변화적 경험

기도의 또 다른 열매와 유익은 참된 자기 이해와 더불어 자기 변화적 경험이 가능하다는 점이다. 현대인의 상당수는 생존의 요구 앞에서 피상적인 수준의 자기 인식에 머무르기 쉽다. 더 깊은 자기 이해에 이르지 못하고 사회와 자신이 속한 단체가 부여해 주는 역할(persona, 페르조나)들로 자기 정체성을 세워 간다.[4] 신앙 공동체 내에서도 부과된 역할이나 신앙 교육을 통해 학습한 신앙의 정체성을 자신의 것으로 동일시해 버리기도 한다.

물론 성경을 기반으로 한 신앙 교육을 통해 하나님과 자신에 대한 이해를 키워 가는 일은 유익하다. 그러나 인지적 이해의 수준에서만 하나님 이해와 자기 이해에 머물 경우 하나님과 보다 친밀한 관계를 형성할 수 없을 뿐 아니라 삶의 현장에서 풍성한 열매를 맺기 어렵다. 삶의 자리와 신앙의 괴리를 경험하면서 신앙의 길에서도 자기 이해가 여전히 불완전함을 깨닫게 된다.

앞서 다룬 대로, 기도는 하나님과의 친밀한 관계의 성장으로 영혼을 이끈다. 이 관계적 성장 안에서 각 영혼은 외부 세계가 부여해 주는 자기 정체성이 아닌 새로운 자기 인식을 얻는다. 곧 하나님이 자신에게 응답하시는 사랑과 방식에 따라 자기를 보는 새로운 이해가 가능해지는 것이다. 다시 말하면, 하나님이 보시는 눈으로 자신을 이해하고, 하나님이 대하시는 사랑의 방식대로 자신을 존중하게 된다. 이 과정 가운데 성경을 통해 인지적으로 이해해 온 그리스도인의 정체성을 하나님과의 관계적 경험 안에서 체득해 간다. 단순한 학습이 아니라 하나님이 내면을 움직이심으로써 기도자를 새롭게 하신다.

이뿐 아니라 기도는 기도자가 가장 솔직한 내면의 소리를 낼 수 있는 하나의 안전한 공간을 제공한다. 하나님과의 관계 맺음 안에서 행하는 모든 생각과 말은 징벌이나 판단의 대상이 아니라 자신의 "제일의 언어"(primary speech)를 발견하고 표현해 가는 길을 열어 준다.[5] 무한한 사랑의 관계적 공간 안에서 기도자는 자기 내면의 솔직하고도 참된 목소리를 낼 수 있는 동시에, 듣게 된다.

더 나아가 하나님과의 관계적 경험 속에서 기도자는 자기 변화를 낳는 초월적 경험으로 나아가게 된다. 일단 자기 내면의 목소리를 발견하고 이를 표현하는 가운데 내면의 문제, 그리고 숨겨진 분노나 두려운 감정이 분명히 드러난다. 그리고 이를 다시 하나님과의 대화적 관계 안으로 가져와서 적극적으로 다룰 때 더 깊은 변화의 경험으로 나아갈 수 있다. 기도자는 숨겨진 감정과 이를 유발한 삶의 상황 전체를 주님 앞으로 가져옴으로써 하나님과 보다 더 진실한 관계 형성의 국면으로 나아간다. 고정화된 하나님 대상이 아니라 자신 안의 솔직한 목소리에 생생하게 응답하시는 새로운 하나님의 모습을 맞닥뜨리게 된다.

이 대면적 경험은 기도자 스스로 (피상적으로 이해하고 있었던) 자기 인식의 틀을 깨뜨리는 경험으로 나아가게 한다. 진실한 내면의 감정과 목소리를 드러낼 뿐 아니라 이에 대해 살아 있는 음성으로 응답하시는 하나님과 직면하면서 자기 변화의 가능성이 더욱 커진다.

기도자가 드러낸 감정에 대한 하나님의 보다 직접적인 응답은 그에게 이차적인 반응을 일으킨다. 이는 순차적으로 하나님과 기도자가 대화적 관계를 더 지속적이고도 긴밀하게 맺도록 인도하는 결과를 낳는다. 고정된 하나님상에 맞게 올려 드리던 기도에서 벗어나 하나님의 응답에 귀 기울이며 보다 정감적으로 반응하면서 하나님을 새롭게 알아 가게 된다.

더불어 하나님의 뜻에 대해서도 피상적인 인식에서 벗어나 자기 삶에 직접적인 영향을 끼치는 '지금 여기에' 임하신 주님의 뜻을 경험하게 된다. 이 새로운 해석적 경험은 자기 삶의 지평에 변화를 낳는 힘을 부여하는데, 곧 참되신 하나님이 보시는 눈으로 자기 자신과 삶을 새롭게 인식하게되는 것이다. 이런 자기 변화적 기도는 사실 기도의 핵심적 열매이자 유익이라 하겠다. 기도자는 하나님과의 친밀한 관계로 나아가는 가운데 하나님과 자신에 대한 새로운 이해를 전 존재를 통해 세워 가게 된다. 하나님의 활동을 머리에서 가슴으로 받아들이면서 자신뿐 아니라 타인과 주변 세계에까지 새로운 시야를 얻게 된다.

수동적 은혜 경험

기도의 중요한 유익 중 하나는 하나님이 주도적으로 이끌어 주시는 은혜에 대한 경험이다. 이를 기도자의 경험으로 표현하자면, 자기의 능동적 노력이 우선하는 것이 아니라 수동적으로 하나님의 이끄심을 경험하는 상태다. 기도 가운데 성령이 하시는 일을 생각해 보면, 기도의 시작과 실천 모두를 하나님의 영이 인도하시는 것이 사실이다. 그러나 기도자는 이 사실을 머리로 이해하고 동의하는 차원에 머무르지 않고 자신의 기도 경험 자체를 통해 체험적 앎으로 전환해 갈 수 있게 된다. 이 계기가 되는 것이 기도 안에서 자신의 능동적인 활동보다 하나님의 이끄시는 은혜가 더 주도권을 가지는 상태를 경험하는 것이다.

구체적으로는, 기도 안에 자신의 소망과 바람을 투사하는 자기 몰입형의 간구에서 하나님의 뜻을 경청하는 기도로 전환하는 것이다. 이러한 전환은 기도자가 스스로 기도가 하나님과의 대화적 관계 형성임을 인정하며 가능한 수동적으로 하나님의 뜻과 활동에 자신을 열어 드림으로 가능해진다. 또 한편으로는 자기 투사적 기도의 문제적 양상을 드러내 보이시는 성령의 활동 앞에서 침묵하고 경청하는 기도로 전환할 때도 있다. 상당한 노력을 들이는 기도의 씨름 후에 도리어 "주님 뜻대로 되기를 원합니다"라는 고백으로 이어지는 경우가 그렇다.

이런 전환 가운데 기도하는 영혼은 하나님과 자신의 대화적 관계 가운데 하나님이 보다 주도적으로 이끄시는 관계를 맛보게 된다. 본인이 억압해 둔 부정적 감정이나 때로는 죄악을 폭로하시고, 더 진실하게 주님 앞에 서게 하시는 성령의 인도 가운데 있는 자신을 발견하게 된다. 이로써 더 진실하게 응답하시는 하나님의 음성에 더욱 민감해지며, 선명하게 분별해 나갈 수 있게 된다.

수동적 은혜 경험의 유익은 소명으로 사는 일상을 통해 드러난다. 스스로 결단하고 선택한 것과는 달리, 보다 깊은 확신과 열망으로 자기 사명의 길을 걷게 된다. 기도자 안에서 나오는 결단과 능동적 노력은 그 추진력과 지속력이 유한할 수밖에 없다. 그러나 수동적으로 이끌려서 하나님의 뜻과 활동을 더 깊이 인식하고 발견하게 되면, 그 결단과 실천은 더욱 확고해진다. 그 결과, 삶을 통해 이전과 다른 수준으로 소명의 길을 갈 수 있게 되며, 더 많은 영역에서 활발하게 활동하게 된다. 많은 영적 지도자가 개인기도의 삶에 그치는 것이 아니라 세상을 향한 하나님의 부르심을 더 왕성하게 성취해 가는 것도 이와 같은 맥락이다.

기도를 통해 대화적 관계가 더 깊어질수록 기도자는 하나님의 영이 기도 전체를 이끌어 가신다는 확신이 더욱 분명해진다. 이 체험적 앎으로 기도와 삶 전체를 통해 하나님의 활동에 더 민감한 삶을 살며, 응답해 갈 힘을 얻는다.

기도 안내문 및 해설: 향심 기도

|

기도는 하나님과의 대화이기에 다양한 방법으로 대화적 관계를 지속해 갈 수 있다. 그러나 영성 훈련으로서 기도는 구체적인 실천 방법들을 가지고 있다. 더불어 이 훈련을 실천하는 학습자들에게는 기본적인 안내가 필요한 것이 사실이다.

　기도의 실천에 있어서는 그 외적 형식에 따라 '음성 기도'와 '침묵 기도'로 나눌 수 있다. 소리를 내어 드리는 기도인 음성 기도는 개인적으로나 공동체적으로 실천할 수 있는데, 한국 교회는 '통성 기도'라는 공동의 음성 기도를 강점으로 가져 왔다. 동일한 주제를 가지고 공동으로 기도하지만, 동시에 심연의 진실한 감정을 표출하는 통성 기도는 하나님과의 대화라는 기도의 핵심을 살린 영성 훈련의 한 형태라 할 수 있다. 또한 '방언 기도'는 성령의 은사로 드리는 기도로서, 이성적이고 의식적인 차원보다는 성령의 인도에 따르는 수동적 형태의 기도라 할 수 있다. 그 외적 실천에서는 다양성이 나타나지만, 공통적으로 성령의 주도성을 인정하고 의지하면서 자아 중심성을 부정하고 탈피하고자 하는 영성 훈련의 특성을 보여 준다. 이외에도 기독교 역사를 통해 다양한 기도의 실천이 이루어져 왔으며, 현대에는 그 가치가 재조명되어 소개되는 훈련들이 존재한다.

　본서의 다른 장에서 기도로 연결되는 영성 훈련들을 각각 자세히 다루고 있으므로 이 장에서는 침묵 기도의 한 형태인 '향심 기도'에 대해 중점적으로 설명하고 소개하고자 한다.

향심 기도(Centering Prayer)

향심 기도는 특정한 것에 주의를 집중하거나 머리를 많이 쓰고 애쓰는 형태의 기도가 아니라 하나님께 대해 수용적인 태도로, 하나님의 임재와 현존을 지향하는 기도다. 하나님을 파악하는 것이 아니라 영적 관계의 대상이신 하나님을 바라보고 온전히 수용될 수 있도록 자신을 열어 가는 기도라 할 수 있다.

형태적으로는 가장 수동적 형태의 기도라 할 수 있는데, 자신의 노력으로 얻을 수 있는 것보다 하나님이 이끄시는 은혜가 더 크다는 믿음을 전제로 한다. 여기에서 성령의 역할은 절대적이다. 성령의 인도에 자신을 내어 맡기고, 자신의 능동적인 활동을 멈추고, 자신의 중심에 성령을 초대한다.

이 기도는 무명의 저자가 쓴《무지의 구름》에서 가르쳐 주는 기도를 토마스 키팅(Thomas Keating), 바실 페닝턴(Basil Pennington), 윌리엄 메닝거(William Menninger) 등이 현대적으로 새롭게 제시한 기도다. 영혼의 중심으로 돌아가자는 의미를 담아서 '향심 기도'라고 이름을 붙였다.

향심 기도의 실천은 신비적 현상이나 체험을 지향하지 않고, 순수한 믿음으로 하나님을 지향하는 것을 추구한다. 이 기도는 하나님이 시작하시는 대화에 각 영혼이 동의함으로써 하나님께 점진적으로 일치되어 가는 내적 변형의 과정이다. 이 과정 가운데 현실을 보는 방식과 의식이 새롭게 구성됨으로써 일상 가운데 현존하시는 하나님을 더 민감하게 지각하고 적극적으로 반응할 수 있게 되어 간다.

향심 기도 안내문

(1) 20분 이상을 머물 수 있는 조용한 공간을 선택한다.

(2) 하나님이 내 안에 현존하시고 활동하심에 동의하는 지향의 상징으로 거룩한 단어를 선택한다. 이 단어는 기도에서 반복해서 되뇌게 되는데, 외우는 것을 목적으로 하지는 않는다. 다만 기도의 지향이 흔들릴 때 다시금 하나님께로 지향할 수 있도록 마음을 모으는 데 사용된다. 하나님의 현존을 지향하는 내적 응시나 간단한 이미지도 괜찮다. 그러나 너무 감정을 일으키는 용어 등은 적합하지 않다.

(3) 편안히 앉아서 눈을 감고 마음을 가라앉힌 다음, 하나님의 현존과 활동에 동의한다는 의미로 거룩한 단어를 떠올린다.

(4) 기도 진행 중에 계속 하나님을 지향한다. 어떤 맛이나 느낌을 목표로 하지 않도록 주의한다. 어떤 생각이나 느낌 등이 일어나도 아주 부드럽게 (예를 들어, 촛불을 꺼뜨리지 않는 바람처럼 가볍게) 거룩한 단어로 돌아가 지향으로 되돌아오도록 한다.

(5) 기도 시간을 마치면 조용히 머물면서 주기도문을 드리면서 일상으로 돌아온다.

(6) 렉시오 디비나를 겸하면서 기도할 수 있다.

소그룹 나눔 질문

1 기도가 하나님과 대화·대화적 관계를 나누는 것이라고 할 때 나의 기도의 실천에서 점검해 볼 요소는 무엇인지 생각해 보자.

2 기도의 실천에서 하나님의 말씀인 성경은 중요한 역할을 차지한다. 하나님의 감동으로

된 말씀과 성령의 인도 안에서 이루어지는 기도의 관계에 대해서 경험을 바탕으로 이야

기해 보자.

참고 도서

· 메조리 J. 톰슨, 최대형 역. 《영성 형성 훈련의 이론과 실천》. 서울: 은성, 2015.

· 유해룡. 《기도 체험과 영적 지도》. 서울: 장로회신학대학교 출판부, 2007.

· 유재경. 《기도, 하나님의 빛으심》. 서울: 예수전도단, 2016.

· 토머스 키팅, 엄무광 역, 《마음을 열고 가슴을 열고》. 서울: 가톨릭출판사, 1997.

6

안식

백상훈

개요

|

"당신은 우리를 당신을 향해서 살도록 창조하셨으므로 우리 마음이 당신 안에서 쉴 때까지는 편안하지 않습니다."[1]

4세기에 활동한 북아프리카 히포의 주교 어거스틴이 《고백록》의 첫머리에서 토로한 이 말은 인간 실존의 조건에 대한 선언으로서, 그때나 지금이나 유효하다. 인간 본연의 가치는 하나님 안에서 쉴 때다. 하나님 안에서 인간은 있는 그대로 존재하며 마음의 평안을 누린다. 그러나 인간의 실존은 '쉼-없음'(restlessness)의 상태에 놓여 있다. 마음은 불안하고, 몸은 피곤하며, 정신은 흐릿하다. 모든 인간이 항구적으로 노출되는 유혹이라고 할 수 있다.

재독 철학자 한병철은 이와 같은 쉼-없음의 상태가 "성과사회"[2]의 특징이라고 말했다. 성과사회를 사는 현대인은 '무엇이든지 할 수 있다'라는 환상을 강요받는 성과 주체다. 성과 주체로서 인간은 본연의 가치 이상을 증명하도록 요구받는데, 그 성공적인 수행에 수반하는 물질, 명예, 권력의 소유는 그러한 삶의 순환을 부채질한다. 그 요구에 성공적으로 응대하지 못한다면 성과를 향한 압박감에서 기인하는 탈진을 넘어서 우울증으로까지 이어질 수 있다. 이러한 정신적 증상은 높은 실업률, 비정규직의 확산, 조기 퇴직의 증가 등과 같은 오늘날의 노동 조건 아래에서 꽤 보편적이다.

반면 성과사회의 요구에 성공적으로 응대한 사람 역시 우울증적 증상을 공유한다. 성공한 사람은 성공을 더 오래도록, 혹은 더 굳건히 유지하기 위해서 성과사회라는 시스템에 내재한 일종의 폭력을 감내해야 한다. 여기서 '폭력'이란 인간이 자기 자신이나 동료 인간, 혹은 다른 생명체를 바라보는 시선과 태도의 왜곡이다. 성공한 사람이 치러야 하는 대가는 자신도 모르는 사이에 중심이 아니라 외모를 기준으로 판단하는 습성이요, 성과 주체로서의 자신의 역할이 한계에 이를 때 경험하게 되는 급진적 피로감과 우울감이다.

이와 같은 정서에 잇닿은 또 하나의 정서는 극심한 의무감이다. 의무감의 근원은 외부의 명령자가 아니라 내부의 명령자다. 어떤 것을 해야만 인정을 받을 수 있노라고, 혹은 이 정도는 향유하면서 살아야 잘 사는 것이라고 외부의 누군가가 말하지 않아도 현대인들은 이미 그런 명령을 받은 것처럼 살아간다. 그렇기 때문에 피로감과 우울감의 이유를 정확하게 알지 못하고, 심지어 그로 인해 고통받고 있다는 사실조차 알아차리지 못할 수 있다.

율법을 넘어선 복음의 삶으로 초대받은 그리스도인들 역시 쉼-없음의 유혹과 의무감으로부터 자유롭지 못하다. 만물을 만들어 내신 후 있는 그대로 '보시기에 좋아하신' 하나님의 조건 없는 만족감, 곧 인간 존재의 실존적 한계에도 불구하고 있는 그대로 받아들이시는 하나님의 받아들이심을 조건 없이 받아들이지 못한다. 현대의 그리스도인들은 가시적 성과와 세속적 복의 축적을 마치 하나님과의 관계의 선제적 조건이나 마땅한 결과처럼 여기는 경향이 있다.

이로부터 기인하는 '분주함'(busy-ness)이라는 질병은 그리스도인들에게도 예외가 아니다. 그리스도인들의 제4계명 이해, 곧 "안식일을 기억하여 거룩하게 지키라"(출 20:8)라는 말씀의 이해가 주일에 예배를 드리고 교회에서 봉사하는 일로만 환원된다면 분주함의 강도는 한층 더해지고, 안식은 미래로 유예될 수밖에 없다.

자연적 교회 성장의 시대를 통과해 복음의 다음 세대 전수를 진지하게 걱정해야 하는 오늘날의 교회 현실에서 개 교회의 지도자로서 목회자가 짊어지고 있는 '교회 경영'의 부담감은 성과 강박으로 인한 탈진과 우울증, 그리고 이에 대한 비뚤어진 해결책의 추구(예를 들면, 명예, 재산, 조직의 추구 등)로 이어질 수 있다. 목회자들은 하나님의 품 안에서 쉬기를 원하지만 그들의 몸은 정반대로 움직여 간다. 복음을 선포하는 자들로서 하나님의 받아들이심을 받아들이면서 있는 그대로 존재하기를 원하지만 그들의 내면화된 습성은 성과 주체로서의 욕동(浴童: 프로이트의 심리학 용어로서, 정신 작용을 일으키는 요구, 모든 활동의 궁극적인 원인을 뜻함-편집자 주)을 따르기도 한다.

"수고하고 무거운 짐 진 자들아 다 내게로 오라 내가 너희를 쉬게 하리라"(마 11:28)라는 주님의 초대는 교회가 세상에 대해 선포해야 하는 메시지인 동시에, 교회가 먼저 듣고 받아들여야 하는 소리인 것이다.

기독교적인 의미에서 안식은 하나님 안에 예수 그리스도와 함께 있는 것이다. 신학자 폴 틸리히(Paul Tillich, 1886-1965)의 표현대로 "영적인 현존"(the Spiritual Presence)에 참여하는 것이야말로 그리스도인의 신앙 경험의 요체로서, 이를 통해 몸, 정신, 영혼이 회복된다. 식물이 물을 필요로 하듯 인간은 안식을 필요로 한다. 그리스도인의 안식은 단지 일을 하지 않는 것, 혹은 교회 안에서의 주일 성수가 아니라 영적인 현존 가운데 머무는 사건이다.

사건으로서의 안식은 어떤 특정한 공간이나 행위에 한정되지 않는다. 자신을 고백하고 하나님을 찬양하며 말씀을 경청하면서 자기 및 삶을 성찰하는 공동체 예배 가운데, 하나님 앞에서 마음을 열고 하나님의 현존에 참여하는 은밀한 기도 가운데, 아무것도 하지 않아도 누구와 함께 있지 않아도 존재의 충만함으로 그저 평온한 일상의 절대 고독 가운데, 땅거미의 안온한 기운에 휩싸여 정신이 고양되는 가운데 안식이 오랜 친구처럼 찾아온다.

성경적 배경

한자어 '안식'(安息)은 '편안하게 숨을 쉰다'라는 뜻이다. 편안하게 숨을 쉰다는 것은 동사적 표현으로서 하나의 행위이지만, 동시에 어떤 내적인 상태를 반영한다. 성경에서 '숨'은 성령과 관계된다. 구약에서는 '루아흐'(ruah), 신약에서는 '프뉴마'(pneuma)라는 단어가 '영', '성령'으로 번역되는데, 이는 바람 혹은 숨을 가리킨다. 그러므로 편안하게 숨을 쉰다는 것은 성령이 운행하시는 상태, 혹은 그것이 빚어내는 마음의 상태와 관련된다고 하겠다.

안식일의 구약적 배경

하나님의 창조 이전의 상태에 대해서 성경은 "땅이 혼돈하고 공허하며 흑암이 깊음 위에 있고 하나님의 영은 수면 위에 운행"(창 1:2)하셨다고 전한다. 이 구절의 전반부는 아직 형태가 갖추어져 있지 않은 상태에 대한 묘사이고, 후반부는 그 상태에 내재한 어떤 힘에 대한 진술이라고 할 수 있다. 무형의 만물에 내재한 힘으로서의 신, 곧 영은 형태를 갖추고 살아 움직이시게 되는데, 하나님의 인간 창조에서 나오는 표현처럼 숨(영)의 활동으로 인해 인간은 "생령"(창 2:7)이 되었다. 숨(영)이 약동하면 창조가 이루어지는 반면, 숨(영)이 편안하게 잦아들면 안식이 찾아온다.

'안식일'의 어원과 관계되는 히브리어 동사 '샤바트'(shavat)는 '그치다', '중지하다'라는 뜻이다. "일곱째 날에 안식하시니라"(창 2:2)라는 말씀에 사용된 단어가 '샤바트'인데, 이로부터 이스라엘과 유대인의 안식일 전통이 생겨났다. 하나님이 쉬셨다는 것은 하나님이 창조의 활동을 그치셨다, 멈추셨다는 뜻이다. (하나님의) 영은 창조와 안식을 되풀이하신다. 이 둘의 되풀이는 자연스러운 것이다. 하나님께 6일간의 창조는 만족스럽고 충분했을 것이다. 그래서 창조의 약동이 멈춘 것이다. 말하자면, 영의 활동으로서의 안식은 활동의 그침(멈춤)이며, 이로써 창조가 완성된다.

영이신 하나님이 활동하시고, 또한 그 활동의 결과에 만족해 멈추셨다는 성경의 기록은 하나님의 형상대로 지음 받은 인간의 삶, 말하자면 인간이 본래 모습 그대로 행복하게 살아가는 모습의 원형(prototype)을 보여 준다. 하나님을 닮은 인간은 만족과 충분에 대한 감각을 지니고 태어난다. 이 감각을 잘 견지하면서 살아갈 때 인간은 행복하다. 하지만 인간은 이를 상실하거나 훼손 받아서 안식 없이 창조하려는 욕망을 갖게 되었고, 때로는 이 욕망을 맹목적으로 실현하고자 한다. 혹은 정당한 안식을 요청하거나 쟁취하려는 사람들을 억압함으로써 자신의 기득권을 공고히 하려고도 한다. 요컨대 안식하지 못하거나 안식을 방해하는 행위야말로 인간 실존의 비극적 운명이요, 문제 상황인 것이다.

이러한 의미에서 보자면, 고대 이스라엘과 유대인 사회에서 안식일(sabbath)은 하나님의 형상으로 지음 받은 인간이 만족과 충분에 대한 감각을 회복함으로써 복된 삶을 누리는 방법이요, 실천이었다. 성경은 안식일에 대해 이렇게 말한다.

"이는 엿새 동안에 나 여호와가 하늘과 땅과 바다와 그 가운데 모든 것을 만들고 일곱째 날에 쉬었음이라 그러므로 나 여호와가 안식일을 복되게 하여 그날을 거룩하게 하였느니라"(출 20:11).

여기에서 두 가지 점이 중요하다.

첫째, 안식일은 시간의 성화다. 유대인 신학자 아브라함 조슈아 헤셸(Abraham Joshua Heschel)에 따르면, 일곱째 날에 쉬신 하나님을 따라서 제7일에 노동을 멈추고 쉬는 것은 제7일의 성화이며, 이 성화의 과정에 참여하는 사람들은 안식의 복을 누린다. 그러므로 안식의 복의 향유는 안식일에 관한 규정의 준수와는 무관하다.

"토라에 의하면 사람의 목숨을 지키는 것보다 더 중요한 일은 없다. 조금이라도 생명이 위태로울 때는 모든 금지 계명을 무시해도 된다(우상 숭배, 간음, 살인 금지 제외)."[3]

둘째, 안식일은 개인적 삶의 방식이 아닌 공동체 문화와 관련된다. 안식일이 제도화된 것은 출애굽 이후다. 출애굽의 주체였던 히브리인들은 애굽의 왕을 위해 국고성을 건축하고 힘겨운 농사에 동원되는 등 "어려운 노동"(출 1:14)에 시달렸다. 안식은 그들이 절실하게 필요로 했던, 인간으로서의 권리이자 삶의 지향이었다.

모세를 통해 하나님이 제정하신 안식일은 종을 포함한 가족 내 모든 사람과 동물들, 그리고 나그네와 이방인들에게도 적용되어야만 했다. 종들에게 노동을 부과하고 주인들만 안식하는 것은 바로 왕의 압제 아래 노예 노동을 경험했던 사람들로서는 양심에 걸리는 일이었을 것이다. 안식일에 모든 생명체가 각자의 처소에서 하나님의 현존에 머물며 안식을 취하도록 법제화함으로써 사회적 약자를 배려했던 것이다.

안식일의 신약적 배경

예수님 시대에 이르러 안식일은 노동의 의무로부터의 해방이 아니라 강박적인 의무 수행 차원에서의 법 조항의 준수로 변질되었다. 예수님은 안식일에 밀 이삭을 잘라 손으로 비벼서 먹었던 제자들을 향한 바리새인들의 정죄하는 시선과 발언에 대해 도리어 그들을 책망하시면서 "인자는 안식일의 주인이니라"(마 12:8)라고 선언하셨다. 또한 안식일에 회당에서 고발할 증거를 찾을 목적으로 눈여겨보던 서기관과 바리새인들을 향해서는 "안식일에 선을 행하는 것과 악을 행하는 것, 생명을 구하는 것과 죽이는 것, 어느 것이 옳으냐"(막 3:4)라고 반문하시며 손 마른 사람이 내민 손을 회복시키셨다. 18년간 귀신 들려 꼬부라진 채로 살아오던 여인을 안식일에 치유하신 예수님을 향해 안식일에 하지 말아야 하는 일을 했다고 규정한 회당장은 "안식일에 이 매임에서 푸는 것이 합당하지 아니하냐"(눅 13:16)라는 예수님의 반문을 들어야 했다.

예수님이 문제 삼으신 것은, 첫째는 안식일의 정신이 사라지고 규정만 남은 사태, 둘째는 규정의 준수 여부로써 사람을 평가하고 정죄하는 현실, 셋째는 안식법에 의해 보호받아야 할 사회적 약자(환자, 귀신 들린 자)가 도리어 억압을 받는 현실이었다.

앞서 언급한 세 이야기들에서 예수님과 함께한 사람들은 안식의 은총을 누렸다. 그들은 예수님의 현존 덕분에 판단과 정죄의 시선으로부터 달아나면서 마른 손과 꼬부라진 등과 같은 육체적 억압으로부터 풀림을 경험했다. 무엇보다도 그들은 안식일과 안식의 진정한 의미를 경험했을 것인데, 그것은 다름 아닌 예수 그리스도와 함께 머무는 것이다. 예수 그리스도와 함께 있을 때 타인의 시선과 판단으로부터 자유로울 수 있고, 놓임과 풀림 가운데 육체적, 정신적 안식을 누리게 되는 것이다. 요컨대, 예수 그리스도의 존재 자체가 안식이요, 예수 그리스도와 함께 머물 때 안식을 향유하게 된다.

"수고하고 무거운 짐 진 자들아 다 내게로 오라 내가 너희를 쉬게 하리라 … 내 멍에는 쉽고 내 짐은 가벼움이라"(마 11:28-30).

예수님의 존재 자체가 안식이지만, 인간으로서 예수님도 안식의 시간과 공간을 필요로 하셨다. 예수님은 일을 시작하시기 전 이른 아침에 홀로 산에 올라가 기도하셨고(막 1:35), 일하시는 중간에 안식을 위해 배를 타고 한적한 곳을 찾기도 하셨으며, 자신과 함께한 제자들 역시 안식에 머물 수 있도록 배려하셨다(막 6:30-34). '홀로', '한적한 곳', 그리고 '기도'는 예수님의 안식의 3가지 특징이다.

첫째, 안식은 홀로 있는 것이다. 홀로 있다는 것은 숫자 1의 의미를 넘어서 타인 혹은 자기 안의 판단하는 시선과 목소리로부터 자유로운 상태를 말한다. 성과주의 사회의 지배적인 가치에 따라서 판단하고 판단 받는 습성으로부터 벗어나 하나님의 현존에 홀로 머물 때 참 안식이 이루어진다.

둘째, 안식은 한적한 곳에 머무는 것이다. 한적한 곳이란 안식의 물리적 환경으로서, 산, 골방, 성전이 해당될 것이다. 특정한 공간이 안식을 무조건적으로 담보하는 것은 아니지만, 실존적 인간은 일상적 공간과는 구별된 특정한 공간에서 안식의 경험을 누릴 수 있고, 그러한 공간에서 머무는 일을 의례화(ritualization)함으로써 안식의 상태를 습관으로 만들 수 있는 가능성을 지니고 있다.

셋째, 기도는 안식으로 인도하는, 혹은 안식 가운데 이루어지는 자기에 대한 돌봄과 성찰의 한 형식이다. 기도는 성과사회에 적응해 살아가는 현대인들이 겪는 극심한 피로감과 우울감에 대한 치료제 역할을 할 수 있다.

역사적 배경

|

"너희는 따로 한적한 곳에 가서 잠깐 쉬어라"(막 6:31)라는 예수님의 안식에의 권유는 기독교 역사 속에서 여러 모양으로 받아들여졌다. 이를 통칭해 '피정'(retreat, 避靜)이라고 할 수 있다.

주후 2세기 초반부터 시행된 주일(Lord's day) 예배,[4] 3세기 이집트, 팔레스타인, 시리아에서 발전한 사막 수도 생활, 325년 니케아 종교회의 이후에 성문화된 사순절 기간 동안의 영성 훈련, 4세기 무렵 형성되어 발전한 수도원 운동, 그리고 중세에 성행한 순례(pilgrimage) 등은 피정의 고전적인 형태라고 볼 수 있다. 이러한 다양한 형태의 피정에 참여한 그리스도인은 일상적인 활동으로부터 벗어나 영적인 삶에 좀 더 집중함으로써 하나님 안에서 안식하면서 자기를 발견하고 성찰하는 기회를 가졌다.

현대적 의미의 피정의 기원은 16세기 로욜라의 이냐시오에게서 발견할 수 있다. 이냐시오는 《영신 수련》이라는 책자에 한 달여에 걸쳐 실행할 수 있는 기도 매뉴얼을 담았는데, 이 매뉴얼에 기초한 피정에 참가하는 사람은 '사랑받는 죄인'으로서 자신의 모습을 새롭게 받아들임으로써 예수 그리스도를 따르는 삶을 선택하게 된다.

성공회에서는 옥스퍼드 운동의 결과로서 1856년에 첫 피정이 이루어졌고, 개신교 그룹은 20세기 중반 이후 기독교 영성에 대한 점증하는 관심과 함께 피정 문화를 받아들이기 시작해 오늘날 장로교를 비롯해 루터교, 감리교, 침례교 신자들이 폭넓게 피정을 경험하고 있다. 가령 감리교 계열의 업퍼룸(the Upper Room)이나 초교파로 운영되는 샬렘연구소(the Shalem Institute)의 피정 프로그램에 많은 개신교 신자가 참여하고 있다. 우리나라도 20세기 후반부터 이루어진 피정의 부흥의 흐름에 참여하고 있는데, 예장통합 산하 신학교에서 신학대학원 학생들을 대상으로 2박 3일간의 피정에 의무적으로 참여하도록 하는 것이 한 예라고 볼 수 있다.

피정은 다양한 형태와 방식으로 이루어질 수 있다. 먼저, 30일 혹은 40일 피정과 같은 장기간의 피정이 있지만, 동일한 내용으로 보다 짧게, 가령 15일 이나 8일로 축소한 형태도 있으며, 나아가 보다 짧은 기간인 5일, 3일, 혹은 1일 피정도 시행되고 있다.

현대적인 의미의 피정은 기도에 관한 매뉴얼과 (훈련받은 전문가에 의한) 일 대일 영적 지도를 포함한다. 피정의 중심을 이루는 말씀의 묵상과 기도는 절대적 고독과 침묵 안에서 이루어지며, 영적 지도 가운데 이루어지는 담화 안에서 피정자는 자기 자신을 객관적으로 바라보게 된다. 기간이 짧을 경우 영적 지도가 생략되기도 한다.

일상생활 가운데 이루어지는 피정도 있다. 이 경우 역시 기도에 관한 매뉴얼을 가지고 하루에 한두 차례씩 기도하면서 정기적으로 영적 지도의 도움을 받을 수 있다. 그런데 일상생활 중의 피정은 기도 매뉴얼과 영적 지도 없이 자기 주도적인(self-directed) 말씀 묵상과 내면의 성찰, 그리고 안식의 향유로 구성될 수도 있다. 안식의 향유는 비단 기도 안에서의 쉼뿐만 아니라 고요와 침묵 가운데 홀로 하는 활동, 가령 산책, 자연 묵상, 음악 감상, 여행, 비경쟁적인 1인 스포츠(등산, 피트니스 등), 그리고 목공이나 텃밭 노동을 통한 하나님과의 사귐도 포함한다.

영성 훈련의 효과

안식의 훈련으로서의 피정은 4가지 효과를 갖는다. 육체적인 쉼을 통한 생활의 정리, 당면한 삶의 문제의 해결, 영적인 이슈에 대한 보다 깊은 이해, 자기에 대한 이해 등이다. 물론 이 4가지 효과는 하나님의 현존 안에서의 안식 가운데 얻어지는 것이기 때문에 하나님과의 관계의 심화에 수반된다고 볼 수 있다.

육체적 쉼을 통한 생활의 정리

지나친 노동과 과도한 정신 에너지의 사용으로 인한 피로감은 짜증과 분노로 이어지기 쉽고, 생활의 무질서를 유발하는 경향이 있다. 이세벨로부터 피하여 도달한 브엘세바의 한 로뎀 나무 아래에서 죽기를 구한 엘리야에게 하나님은 먼저 구운 떡과 물 한 병을 공급해 그의 육체를 회복시키셨다(왕상 19:1-10).

정신과 영의 회복이 이루어지려면 먼저 육체가 회복되어야 한다. 달리 말하면, 정신적, 영적 탈진을 경험하는 사람들 중에는 자신이 육체적으로 탈진되어 육체적 돌봄이 필요하다는 사실을 알아차리지 못하는 경우가 많다. 일상생활 가운데 일정한 시간과 공간을 할애해 기도하는 일은 육체에 쉼의 기회를 제공하고, 하루 생활에 질서와 의미를 부여한다.

하루 중 특정한 때에 가만히 숨을 고르고 하나님의 현존 가운데 머물다 보면 피곤했던 육체가 회복되면서 눈이 맑아지고 힘이 생기면서 정신에 생기가 돈다. 마찬가지로 1년에 한두 차례 5일 혹은 8일 피정에 참가한다면 그간 쌓인 육체의 피로를 씻어 내면서 정신도 쉼으로써 영적인 문제에 집중할 수 있는 힘을 얻게 된다.

당면한 삶의 문제의 해결

피정자들은 영적 담화와 이를 기초로 한 기도 가운데 자신들이 당면한 문제를 해결한다. 어떤 사람들은 중요한 선택의 문제로, 어떤 사람들은 특정한 이슈에 대한 번민을 가지고 피정에 참여한다. 피정자는 기도를 통해 자신의 문제에 대해서 보다 객관적으로 인식하고, 영적 담화를 통해 새로운 시각으로 자신의 문제를 보게 된다.

필자가 인도한 어떤 피정에서 한 참가자는 배우자와의 관계로 인해 번민 중이었는데 말씀을 묵상하는 가운데 자신이 이미 갖고 있었던, 그러나 감히 실천하기 어려웠던 선택을 영적 자유 가운데 감행했다. 생애 주기의 특별한 때, 가령 선교사로서 헌신, 목사 안수, 직업이나 배우자 상실, 정년 및 조기 은퇴 등의 일이 있을 때 피정은 인생의 새로운 장(chapter)을 여는 계기가 될 수 있다.

필자가 일하고 있는 학교의 신학대학원 입학생들은 1학년 때 의무적으로 3일 피정을 하게 되어 있다. 학생들은 피정 중 영적 지도자와의 담화 안에서 자연스럽게 자신의 삶의 역사와 소명의 계기들을 점검해 본다. 이때 소명에 대한 확신이 부족해 고민하던 학생들이 하나님의 은총을 새롭게 경험하면서 소명을 재확인함으로써 자신의 삶에 질서와 의미를 부여받는 경우를 종종 볼 수 있다.

영적인 이슈에 대한 보다 깊은 이해

피정은 하나님, 영적 체험, 기도, 혹은 목회 사역의 이해에 새로운 관점을 제공하는 경향이 있다. 어떤 사람은 피정을 통해 기도가 무엇인지 보다 명료하게 이해하기도 하고, 하나님에 대한 두려운 이미지를 갖고 있던 어떤 사람은 그 이미지 이면에 있는 친절하신 하나님 이미지로 인도됨으로써 신앙의 질적인 성장을 경험하기도 한다. 또 어떤 사람은 피정 가운데 간략하게 제공되는 강의를 통해 기도 생활에 도움이 되는 조언을 얻기도 하고,

말씀의 묵상과 기도의 실습을 통해 기도가 하나님 안에 머무는 것이라는, 이전과는 구별되는 시각을 얻기도 한다. 그리고 (특히 목회자들은) 피정 프로그램을 이후의 사역에 적극적으로 활용하기도 한다.

자기에 대한 이해

하나님에 대한 앎과 자기에 대한 앎은 분리될 수 없으므로, 피정에 참가하는 사람들이 얻는 가장 큰 유익 중의 하나는 말씀의 묵상과 하나님 임재의 연습 가운데 자기를 보다 더 깊이 이해하게 되는 것이다. 피정자는 피정 중 이루어지는 묵상, 가령 '렉시오 디비나'(거룩한 읽기)와 '복음 관상'과 같은 기도 방법들을 통해 자신의 모습을 하나님의 사랑의 빛 안에서 있는 그대로 관찰하게 된다. 때로는 이 일 자체가 매우 힘이 들지만 그러한 자세로 내면을 성찰하면서 이전에 미처 보지 못했거나, 혹은 왜곡된 방식으로 이해하고 있었던 자신의 특정한 모습에 대해 완전히 다른 시각을 얻게 되는 경우가 많다.

언젠가 어떤 사람이 자신의 피정 경험을 필자에게 전해 주었다. 그는 어린 시절에 자신이 누군가에게 상처를 주었다는 생각 때문에 종종 죄의식에 시달리곤 했다. 그런데 피정 중의 묵상 가운데 당시 자신 역시 그 상황에 두렵고 떨리는 연약한 존재로 서 있었음을 알아차리면서 무한한 위로를 얻었다. 상처를 주었다고만 생각해 왔는데 상처를 받았다는 생각이 들면서 과거의 사건이 재해석된 것이다. 그는 주님의 선한 일에 종사하면서도 무엇인가 부족하다는 느낌 때문에 힘들었는데, 피정 후에는 영적 자유 가운데 보다 큰 기쁨으로 사역을 해 나갈 수 있게 되었다고 고백했다.

영성 훈련 안내문 및 해설

|

안식의 훈련에는 두 가지가 있다. 하나는 공동체 피정에 참여하는 것이고, 다른 하나는 일상생활 중 자기 주도적 피정을 해 가는 것이다.

첫째, 개신교 내 공동체 피정은 활성화되어 있지는 않지만, 비정기적으로 여러 형태의 피정이 제공되고 있다. 각 교단의 신학교에 문의하면 기독교 영성 전공 전임 교수를 통해서 제공되는 피정에 대해서 안내 받을 수 있다.

피정에 원의가 있는 사람은 그와 같은 통로를 통해서 안내를 받아 피정을 신청한 후 실제 피정에 들어가기까지 자신의 삶을 돌아보면서 성찰할 필요가 있다. 이때 영적 일기를 쓰는 것이 도움이 되는데, 이에 관해서는 본서 10장을 참고하라. 충분한 준비를 통해서 피정의 기초 자료를 만들어 놓으면 그것을 피정 중 묵상과 영적 담화에 활용함으로써 앞서 열거한 효과를 볼 수 있다.

둘째, 일상생활 중 이루어지는 자기 주도적 피정은 여러 형태로 이루어질 수 있다. 먼저, 고요와 침묵 가운데 홀로 하는 활동이 피정의 시간으로 이어질 수 있는데, 그런 활동에 해당되는 것으로는 산책, 자연 묵상, 음악 감상, 여행, 비경쟁적인 1인 스포츠(등산, 피트니스 등), 목공이나 텃밭 노동, 그리고 예술 활동(그림, 악기, 사진) 등이 있다. 이 모든 활동을 피정으로 만드는 요소는 '자발적으로', '천천히', 그리고 '느끼고 보면서' 하는 것이다. 의무감으로 하는 활동은 피정이 될 수 없고, 빨리 해치우는 식으로 하거나, 혹은 누군가에게 보여 주기 위한 활동 역시 피정이 될 수 없다. 그 활동 안에 푹 젖어 들면서도 정신이 또렷하게 깨어 있다면 그 가운데 하나님의 현존을 느낄 수 있다.

자기 주도적 피정과 관련해 필자가 제안하고 싶은 것은 '현존의 기도'(prayer

of presence)다. 현존의 기도는 의식을 가만히 마음에 모음으로써 하나님의 현존에 참여하는 것이다. 처음에는 호흡을 이용하는 것이 좋다. 들어오는 숨과 나가는 숨에 의식을 모은다. 생각이 들어오면 그 생각이 흘러가게 놔두고, 다시 숨에 의식을 모은다. 천천히 이 과정을 반복하다 보면 숨이 깊어지면서 의식이 마음으로 이동하게 된다.

호흡을 이용하는 것이 어색하다면 "주님"을 불러도 좋다. "주님" 하고 부르면서 가만히 있는다. 그리고 다시 "주님"을 부르고 가만히 있는다. 호흡과 "주님"을 함께 활용해도 좋다. 이를 통해 하나님의 현존이 느껴지면 가만히 거기에 머문다. 이때에는 굳이 호흡이나 "주님"을 의식적으로 하려고 애쓸 필요가 없다.

현존의 기도의 연습은 때로 강력한 효과가 있다. 육체의 회복이 이루어지기도 하고, 현존의 기도 중 아픈 신체 부위가 치유되기도 하며, 마음에 절대적인 평강이 찾아오기도 한다. 마음이 산란하거나 번민이 가득할 때, 분노 혹은 울화가 치밀어 오를 때 현존의 기도는 마음의 상태를 뒤바꾼다. 현존의 기도 방법을 정리하면 다음과 같다.

(1) 어떤 시간 혹은 장소에서건 가만히 들숨과 날숨에 의식을 모은다.

(2) 어느 정도 의식이 모아지고 하나님의 현존이 느껴지면 가만히 머문다. 잡념이 떠오르면 흘러가게 놔두고, 다시 호흡을 의식하거나 "주님"을 부른다.

(3) 특정한 시간에, 혹은 공동체 프로그램으로 진행하는 경우는 시간을 정해 놓는다. 처음에는 20분, 이후에는 30분, 혹은 50분으로 늘려 갈 수 있다. 20-30분 한 후 5분 정도 쉬었다가 다시 20-30분을 연이어 해도 좋다. 시간을 짧게 나누어 연이어 하는 방식은 공동체 모임의 경우 추천할 만하다.

(4) 마칠 때는 마음에 떠오르는 대로 기도하거나, 혹은 중보의 기도를 드

리거나, "주님, 감사합니다"라고 말한다. 마친 후에는 기도 일기에 기도 중 경험에 관해 적는다.

(5) 공동체 훈련의 경우 인도자가 20-30분씩 2회, 혹은 50분씩 1회 인도한 후 참가자들에게 경험을 나누도록 권유할 수 있다. 이때 한 사람이 너무 길게 말하거나 나눔이 충고나 설교처럼 되지 않도록 주의한다.

소그룹 나눔 질문

1 성과사회를 살아가는 현대인으로서 개인적, 사회적, 교회적 차원에서 경험하는 피로감이 있는가? 그 피로감의 원인은 무엇일까? (한병철, 《피로사회》 참조)

2 과거 개인의 역사 중 안식이 절실하게 필요했던 때 어떻게 그 필요에 응답했는가? 하나님 안에서 몸과 마음이 쉼을 누리는 자기 주도적인 방법이 있는가?

3 (실습을 여러 차례 해 본 후) 현존의 기도를 통해서 얻은 유익은 무엇인가? 그리고 이 기도 방법이 한국 교회 그리스도인들의 일반적인 기도와 다른 점이 있다면 무엇이라고 생각하는가?

참고 도서

· 아브라함 조슈아 헤셸, 김순현 역. 《안식》. 서울: 복있는사람, 2007.
· 양용의. 《예수님과 안식일 그리고 주일》(개정판). 서울: 이레서원, 2011.
· 어거스틴, 선한용 역. 《고백록》. 서울: 대한기독교서회, 1990.
· 한병철, 김태환 역. 《피로사회》. 서울: 문학과지성사, 2012.
· 헨리 나우웬, 성찬성 역. 《모든 것을 새롭게 만들고》. 서울: 바오로딸, 1990.

7

금식

이주형

음식과 현대인

오늘날 우리는 음식이 넘쳐 나는 시대에 산다. 끼니를 때우기 위해 산등성이를 헤매며 산나물을 채집하던 부모 세대의 보릿고개 추억은 설화가 된지 오래다. 더 맛있고, 더 새로운 음식을 맛보러 먼 곳으로 여행 가기를 마다하지 않는다.

음식을 통한 만족과 쾌락은 현대인들의 행복에 있어 주요한 요소로 자리 잡았다. 미디어 매체가 현대인들의 이목을 끌기 위한 방법으로 소위 '먹방'을 활용한다는 사실은 더 이상 비밀이 아니다. 타인이 음식을 먹는 모습을 보면서 시각적 쾌락을 통해 대리만족을 추구하는 것이 현대인들의 일상이다. 심지어 한 유명 맛 칼럼니스트는 먹방의 기제를 포르노와 동일한 것으로 설명해서 적잖은 충격을 준 바 있다.[1]

이런 현실 속에서, 역설적이게도 현대인들은 식욕을 억제하고 조절하기 위해 온 힘을 쏟아붓는다. 다이어트를 위한 다양한 프로그램, 음식 보조제와 약품, 식이요법 등이 우리의 일상을 변화시키고 있다. 식욕을 통한 행복 추구와 다이어트를 통한 식욕 억제 사이에서 갈등하며 괴로워하는 모습 속에 현대인들의 마음의 고뇌와 심리적 모순을 엿보게 된다.

건강한 식습관을 언급하는 전문가들의 가르침에는 공통분모가 발견된다. 음식을 쾌락 충족의 대상이 아닌 감사와 축복의 대상으로 대할 때 건강한 식생활을 누릴 수 있다는 조언이다. 이런 충고가 현실에서 실천하기 어렵다고 느껴진다면, 그 이유는 방법을 몰라서이기보다는 음식을 향한 인간의 욕망과 탐닉이 그만큼 원초적이며 강력하다는 사실의 반증 아닐까?

현대인들은 왜 그렇게 음식에 집착하는 것일까? 혹은 사회 전반적으로 식욕 추구에 관대해지는 이유는 무엇일까?

비만, 포식, 거식 현상의 원인을 분석한 심리학자들은 음식에 대한 지나친 탐닉, 혹은 거부의 반응이 심리적이며 내적 문제에 기인하고 있다고 주장한다. 사람들이 궁극적으로 추구하는 것은 포만감과 허기짐이 아니라 내면과 무의식적 세계의 해결되지 않은 문제와 갈등을 음식을 통해 대리 만족하는 것이라는 의미다. 물질의 풍요가 삶의 행복과 가치를 상승시켜 줄 것이라 기대했던 현대인들은 여전히 채워지지 않는 내면의 공허와 마음의 허전함으로 인해 당황해한다. 음식에 대한 현대인들의 태도 속에 현대 사회의 그림자를 발견하게 된다.

음식으로 채워지지 않는, 식욕으로 해결할 수 없는 현대인들의 내면은 무엇으로 채울 수 있을까? 풍요로운 식탁을 접하지만 평안하지 않고, 식욕은 해결되었지만 두려움과 불안은 가시지 않는 현대 사회의 역설적 상황 속에 금식은 어떤 의미가 있을까? 다이어트와 영적 수련으로서 금식은 어떻게 다른가? 그리스도인들에게 금식의 영적인 의미는 무엇인가? 육체적 건강과 외형적 미를 추구하기 위한 방법으로서 다이어트가 아닌 삶의 본질적인 변화를 기대할 수 있는 영적 수련으로서 금식은 어떻게 실천할 수 있을까?

욕망에 대한 영적 이해

|

금식을 실천함에 있어 우선적으로 고려되어야 할 사항이 있다. 욕망 혹은 갈망의 중심성에 대한 영적 이해와 통찰이다. 욕망은 인간의 생존을 위해 필수적인 요소다. 그렇기에 다분히 원초적이며, 이기적이고, 본능적이다. 인간은 욕망을 생존의 필수 요건으로만 여겨 왔기에, 그 이기적이고 원초적 본성은 역사 속에서 수많은 경우 폭력적이며 파괴적인 방식으로 표출되어 왔다.

이런 이유로 기독교 공동체는 인간의 본성을 통제와 억압, 구속의 대상으로 여겨 왔다. 그릇된 욕망에 사로잡힌 인간은 스스로의 문제를 해결할 수 있는 주체가 아니며, 예수님의 구속의 은혜에 전적으로 의존해야 하는 대상이다.

기독교 역사 속에, 인간의 이기적이며 본능적인 욕망의 파괴적 요소를 정확하게 이해한 대표적인 인물은 개신교 영성가인 존 칼빈이다. 칼빈은 인간의 죄성, 즉 타락한 욕망에 대한 불신으로부터 금식을 실천해야 하는 이유를 명확하게 밝힌다. 그릇된 욕망에 사로잡힌 인간은 하나님의 구원 역사와 말씀을 통한 계시의 음성을 들을 수 없다고 전제하며, 금식을 수행해야 하는 첫 번째 이유를 '욕망 억제'로 소개한다.[2] 즉 경건의 삶에 이르기 위해서는 기도와 말씀 묵상, 참회를 통해 성령의 인도를 따라야 하며, 욕망의 억제를 위해서는 금식이 필수적으로 동반되어야 함을 강조했다.

반면, 예수 그리스도의 인격을 닮아 가 하나님과 친밀한 교제를 추구하던 기독교 영성가들에게 욕망은 기도와 수련의 궁극적인 대상이기도 하다. 일그러지고 이기적인 육체적 욕망을 정화하고 순화해 예수 그리스도의 인격, 혹은 거룩한 열망을 닮아 가려는 노력이 기도와 영적 수련 곳곳에 배어 있다. 즉 인간의 욕망을 예수님의 욕망으로 변화시키는 과정을 영적 수련의 궁극적 목표로 삼았다. 수많은 성인과 순교자가 그렇게 살았다. 생존을 위한 이기적이며 본능적인 욕망을 예수님의 갈망과 하나님께 대한 끝없는 사랑으로 대체시켰기에 순교도 받아들일 수 있었다. 따라서 그리스도인들에게 금식의 궁극적인 목표는 생존을 위한 필수적인 요소로서 작동하던 욕망 메커니즘을 하나님을 향한 영원하고 끊임없는 사랑과 신뢰로 변화시키는 과정임을 인식할 필요가 있다.

금식을 영성 훈련으로 삼고자 하는 그리스도인들에게 욕망에 대한 영적인 이해는 전혀 다른 패러다임을 제공한다. 다이어트나 단식과는 전혀 다른 목적과 의도를 담고 있다. 일그러지고 이기적인 탐욕으로부터 벗어나서 예수 그리스도의 열망을 닮아 가려는 의도를 품고, 하나님과 친밀한 관계를 추구하기 위해 금식을 실천한다. 식욕과 식탐이라는 삶의 원초성에서 벗어나서 하나님의 사랑만으로 만족하고자 하는 영적 갈망을 추구하는 것이 영성 훈련으로서 금식의 목표다. 금식을 통해 우리의 삶을 풍성한 은혜로 채워 주시는 창조주 하나님 앞에서 우리 자신이 부족하고, 연약하며, 변덕스러운 존재라는 사실을 깨닫는 데 궁극적 취지가 있다.

그런 의미에서 그리스도인의 금식은 하나님을 향한 겸손의 실천이라고 할 수 있다. 생명의 근원이신 창조주 하나님이 오늘 나의 삶을 지탱하고 정의 내리는 모든 요소를 제공하신다는 사실을 고백하는 것이며, 내 인생의 근본적인 필요들이 주님으로부터 온다는 사실을 고백하는 영성 훈련이 금식이다.

"내가 기뻐하는 금식은"

|

금식에 대한 성경의 내용은 두 경우로 요약될 수 있다.[3] 첫째, 임박한 재앙과 심판을 앞두고 참회와 속죄의 기도 가운데 금식이 수행되었다(욜 2장; 욘 3장; 에 4장). 둘째, 선지자들이 하나님의 구원 사역을 수행하기 전에 필요한 영적 준비의 과정으로 금식을 수행했다. 예수님의 40일 광야 금식 기도가 여기에 해당된다(출 24장; 왕상 19장; 마 4장). 과거의 잘못된 행위에 대한 성찰과 참회 기도를 실천할 때, 하나님의 사역을 실행하기 전 영적인 준비의 과정에 영적 지도자들은 금식을 수행했다.

금식에 대한 예수님의 가르침

우선적으로 우리가 주목해야 할 성경의 가르침은 자신을 생명의 떡으로 소개하신 예수님의 가르침이다. 예수님은 자신을 생명의 떡으로 소개하시고(요 6:48), 성찬식을 제정하시면서 "나를 먹으라!"라고 명령하셨다(마 26:26; 막 14:22). 주님은 식욕으로 해결할 수 없는 영적 갈급함과 목마름을 일깨워 주시며, 우리의 허기짐과 결핍을 해결하는 궁극적인 식탁으로 우리를 초대하신다. 우리가 생명의 양식 되신 예수님을 말씀과 성찬으로 먹을 때 우리의 영혼은 비로소 만족하며 영적 목마름이 해갈된다.

현대인들이 풍요로운 삶 속에서도 여전히 공허한 이유는 예수님만이 채우실 수 있는 영혼의 갈망을 엉뚱한 대상으로 채우려 하기 때문이다. 금식은 예수님만으로 영의 양식을 삼겠다는 영적 갈망의 표현이며, 육체적 욕망으로 타락하고 일그러진 영혼을 정화하고 순화하기 위한 참회 기도다. 이것이 예수님이 영적 수련으로서 금식의 출발점이셔야 하는 이유다.

금식에 대한 예수님의 구체적인 가르침은 기도에 대한 가르침(마 6장)에 등장한다. 이는 금식과 기도가 필수적으로 동반해야 한다는 사실을 일깨워 준다. 이런 의미에서 금식은 기도 아닌 것이 없다. 산상수훈에서 예수님은 종교적 거룩성을 보이려는 의도(외식함)로 금식을 활용해서는 안 된다고 경고하시며, 자신의 종교적 열심을 타인에게 드러내기 위해 금식 기도를 하는 것은 하나님께는 의미가 없다고 말씀하셨다. 나아가 금식을 공로주의로부터 분리시키며 온전한 의미를 회복하도록 초대하셨다.

"이는 금식하는 자로 사람에게 보이지 않고 오직 은밀한 중에 계신 네 아버지께 보이게 하려 함이라 은밀한 중에 보시는 네 아버지께서 갚으시리라"(마 6:18).

예수님은 금식 기도의 온전성은 하나님과의 관계성으로부터만 보장된다는 사실을 일깨워 주셨다. 금식은 하나님과 나 사이의 영적 교제의 통로인 것이다. 하나님께 대한 간절함과 절실함이 외연화된 형태가 금식 기도여야 한다. 간절한 회개, 진정한 통회의 마음이 금식으로 실천될 때 금식 기도는 온전한 형태를 구현할 수 있다.

형식주의와 공로주의가 금식 기도에 있어 금기 사항이라면, 구제와 봉사는 금식 기도의 필요조건이다. 어려운 이웃을 돌봄으로써 금식 기도가 온전해진다는 신념은 유대교 경건 생활과 맥을 같이한다. 유대인들의 경건은 '구제', '기도', '금식' 등 세 가지로 구성된다.[4] 예수님 당시 종교인들의 경건이 형식성의 감옥에 갇혀 비판의 대상이 된 이유는 이웃의 아픔에는 무감각하면서 그들에게 종교적 권위를 행사하고 싶어 했기 때문이다. 기도의 본질은 중보 기도의 대상들을 위해 기도의 내용을 실천함으로써 온전해진다. 구제 없는 금식 기도는 결국 개인의 종교적 자긍심을 높일 수는 있을지 모르지만, 하나님의 뜻을 이루는 능력 있는 기도는 못 된다.

구제 가운데 오직 주님만이 아시도록 실행하라는 가르침은 주님이 아시는 것만으로 만족할 수 있어야 함을 강조하신 것이다(마 6:3-4). 나의 구제 활동과 금식 기도는 타인이 알 필요가 없고, 오직 주님만이 아시는 것으로 만족해야 할 대상이다.

이 가르침은 영적 수련이 궁극적으로 추구하는 덕목인 영적 초연·영적 자유(spiritual indifference)와 밀접하게 연관된다. 영적 초연은 내려놓음으로 표현될 수 있는 영적 자유의 상태다. 어떤 상황에 처해 있다 할지라도 그 상황의 주인이 하나님이시라는 사실을 고백하고, 그분께 모든 것을 맡겨 드리는 영적 상태를 의미한다. 자신을 향한 하나님의 사랑에 대한 절대적인 믿음이 공고할 때 우리는 그 상황을 있는 그대로 받아들일 수 있게 된다.

설령 이웃과 타인을 향한 나의 섬김과 구제가 사회적으로 알려지지 않는다 할지라도 하나님이 아시는 것만으로 만족하고 감사하는 태도, 결과에 연연하지 않고 어떤 결과도 받아들일 준비가 되어 있는 상태를 영적 초연이라 할 수 있다. 금식 기도와 구제를 통해 우리의 영혼이 영적 초연을 지향하며, 결과와 상관없이 오직 하나님께 대한 사랑만이 가득한 영적 상태를 추구해야 한다는 가르침이 담겨 있다.

여기서 우리는 또다시 욕망의 중심성을 발견하게 된다. 주님은 신앙생활에 공로를 쌓기 위함이 아니라 하나님을 향한 갈망과 사랑에 대한 간절함만이 금식의 내용이 되어야 함을 다시금 강조하셨다.

이사야서에 담긴 금식에 대한 구체적인 가르침

이사야 58장 1-9절에는 금식에 대한 구체적인 가르침이 담겨 있다. 예수님의 가르침이 총론적 말씀이라고 간주한다면, 여기에는 각론으로 볼 수 있는 구체적인 가르침과 실제적인 안내가 기술되어 있다. 여호와께서 기뻐하시지 않는 금식에 대해 말하는 3-5절을 정리하면 다음과 같다.

첫째, 쾌락 추구와 금식은 공존할 수 없다. 둘째, 타인들이나 아랫사람에게 자신의 일을 맡기는 등 책임을 타인에게 떠맡기고 금식을 하는 것은 지양해야 한다. 셋째, 금식할 때는 다투고 싸우는 일을 삼가야 한다. 금식은 기도이며 예배이기 때문이다. 넷째, 외식하는 행위는 금식을 온전하게 할 수 없다.

이어서 여호와께서 기뻐하시는 금식의 참 모습이 기술되어 있다.

"내가 기뻐하는 금식은 흉악의 결박을 풀어 주며 멍에의 줄을 끌러 주며 압제당하는 자를 자유하게 하며 모든 멍에를 꺾는 것이 아니겠느냐 또 주린 자에게 네 양식을 나누어 주며 유리하는 빈민을 집에 들이며 헐벗은 자를 보면 입히며 또 네 골육을 피하여 스스로 숨지 아니하는 것이 아니겠느냐"(사 58:6-7).

이 말씀에서 금식 기도의 온전성에 있어서 구제가 필수적이라는 사실을 확인할 수 있다. 배고픈 자들을 먹이고, 집이 없는 나그네들에게 쉴 곳을 제공하며, 벗은 자들을 입히고, 도움이 필요한 자들의 필요를 채워 주는 삶이 금식 기도를 온전하게 한다.

우리가 주목할 부분은 이사야서가 금식의 사회적 차원에서의 함의를 기술하고 있다는 사실이다. 불의의 사슬을 끊어 주는 것, 억압과 압제를 당한 사람들을 풀어 주고 자유롭게 하는 것을 하나님이 기뻐하시는 금식의 최우선적 조건으로 제시한다. 공의와 정의가 무너져 억압과 압제의 구조 속에서 희생당한 사람들을 치유하고, 회복시키며, 굴레와 멍에로부터 놓아 주고, 그들의 사회적인 지위와 명예를 회복시키고, 그들의 상처를 치유하는 사역이 금식 기도에 동반되거나 열매가 되어야 한다는 말씀이다.

한 걸음 더 적극적으로 적용한다면, 하나님이 기뻐하시는 금식은 불의한 사회적 구조 속에 양산된 상처와 희생자들을 돌보고 하나님의 정의와 공의가 실현되도록 노력하는 것까지를 포괄하고 있다. 구제를 통해 고통과 아픔 속에 있는 이들과 영적 연대(spiritual solidarity)를 결성해 하나님의 사역에 동참하는 일까지 포함하는 것이다.

금식 기도를 개인 영성 훈련과 개인적 금욕 생활 차원에서만 이해해 왔다면, 사회적 정의 실현과 윤리 의식의 실천을 필수적으로 전제하고 있는 이사야서의 말씀은 오늘날 한국 그리스도인들과 교회에게 의미 있는 도전이 아닐 수 없다.

영적 리듬으로서 금식

금식은 초대교회 때부터 수많은 성도의 삶 속에서 가장 보편적이며 강력한 영적 수련으로 실천되어 왔다. 성도들은 교회력에 따라 성탄절과 부활절을 각각 준비하며 기다리는 대림절과 사순절 기간에 금식을 실천하는 오랜 영적 전통을 따른다. 교회력에 따른 금식 전통은 두 가지 관점에서 중요한 의미를 담고 있다.

기독교 영성가들이 남긴 영적 전통과 신념

교회력에 따른 금식은 초기 기독교로부터 시작되고 전수된 영성가들의 가르침과 수행이 교회의 영적 리듬 체계에 정착된 것이다. 초대교회 교부들은 금욕적 삶을 영적 변화에 있어서 중요한 요소로 인식했고, 특히 금식을 영적 수련의 필수적 요소로 실천하며 소개해 왔다. 플라톤의 이원론적 사상에 영향을 받은 오리겐(Origen, 185-254)은 순수한 영혼이 타락한 육체에 갇혀 있다고 생각해 육체적 욕망의 절제와 억제가 영혼의 해방과 정화를 위해 필수적이라 여겼다. 이 신념은 음식을 섭취하는 것을 탐욕적 생각과 욕망을 부추기는 신념으로 확장해 금욕적 삶의 일환으로 금식의 필수성을 강조했다.

최초의 사막 교부로 알려진 안토니(Anthony, 251-356)는 예수님의 말씀을 그대로 실천하기 위해 자신의 모든 재산을 팔아 가난한 사람들을 구제하고, 사막에 들어가 평생 금욕주의적 삶을 살았다. 그는 사막에서의 고행이 하나님과의 친밀한 영적 교제를 심화시킨다고 믿었고, 본인 스스로도 평생 금식을 실천했다. 그의 삶은 금식, 구제, 기도가 통합된 기독교 영성을 고스란히 담고 있어 서양 기독교의 사막 교부의 진정한 모범으로 인식된다.

오리겐과 안토니의 영적 자산을 확립한 에바그리우스(Evagrius Ponticus, 345-399)는 영적 스승들의 사상과 금욕적 삶을 토대로 수도원 전통의 사상적 기반과 체계화를 처음으로 시도했다. 그는 영적인 삶을 추구함에 있어 선한 습관의 반복이 거룩한 덕성을 길러 낸다고 믿었고, 이를 위해서 금욕적 고행을 영성의 중요한 구성 요소로 받아들였다. 그는 여덟 가지 악한 생각을 열거하면서 '폭식'(gluttony)을 첫 번째 죄악에 위치시켜 과도한 식욕이 치명적인 욕망과 죄악의 시작점임을 강조했고, 금식을 수도원 영성 생활의 중요한 수련으로 확립시켰다.

금식을 통한 금욕적 삶은 중세 시대에도 이어졌는데, 특별히 여성 종교인들의 경건 생활에 가장 중요한 영적 수련으로 자리 잡았다. 특히 중세 여성 영성가들[예를 들면, 시에나의 성녀 카타리나(Catherine of Siena), 제노아의 캐서린(Catherine of Genoa)]은 하나님과의 영적 연합을 성찬식을 통해 추구했고, 거룩한 열망을 준비하기 위해 성찬식 전에 금식을 실천했다. 금식과 성례전을 바탕으로 한 신비주의와 초월적 경험들은 중세 여성 영성가들의 영

성에 있어 가장 핵심적인 영적 전통이다.[5]

교회 역사 가운데 가난한 사람들을 위한 사회적 구제 장치로 금식이 활용되었다는 사실은 주목할 만하다. 성 프란체스코는 마을을 돌며 성도들로부터 음식을 제공 받았는데, 금식 기간에 기부된 음식과 돈 등의 헌물은 가난한 사람들과 공유했다. 그 영적 전통은 한국 교회에 '성미'(聖米)라는 헌물을 통해 아름답게 전수되고 유지되어 왔다. 성미는 성도가 일주일 동안 금식을 통해 모은 쌀을 주일에 교회에 헌물로 바치면 가난한 이웃들을 위한 구제 사역으로 활용하는 한국 교회의 귀한 영적 유산이다.

기독교 영성가들이 남긴 영적 전통과 신념을 현대 그리스도인들의 일상에 그대로 적용하기는 어려울 수 있다. 그러나 그들의 영적 통찰은 교회력과 우리의 영적 리듬에 고스란히 남겨져 실천되고 있다. 우리의 몸은 영혼을 담아내는 그릇 이상으로, 내면을 영적 세계로 인도하고 준비하는 절대적인 매개체라는 사실을 일깨워 준다. 금식은 육체적 허기짐의 경험이 아닌 영적 세계로의 진입과 영적 경험의 심화에 있어서 반드시 동반되어야 하는 요소다. 이것은 금식이 다이어트와 다른 이유를 분명히 밝히고 있다. 다이어트가 몸에 초점을 맞춘 것이라면, 금식은 영혼과 영혼의 궁극적인 변화에 초점을 맞추고 있다.

영적 감각을 일깨우는 필수적인 영적 수련

교회력에 따른 금식은 정해진 시간과 계절의 순환과 영적 리듬 속에 실천되어 영적 감각을 일깨우는 필수적 영적 수련으로 인식되어 왔다. 그리스도인들은 매년 돌아오는 부활절과 성탄절의 영적 의미와 가치를 온전히 누리기 위해 사순절과 대강절 기간에 금식을 실천한다. 특별한 종교적 행사가 아니라 삶의 일부로서 금식을 실천하도록 인도하는 것이 교회력에 따른 영적 수련이다. 금식을 비롯한 금욕적 삶이 영적 감각을 일깨워 하나님의 축복과 임재를 경험하도록 영혼과 내면을 준비시키기 때문이다.

이런 이유로 기독교 영성 전통에서 금식은 향연과 짝을 이루어(fasting and feasting) 이해되곤 한다.[6] 부활의 기쁨과 성탄의 축복은 금식을 통한 절제와 금욕 생활의 참여 정도에 상응한다고 믿기 때문이다.

성도들은 계절의 순환 속에 교회력을 따라 1년에 두 번 금식에 초대받는다. 특별히 사순절을 마친 부활절은 봄이 완연해지는 계절이다. 봄이 선사하는 생명력과 풍요에 대한 기대감은 생명의 근원 되신 창조주 하나님께 대한 감사의 고백에 기원한다. 사순절을 금식 기도와 함께 보내는 것은 부활의 기쁨과 소망을 회복하는 방법일 뿐 아니라 생명의 근원 되신 창조주 하나님이 우리의 인생과 삶의 근원이시라는 사실을 깨닫는 적극적인 방법이다.

생명의 순환 속에서 하나님의 창조적 주권과 현재적 임재를 고백하는 방법으로 금식 기도는 소개될 수 있으며, 그것이 교회력을 통해 믿음의 선조들이 전수해 준 신앙의 유산이요, 영적 자산이다.

결핍과 정화의 은총: 금식의 영적 지혜

|

성경과 기독교 영적 전통은 금식 기도에 대해 몇 가지 중요한 영적 통찰과 지혜를 제공한다.

(1) 하나님이 우리에게 주신 욕망은 쾌락 추구 대상이 아니라 제한하고 절제해야 하는 대상이다. 하나님의 에덴동산에는 아담과 하와, 그리고 그

들이 먹지 말아야 할 열매가 공존했다. 인류 최초의 인간들은 그 열매를 먹고 난 뒤에, 욕망은 극대화하는 것이 아니라 절제하고 조절해야 하는 것이라는 사실을 깨달았다. 금식을 실천할 때 인간은 모든 것이 가능한 존재가 아니라, 욕망을 제한하고 조절할 때 온전해지는 존재라는 사실을 깨닫게 된다. 본래적으로 제한적인 존재라는 사실을 깨닫고 욕망 절제와 조절을 실천할 때 금식의 은총을 경험할 수 있다.

(2) 제한적인 존재라는 사실이 모든 것으로부터 제약받는다는 사실을 의미하지는 않는다. 하나님 안에서 인간은 모든 것이 가능하다. "하나님 안에서 나는 의존적 존재"라는 사실을 깨닫는 것이 금식을 통해 경험하는 은혜다.[7] 오늘 나의 삶을 형성하는 모든 구성 요소가 하나님의 창조 질서로부터 부여된 선물이라는 사실을 깨닫는 것이 금식의 은총이다. 일용할 양식 없이는 존재할 수 없는 나약하고, 연약하고, 불완전한 존재라는 사실을 깨닫는 것, 하나님께 전적으로 의지하고 의존해야 온전해지는 존재라는 사실을 영적으로 인식하는 것은 금식이 선사하는 중요한 은총이다.

(3) 금식은 결핍과 결여, 허기짐의 은총으로 인도한다. 현대인들은 음식의 풍요로움을 탐닉한 나머지 잠깐의 배고픔과 허기짐을 견뎌 내지 못하며, 배부름을 당연시 여긴다. 포만감을 정당화시키고, 음식 산업화를 통해 자연과 생태계를 교란하고 왜곡시키는 것이 현대 문명의 모습이다. 오늘날 사람들은 마치 버릇없는 아이처럼 식욕을 해결하기 위해 음식을 소비한다.

결핍과 결여의 경험은 이기적이고 그릇된 욕망을 정화하고, 하나님을 향한 순수하고 거룩한 욕망을 북돋기 위한 영적 수련의 첫 번째 관문이다. 금식은 허기짐을 통해 진정한 감사를 회복하게 하고, 포만감 속에 담긴 인류의 교만을 성찰하게 한다. 금식이 선사하는 허기짐과 배고픔의 경험은 하나님의 말씀과 임재가 우리 영혼의 참된 양식임을 깨닫도록 인도하는 은총의 경험이다.

(4) 금식은 육적 생명이 아닌 영적 생명에 따라 살라는 예수님의 부르심(요 6:33)에 화답하려는 영적 수련이며, 동시에 성도가 참여하는 하나님 나라 사역의 일부분이다. 영원한 생명이신 예수님을 먹는 자는 하나님의 마음을 닮아 그분의 사역에 동참하려는 거룩한 열망이 생긴다. 금식을 통해 하나님의 긍휼의 마음을 본받아 아픔과 고통 가운데 있는 사람들을 돌보고 구제하는 것이 진정한 의미의 금식의 은총이며 열매다. 하나님의 마음으로 구제 사역에 참여하는 것이 금식을 통해 경험하게 되는 은총이다.

(5) 삶의 전인적인 영역에서 하나님의 뜻을 분별하고 실천하는 것을 목표로 한다는 점에서 금식은 전인적인 영성 훈련이다. 전인적인 금식은 구제와 봉사를 요청하는데, 이는 사회 정의 문제에 대해 적극적으로 참여하고 섬기는 것까지 포함한다.

현대인들은 과식, 폭식, 거식 등 다양한 형태로 고통받고 있는 반면, 지구의 다른 편에서는 기아로 고통받고 죽어 가는 아이들이 1년에 수십만 명에 이르고 있다. 이는 기아와 과식이라는 모순된 상황의 배후에 자본주의적 경제 구조, 정치적인 정의와 윤리적 이슈가 종합적으로 결부되어 있다는 사실을 환기시켜 준다. 전인적 금식은 그 구조적이며 제도적 문제의 해결을 위해 중보 기도 하는 것이며, 나아가 문제 해결을 위한 구체적인 사역과 구제 활동에 참여하는 것을 의미한다.

기아 상태의 어린이들과 결연을 맺어 후원하거나 기아 체험 행사를 통해 기아와 굶주림의 문제를 사회적으로 공론화하는 방법도 사역으로서 금식을 실천하는 방법이 될 수 있다.

금식의 네 가지 기둥

|

온전한 금식을 실천하기 위해 필수적인 '금식의 네 가지 기둥'을 제안하고자 한다. 다른 영성 훈련과 마찬가지로, 금식은 실천하는 것만큼 준비 단계가 중요한 수련이다. 건강과 생명에 직결된 사안이기에 사전 준비가 철저하지 못하면 포기하기 쉬운 수련이 금식이다.

성 안토니를 비롯해 사막 교부들은 금식을 비롯한 금욕주의적 삶을 위해 사막이라는 공간으로 자발적으로 들어갔다. 예수님과 성경의 인물들이 금식을 행한 장소가 광야였다는 사실은 우연의 일치가 아니다. 광야와 사막은 일상으로부터의 떠남과 분리이기도 하지만, 영적인 감각을 깨우기 위한 최적의 환경이다. 즉 하나님을 향한 갈망만을 추구할 수 있는 장소와 시간을 제공한다. 여기서 영혼은 고독과 침묵을 만난다.

고독과 침묵은 하나님을 향한 거룩한 열망으로 인도하기에, 금식을 위한 첫 번째 기둥이다. 침묵 속에서 우리의 잠자던 영적인 감각이 깨어나며, 하나님의 새로운 음성과 성령의 인도에 반응할 준비를 할 수 있다.

현대의 바쁜 도시 생활과 분주한 일상을 그대로 유지하며 금식을 실천하기란 쉬운 일이 아니다. 이를 위해 일상 속에서 고독과 침묵의 시간, 광야와 같은 공간을 만들 수 있어야 한다. 광야와 사막에 자발적으로 들어가 고독을 선택하고 침묵 가운데 거할 때 우리의 영혼은 성령의 새로운 인도를 알아차릴 수 있고, 영혼의 새로운 경험을 준비할 수 있다.

두 번째 기둥은 의식 성찰이다. 고독과 침묵 속에서 우리의 내면을 살피며, 욕망과 갈망의 기원을 확인하고, 성령의 인도를 분별하는 기도가 의식 성찰이다(본서 9장 "의식 성찰" 참조).

세 번째 기둥은 렉시오 디비나를 비롯한 영혼의 경험을 심화시키는 기도다. 의식 성찰을 내면에 대한 철저한 성찰을 통한 영적 정화(purification)의 과정으로 이해한다면, 렉시오 디비나는 조명(illumination)의 시간이다. 성경 말씀을 천천히, 반복적으로, 상상력을 동원해 묵상하면서 삼위 하나님께 대한 새로운 이해와 경험을 촉진시킨다(본서 2장 "거룩한 읽기" 참조).

마지막 네 번째 기둥은 구제와 봉사다. 성경이 일관되게 강조하는 부분은 금식의 사회 사역 차원에서의 실천이다. 굶주리는 경험만으로 금식은 온전해지지 않는다. 가난과 궁핍함 속에 있는 하나님의 자녀들의 고난에 동참하며, 그들에게 먹을 것을 제공하는 사역을 실천해야 한다. 이 땅을 향한 하나님의 긍휼과 연민의 마음을 경험하고 나누는 것이 사역으로서의 금식이다. 나아가 가난과 배고픔의 고난이 사회 구조적 문제라고 인식된다면, 하나님의 정의가 사회 공동체 가운데 실현되기 위한 다양한 사역에 동참할 때 영성 훈련으로서의 금식은 온전해질 수 있다.

일상 속의 금식: 다양한 형태의 금식

그릇된 욕망 추구가 관대해진 사회에서 금식은 다양한 형태로 적용되고 실천될 수 있다. 무엇보다 현대인들에게 보편적으로 드러나는 강박적이고 중독적인 증상들, 즉 인터넷, 휴대전화, 술, 담배, 포르노, 게임 등은 금식의 중요한 대상이 될 수 있다.

휴대전화와 인터넷에 강박적 증상을 보이고 있는 청소년과 현대인들이 휴대전화 금식과 인터넷 금식을 주기적으로 실천하도록 인도하는 것은 건강한 인격 형성과 영적 변화와 성장에 필수적인 요소다. 하루의 첫 30분과 마지막 30분에 휴대전화 금식하기, 운전 시간에 '비행기 모드'로 바꾸기, 문자 대화를 금식하고 음성 대화 나누기 등은 현대 사회에 스며든 중독적 증세를 금식을 통해 미연에 예방하고 영적 감각을 회복시키는 데 중요한 방법이 될 수 있다. 이런 형태의 금식은 일상 속에서 영적인 존재임을 확인하고, 하나님과의 친밀한 교제를 촉진시키는 삶을 형성하고 유지하는 데 유효한 방법이라 할 수 있다.

금욕 생활을 통해 일그러진 욕망을 멈추고, 아름답고 선한 행위를 반복하는 습관은 그리스도인의 영적 변화와 전인적 성숙에 있어 중요한 과제이며 목표다. 그런 의미에서 금식 10계명[8]은 영적인 삶에 있어 금식의 전인성으로 인도하는 훌륭한 안내자가 될 수 있다.

금식 10계명

1. 상처 주는 언행 금식: 선하고 친절한 표현으로 채워 가기

2. 슬픔 금식: 감사함으로 충만해지기

3. 분노 금식: 인내로 채워 가기

4. 비관주의 금식: 소망으로 채워 가기

5. 근심과 걱정 금식: 하나님을 신뢰하기

6. 불평 금식: 단순함(simplicity) 묵상하기

7. 억압과 스트레스 금식: 경건의 마음 회복하기

8. 이기심 금식: 기쁜 마음으로 채우기

9. 증오 금식: 화해를 지향하기

10. 말뿐인 삶 금식: 침묵하며 경청하기

소그룹 나눔 질문

1 금식을 통해 육체적 혹은 영적 열망이 어떤 변화를 경험하고 있는가?

2 금식의 전인성을 추구하는 데 있어 가장 도전이 되는 부분은 무엇이며, 왜 그렇게 생각하는가?

3 지금 필요한 일상 속의 금식은 어떤 영역이며, 영적 변화와 성장에 어떤 의미가 있다고 생각하는가?

참고 도서

· 메조리 J. 톰슨, 최대형 역.《영성 형성 훈련의 이론과 실천》. 서울: 은성, 2015.
· 안 존슨, 김창동 역.《단순한 삶과 금식》. 서울: 좋은씨앗, 2008.
· 토마스 보스턴, 이태복 역.《금식의 영성》. 서울: 지평서원, 2010.
· 존 파이퍼, 윤종석 역.《하나님께 굶주린 삶》. 서울: 복있는사람, 2013.

8

자연 묵상

최광선

* 이 장에서 인용한 성경은 공동번역 성경이다. 하나님의 집을 의미하는 '오이코스'(oikos)라는 같은 어원에서
'생태'(ecology)와 '에큐메니칼'(ecumenical)이 비롯되었기에 그 정신에 따라 공동번역 성경을 사용했다.

갈릴리 예수

|

프랑스 근대 사상의 일인자로 일컬어지는 에르네스트 르낭(Ernest Renan, 1823-1892)은《예수의 생애》에서 예수님이 사역하셨던 갈릴리 인근 마을의 모습을 아름답게 그렸다.[1] 그는 "예수는 이 도취시키는 듯한 환경에서 나고 자랐다"라고 묘사한다. 예수님이 걷고 걸으셨던 그곳 "주변은 아늑하고 아름다워 세계 어디를 가도 여기만큼 절대의 행복을 꿈꾸기에 알맞은 곳은 없다"라고 일러 준다.

르낭의 묘사를 상상해 보자. 예수님이 걸으셨던 그곳은 얼마나 아름다웠을까? 그분이 사랑하셨던 마을과 자연을 떠올려 보는 것만으로도 우리의 심장이 뛰기에 충분하다. 예수님이 바라보셨던 그 눈으로 하늘의 새를 바라보고, 들의 꽃을 바라보는 것, 이것이 바로 '자연 묵상'(theoria physike)의 핵심이다.

1863년 초판이 발행된 후 르낭의《예수의 생애》는 200쇄 이상 인쇄되었다. 저자는 예수님이 활동하시고 삶을 사셨던 그곳을 걷고, 그분의 발자취를 뒤따르며, 그분의 생애를 더듬거렸다. 출판된 후 많은 시간이 지남에 따라 신학은 발전했고, 이에 우리는 예수님에 대한 르낭의 이해에 많은 질문을 던질 수 있다. 하지만 예수님이 사셨던 고향의 모습, 예수님이 걸으셨던 곳, 예수님이 쉬셨던 물가, 그리고 예수님이 사셨던 주변 세상에 대한 묘사만큼은 오늘날 산업화되고 도시화된 관광지 갈릴리를 보다 정확하게 묘사한다.

"갈릴리의 모든 꿈에 목가적이고 매혹적인 색채를 띠우며, 마음을 사로잡는 듯한 자연은 훨씬 덜 준엄하고, 이를테면 또 그리 야단스럽게 일신론적이지 않는 정신을 형성하는 데 도움이 됐다. 세상에서 가장 삭막한 곳은 아마도 예루살렘 주변일 것이다. 이에 반하여 갈릴리는 녹색으로 뒤덮인, 그늘이 많은 미소짓는 듯한 곳이었다. 정녕 아가와 애인의 노래의 나라였다. 3월과 4월 두 달 동안, 들에는 온갖 빛깔의 꽃이 피어 더없이 아름다운 융단을 깔아 놓는다.

이곳 동물들은 몸집이 작고 무척 온순하다. 미끈하고 활발한 호도새, 풀 위에 앉아도 풀이 휘지 않을 정도로 아주 가벼운 지빠귀과의 푸른 새, 길 가는 이의 발밑에 밟힐 정도로 가까이 다가오는 모관 달린 제비, 생기 있고 사랑스러운 눈을 가진 개울의 작은 거북, 겁이 조금도 없어서 사람이 아주 가까이 와도 가만히 있고 또 사람을 부르고 있는 것 같기도 한 조촐하고 근엄한 자태의 황새.

세상의 어느 곳에도 산들이 이토록 조화를 이루면서 펼쳐 있고, 또 이토록 높은 사상을 고취하는 곳은 없다. 예수는 특별히 이 산들을 좋아했던 것 같다. 그의 숭고한 생애의 가장 중요한 행위는 이 산들 위에서 일어났다. 그가 가장 깊은 영감을 받은 것도 바로 이 산들 위에서 일어났다. 또 그가 예언자들과 은밀한 말을 주고받고, 또 제자들의 눈에 이미 변모해서 나타났던 것도 바로 여기서 일이었다."[2]

복음서를 읽어 보면 예수님은 갈릴리 주변의 흙먼지 날리는 길을 걸으셨다. 예수님은 광야와 외딴곳, 그리고 빈 들과 산, 호수와 밀밭, 포도밭 주변을 걸으시고 삶을 나눠 주셨다. 예수님은 농부들이 씨앗을 뿌리고 추수하는 모습을 보시며 하나님 나라에 대한 꿈을 펼쳐 보이셨다. 그렇기에 르낭이 "웃음을 머금은 듯하면서도 웅대한 이 자연이 예수가 배운 것 전부였다"[3]라고 말한 내용은 옳다.

영성가 헨리 나우웬은 자연은 하나님의 모국어라고 언급한다. 예수님은 하나님의 모국어를 가장 잘 이해하셨다. 그렇기에 그분은 자연에게 배우셨고 자연과 함께, 자연 안에서 하나님 나라 꿈을 펼쳐 보이셨다.

그렇다면 우리는 왜 자연과 친밀하셨던 예수님의 모습을 잊어버렸을까? 우리는 어떻게 하면 예수님의 눈으로 창조 세계를 바라볼 수 있을까? 예수님이 하나님 나라의 언어를 자연에서 배우셨다면 우리는 어떻게 다시 그 언어를 배우고 회복할 수 있을까?

왜 생태적 예수인가?

갈릴리의 예수님은 오늘날의 언어로, 생태적인 분이셨다. 그분은 창조 세계 안에서 하나님의 현존과 창조 세계와의 친밀한 관계를 누리셨다. 그렇다면 왜 생태적 예수인가? 우리는 왜 예수님의 눈으로 창조 세계를 바라보아야 할까?

창조 세계를 바라보기에 앞서, '영성'의 의미를 이해하고자 한다. 영성은 정의가 다양하고 맥락에 따라 다른 의미로 사용된다. 어원을 고려할 때, 영성은 '영'(spirit) 또는 '숨'(breathing)과 깊은 관련이 있다. 구약성경의 '루아흐'나 신약성경의 '프뉴마'는 숨, 바람, 호흡과 연관된다. 이와 같이 영성을 숨과 관련해 이해한다면 영성은 실제적이고, 역동적이고, 관계적이고, 우주적이다.

하나님의 숨은 창조의 숨이었고, 생명의 숨이었으며, 만남의 숨이었다. 그 숨결은 창조와 부활, 그리고 현재 존재하는 모든 사람 안에 생명으로 존재했다. 하나님의 숨과 부활하신 그리스도의 숨은 창조 세계의 모든 존재가 그 바탕이신 하나님께 뿌리내리고 있음을 보여 준다. 하나님이 맺어 주시는 직접적 관계성에 대한 노래가 창조 이야기이며, 직접적 관계성이 훼손되었을 때 이를 회복시키시는 이야기가 구원 이야기다.

그러므로 부활하신 그리스도께서 제자들에게 당신의 숨을 불어 넣으시는 이야기는 창조-구원이 마치 한 호흡으로, 하나님과 인간이 불이(不二)이며 직접적 관계성을 명확히 드러낸다. 하나님의 숨은 창조와 부활의 숨이며, 모든 생명의 바탕이다. 그렇기에 영성의 성경적 이해는 하나님의 숨과 깊은 관련이 있다.

생태적 예수는 하나님의 숨과 창조 세계의 숨결 안에서 '내가 아버지 안에, 너희가 내 안에, 내가 너희 안에'라는 대자유를 누리셨다. 그분의 숨 안에서 하나님과 창조 세계는 분리될 수 없었다.

"하나의 숨이나 혹은 두 숨 사이에 다음 사실을 기뻐할지니, 즉 당신의 숨이 모든 숨들과 연결되어 있으며 또 저 신성한 숨 그 자체와도 연결되어 있음을 기뻐하라."[4]

숨 안에서 하나님의 숨과 예수님의 숨, 그리고 창조 세계의 숨은 분리될 수 없다. 하나님의 숨 밖에서 존재할 수 있는 것은 아무것도 없다.

갈릴리를 거닐며 예수님이 쉬셨던 그 숨을 지금 우리가 쉬고 있다. 숨을 매개로 이해할 수 있는 영성은 그 자체로 관계적이며, 상호 내재적이며, 생태적이며, 우주적이다. 하나님의 숨 안에서 하나님과 인간의 비분리적 관계가 보다 분명해진다. 또한 인간과 창조 세계가 맺는 비분리적 관계 역시 뚜렷해진다. 그렇기에 예수님의 영성은 본질적으로 생태적이며 우주적이다.

생태 시대의 기독교 영성은 예수님이 보여 주신 그 숨을 쉬고, 예수님이 창조 세계와 맺으셨던 그 관계를 맺는 것이며, 예수님이 보여 주신 그 눈으로 창조 세계 안에서 하나님 나라를 바라보는 것이다.

예수님의 가르침은 자연과 떨어질 수 없었기에, 그분은 하나님의 모국어를 사용해 하나님 나라의 비밀을 전해 주셨다. 이러한 맥락에서, 마가복음 4장 말씀을 통해 예수님의 가르침의 핵심인 하나님 나라에 대한 비유를 들어 보겠다. 예수님은 다음과 같이 말씀하셨다.

"하느님 나라는 이렇게 비유할 수 있다. 어떤 사람이 땅에 씨앗을 뿌려 놓았다. 하루하루 자고 일어나고 하는 사이에 씨앗은 싹이 트고 자라나지만 그 사람은 그것이 어떻게 자라는지 모른다. 땅이 저절로 열매를 맺게 하는 것인데 처음에는 싹이 돋고 그다음에는 이삭이 패고 마침내 이삭에 알찬 낟알이 맺힌다. 곡식이 익으면 그 사람은 추수 때가 된 줄을 알고 곧 낫을 댄다"(막 4:26-29, 이하 공동번역 성경).

예수님의 하나님 나라에 대한 비유는 모두 농부와 농촌의 일상에서 비롯되었다. 하나님 나라는 땅에 뿌려진 씨앗이 싹이 나고, 이삭을 맺어, 곡식이 되는 '추수'라는 전형적인 들녘의 일상과도 같다.

독일의 저명한 작가이며 활동가인 프란츠 알츠(Franz Alt)는《생태주의자 예수》에서 예수님에 대해 이야기한다.[5] 예수님은 자연을 깊이 관찰하고 어울릴 줄 아는 위대한 시인이셨다. 예수님의 마음은 자연에 의해 움직였고 사로잡혔다. 그분의 언어는 생태적 감수성으로 가득했으며, 농사꾼 냄새가 물씬 풍겼다. 예수님은 '창조'와 '피조물', '자연'이라는 말을 사용하시지는 않았지만, 그분의 청중은 자연스럽게 시선을 자연에 고정시켰다.

예수님은 자연을 통해 하나님 나라를 설명하셨으며, 자연을 하나님에 관한 설교자로 삼으셨다. 그래서 저자는 예수님의 가르침이야말로 창조 세계를 지속할 수 있는 가르침이라고 언급했다.

갈릴리를 걸으셨던 예수님은 신학적이지도, 인간 중심적이지도 않으셨다. 예수님은 시냇물, 들판, 태양, 바람과 함께 사랑에 빠지고, 동식물과 친교를 누리며, 나사렛을 걸으셨다. 그분은 삶과 죽음, 십자가와 부활, 소명과 고난에 대한 이야기를 "정말 잘 들어 두어라. 밀알 하나가 땅에 떨어져 죽지 않으면 한 알 그대로 남아 있고 죽으면 많은 열매를 맺는다"(요 12:24)라고 말씀하셨다. 이렇게 예수님은 자신의 소명을 자연의 언어를 통해, 그리고 생태적 예수의 모습으로 청중에게 전달하셨다.

사람과 창조 세계는 하나님 나라 찬양대원

예수님은 하나님의 모국어로 아버지의 나라에 대한 꿈을 드러내셨다. 이러한 꿈은 일찍이 율법과 예언서들, 그리고 시인들의 노래 안에서 드러났다. 창조 이야기는 아름다움에 관한 이야기다. 창조 이야기는 다양한 창조 세계가 하나님 나라의 아름다움을 미리 맛봄에 대한 노래다. 반면에 인간의 욕망, 분노, 무지, 교만은 창조 세계를 훼손했고, 하나님과의 관계를 왜곡시켰다. 예수님은 땅에 있는 것이든 하늘에 있는 것이든 만물을 기꺼이 화해시키셨다(골 1:20). 그렇기에 신음하는 창조 세계는 하나님의 자녀들이 나타나기를 간절히 바라며 기다리고 있다(롬 8:18-23).

예언서와 시편이 들려주는 인간의 위치는 찬양대원이다. 만물과 우주와 함께 우주적 찬양에 참여하는 우주적 찬양대원이 바로 인간의 위치다. 이로써 자연 관상은 사람의 자리를 우주적 찬양대원의 자리에서 찾는다. 이와 같은 맥락에서 이사야 예언서의 외침을 들어 보자.

"사막에 물을 대어 주고 광야에 물줄기를 끌어들이리니, 뽑아 세운 내백성이 양껏 마시고 승냥이와 타조 같은 들짐승들이 나를 공경하리라. 내가 친히 손으로 빚은 나의 백성이 나를 찬양하고 기리리라"(사 43:20-21).

예언자는 하나님이 사람을 창조하신 이유가 찬양에 있다고 이야기했다. 더욱이 사람만이 아니라 동물들을 포함한 모든 피조물을 찬양대원에 포함시켰다.

시편 기자는 보다 명확하게 하나님 나라의 찬양대원을 일일이 소개했다.

"할렐루야, 하늘에서 야훼를 찬양하여라. 그 높은 데서 찬양하여라. 그의 천사들 모두 찬양하여라. 그의 군대들 모두 찬양하여라. 해와 달아, 찬양하고 반짝이는 별들아, 모두 찬양하여라. 하늘 위의 하늘들, 하늘 위에 있는 물들아, 찬양하여라. 야훼의 명령으로 생겨났으니, 그의 이름 찬양하여라. 지정해 주신 자리 길이 지키어라. 내리신 법은 어기지 못한다. 땅에서도 야훼를 찬양하여라. 큰 물고기도 깊은 바다도, 번개와 우박, 눈과 안개도, 당신 말씀대로 몰아치는 된바람도, 이 산 저 산 모든 언덕도, 과일나무와 모든 송백도, 들짐승, 집짐승, 길짐승, 날짐승, 세상 임금들과 모든 추장들도 고관들과 세상의 모든 재판관들도 총각 처녀 할 것 없이 늙은이 어린이 모두 함께 야훼의 이름을 찬양하여라. 그 이름, 그분 홀로 한없이 높으시고 땅 하늘 위에 그 위엄 떨치신다. 당신 백성의 영광을 드높여 주셔서, 당신을 가까이 모신 이 백성, 이스라엘 후손들, 당신을 믿는 모든 신도들에게 자랑이로다"(시 148:1-14).

시인은 하늘, 높은 데, 천사, 주님의 군대들, 해와 달, 별들, 하늘과 하늘 위에 있는 물들 모두가 하나님을 찬양하는 소프라노와 테너 대원들이라고 묘사했다. 계속해서 시인은 땅, 바다, 우박, 눈, 안개, 바람, 산과 언덕, 나무들, 짐승들에게서 알토 음을 들었다. 또한 시인은 임금, 재판관, 총각, 처녀, 늙은이와 어린이, 그리고 이스라엘 백성에게서 베이스 음성을 들었다.

그의 귀는 우주의 태초부터 흐르고 있었던 우주적 찬양의 울림을 들을 수 있었다. 시인은 찬양대원을 일일이 열거함으로써 이 찬양이 우주적 찬양이며 우주적 울림임을 상기시켰다. 또한 인간의 위치를 찬양대원 중 일부에 위치시켰다. 높은 지위와 낮은 지위, 젊은이와 노인, 아이들이라는 정체성에 관계없이 모든 사람이 찬양대원이기에 주님을 찬양하는 것이다.

시인은 우주 안의 모든 존재가 주님을 부르는 찬양을 들었기에, 모든 존재를 향해 하나님을 찬양하라고 초대했다. 이와 같은 초대에 응답한 성 프란체스코는 이 시편과 다니엘의 친구들의 노래에서 영감을 받아 그 유명한 "피조물의 노래"를 작사했고, 그 노래는 지금도 "온 천하 만물 우러러"(새찬송가 69장)라는 찬송가로 불리고 있다. 창조된 모든 피조물은 다 함께 하나님 나라의 심포니에 참여하고 있고, 이 나라의 장엄한 음악은 생명의 울림이 된다.

창조 세계는 하나님의 거룩한 책[6]

하나님은 또한 창조 세계라는 거룩한 책을 쓰셨다. "그분께서 사용하신 철자들은 이 우주 안에 현존하는 무수히 많은 창조물들입니다"라는 언급과 같이, 예수님은 창조 세계를 하나님의 모국어로 이해하셨다.[7] 그분은 꽃 한 송이에서 창조주의 손길을 느끼셨고, 하늘을 나는 새를 보며 창조주의 돌보심을 알았다.

"참새 다섯 마리가 단돈 두 푼에 팔리지 않느냐? 그런데 그런 참새 한 마리까지도 하느님께서는 잊지 않고 계신다"(눅 12:6).

"공중의 새들을 보아라. 그것들은 씨를 뿌리거나 거두거나 곳간에 모아들이지 않아도 하늘에 계신 너희의 아버지께서 먹여 주신다. 너희는 새보다 훨씬 귀하지 않느냐?"(마 6:26).

누가복음과 마태복음의 말씀과 같이, 예수님은 광야에서 동물들과 친밀한 관계를 맺으셨다. 그렇기에 그분께 창조 세계는 하나님의 거룩한 책이었음이 분명하다.

창조 세계를 하나님의 모국어와 책으로 이해할 때 자주 인용되는 성경은 시편과 요한의 프롤로그, 그리고 바울의 서신들이다. 앞서 인용했듯이 시편 기자에게 전 창조 세계는 하나님을 찬양하는 찬양 공동체였다(시 24편, 104편, 148편). 요한에게는 말씀이 육신이 되신 그리스도를 통해 만물이 창조되었다.

"모든 것은 말씀을 통하여 생겨났고 이 말씀 없이 생겨난 것은 하나도 없다"(요 1:3).

바울은 로마서 1장 20절에서 "하느님께서는 세상을 창조하신 때부터 창조물을 통하여 당신의 영원하신 능력과 신성과 같은 보이지 않는 특성을 나타내 보이셔서 인간이 보고 깨달을 수 있게 하셨습니다"라고 증언했다. 성경의 증언은 예수님의 눈으로 본 창조 세계, 즉 보이지 않으시는 창조주의 능력과 신성을 드러내는 창조 세계를 하나님의 모국어이며 거룩한 책으로 이해한 것이다.

창조 세계를 거룩한 복음서로 이해한 어거스틴은 "하나님의 페이지가 당신에게 책이 되게 하십시오. 그러면 당신은 [성경을 통하여 하나님의 음성을] 들을 것입니다. 또한 모든 세상이 책이 되도록 하십시오. 그러면 당신은 [하나님을] 보게 될 것입니다"[8]라고 말했다. 기독교 전통은 하나님의 장엄함이 드러나는 창조 세계라는 작품과 그분의 계시가 기록된 성경이라는 두 권의 책 전통을 이와 같이 설명했다. 어거스틴의 또 다른 이야기를 들어 보자.

"어떤 사람들은 하나님을 발견하기 위해 책을 읽는다. 그러나 여기에 창조된 것의 출현, 위대한 책이 있다. 위를 보라. 아래를 보라. 주목하라. 그리고 읽으라. 당신이 발견하기 원하는 하나님은 결코 잉크로 그 책을 쓰지 않았다. 오히려 그는 그가 창조하신 것을 당신의 눈앞에 펼쳤다. 이것보다 더 큰 목소리를 청할 수 있는가? 왜 하늘과 땅은 당신에게 하나님이 나를 지으셨다고 소리치는가!"[9]

종교개혁가 마르틴 루터는 "하나님은 단지 성경에만 복음을 기록하시지 않았다. 그분은 또한 무한한 나무와 꽃과 구름과 별 위에 복음을 기록하셨다"라고 말했다. 그래서 "모든 창조 세계는 가장 아름다운 성경이다. 그 안에서 하나님은 당신 자신을 묘사하셨고 그리셨다"[10]라고 언급했다.

존 칼빈 또한 《기독교 강요》와 설교 곳곳에서 눈을 열고 창조 세계 안에 있는 하나님의 장엄함을 보라고 우리를 초대하고 있다. 어거스틴과 루터, 칼빈 등은 창조 세계를 하나님 현존의 장으로 이해하며 거룩한 복음서로 대했다.

자연 묵상이 주는 유익한 점

|

오늘날 인류가 직면하고 있는 생태 위기의 근본은 나무와 꽃, 하나님이 창조하신 피조물들이 드리는 찬양을 듣지 못함에 있다. 더불어 우리는 예수님이 창조 세계를 바라보셨던 그 눈길을 잊어버렸다.

우리는 시편 기자가 들었던 나무가 부르는 노래를 듣지 못하기에 나무가 지니는 고귀함, 성스러움, 상징의 의미를 잃어버렸다. 기독교 신앙은 나무와 깊은 관련이 있다. 예를 들어, 성경의 창조 이야기에 나오는 에덴동산의 나무, 선지서에 나오는 생명나무, 예수의 십자가, 삭개오가 올라간 돌감람나무, 요한계시록에 나오는 생명나무 등이 있다. 그러나 우리는 성경을 읽는 동안에도 나무를 바라보는 눈을 잃어버렸고, 나무가 들려주는 노래를 듣지 못하는 청각 장애인이 되어 버렸다. 무엇이 잘못된 것일까? 우리는 어떻게 하면 나무가 들려주는 찬양을 들을 수 있을까?

현대 영성가들 또한 창조 세계라는 책이 영성 훈련과 관상적 삶에 큰 유익이 있음을 증언했다. 헨리 나우웬은 《분별력》에서 "우리에게 주어진 어렵고도 시급한 과제는 자연이 정복해야 할 소유물이 아니라 감사와 경의를 표하며 받아야 할 선물임을 깨닫는 것이다"[11]라고 말했다. 그는 "우리의 고향이 되어 주는 강과 바다, 언덕과 산에 깊숙이 허리를 굽힐 때 자연은 비로소 투명해지고 우리에게 자신의 참된 의미를 드러낸다. '하나님의 숨겨진 언어'에 대한 끈기와 관심을 가지고 귀를 기울이지 않으면, 자연은 드러나지 않은 위대한 비밀을 모두 감추어 버린다"라고 증언했다.[12] 창조 세계에 귀를 기울이면 기울일수록 생명의 주인과 더욱 가까워질 것이며, 이를 통해 우리는 이 세상을 섬기는 이들이 될 것이다.

필자는 연구실 창문 너머에 서 있는 느티나무를 좋은 벗이며 스승이라 여긴다. 많은 바람이 불 때도 나무는 그 자리에 그대로 서 있었다. 이를 보며 삶에서 탈출하고 싶은 욕망을 잠재우곤 했다. 또한 낙엽을 떨구는 모습을 보며 쓸쓸함을 받아들이기도 했다. 시인 고은의 나무에 관한 시 "부탁"을 읽고 필자의 외로움과 괴로움을 달래 주는 나뭇가지를 보았다.

"아직도/ 새 한 마리 앉아 보지 않은/ 나뭇가지/ 나뭇가지/ 얼마나 많겠는가// 외롭다 외롭다 마라// 바람에 흔들려 보지 않은/ 나뭇가지/ 나뭇가지/ 어디에 있겠는가// 괴롭다 괴롭다 마라."[13]

시인의 표현을 되새기며 외로움에 흔들리고 괴로움으로 시간을 버틸 때 흔들리는 나뭇가지는 인내와 받아들임을 가르쳐 준 스승이 되었다.

어느 해 겨울날 영성 훈련을 길게 가졌다. 한 시간도 앉아 있기 힘들어하는 필자에게 겨울 숲의 나무는 기도의 본을 보여 준 수도승 같았다. 땅에 깊숙이 뿌리를 내리고, 하늘을 향해 두 팔을 벌리고 서 있는 모습은 기도 그 자체라 생각되었다. 중남미의 원주민이 들려주었다는 나무에 관한 말이 떠오른다.

"아주 이른 새벽 소나무 아래에 고요히 앉아 있으면 소나무가 신께 들려 드리는 노래를 들을 수 있을 것입니다."[14]

나무가 신께 들려 드리는 노래를 듣고 싶다. 또한 그 노래를 함께 부르고 싶다.

자연 묵상 영성 훈련 안내문

|

창조 세계를 예수님의 눈으로 바라보라. 하나님의 보이지 않는 속성, 곧 그분의 영원한 능력과 신성은 세상이 창조된 이래, 그 지으신 것들을 통해 이성의 눈에는 보인다. 그래서 그들은 변명할 여지가 없다(롬 1:20).

가만히 멈추라

가만히 멈추어 서면 보이는 것들이 있다. 숲으로 난 길을 걷거나, 물이 흐르는 계곡을 걸어 보라. 갑자기 눈길을 끄는 그 무엇을 보았다면, 걸음을 멈추고 가만히 서라. 그리고 응시하라.

창조 세계는 하나님의 거룩한 책이다. 그 안에는 성스러움이 가득하다. 하늘의 해, 달, 별, 산, 들, 숲, 강, 노래하는 새와 동물들의 울음 소리에 가만히 귀를 기울이라. 마음에 떠오르는 생각이나 상념 등은 가만히 흘러가게 내려놓고, 마음으로 집중해 그 자리에 머물라.

계속해서 응시하라

창조 세계 안에서 성스러움을 경험하기 위해 멈추어 섰다면, 그 대상을 가만히 응시하라. 진정한 관상은 '실재를 길고 사랑스럽게 바라봄'(a long, loving, look at the real)이다. 예수님이 바라보셨던 그 눈빛으로 하늘의 새와 들의 꽃을 바라보라.

권정생 선생은 "내가 사는 것이 아니라 자연이 함께 내 몸속에서 살고 있다. 그러니 나는 자연의 일부이며 또한 하나님의 한 부분이기도 하다. 예수님이 이 사람들 속에 내가 있고 내 속에 하나님이 계신다고 하신 것은 백번 옳은 말씀"[15]이라 언급했다. 이처럼 자연의 일부가 되어 하나님의 성스러움을 응시하라.

창조 세계를 통해 기도로 나아가라

토마스 아퀴나스(Thomas Aquinas, 1225-1274)는 하나님의 선함(goodness)을 드러내는 방법은 다양성이라 설명했다. 그렇기에 존재하는 모든 것이 하나님의 창조에 참여해 하나님의 선함을 드러낸다. 또한 존재하는 모든 것은 저마다의 고유함을 가진 주체로 존재한다. 그러므로 모든 존재는 고유한 자신의 정체성을 가지며 동시에 전체의 일부로 존재한다. 다음은 어느 목사님이 쓴 글이다.

"나무 어느 한 그루는 비를 피해 도망하지 않았다. 도망칠 줄을 모르는 나무다. 의연하다. 거룩하다. 하늘을 향해 깊은 침묵으로 기도하는 수도자의 모습이다. 비가 그치고 햇살이 숲 안으로 쏟아져 들어오면 말쑥한 자태로 서 있는 나무들. 거기에도 아무 소리가 들리지 않는다. '말없이' 자기 자리에 마냥 서 있는 나무들이 '겸손하라', '침묵하라'라는 소리를 던져 주었다."[16]

하나님-창조 세계-사람의 삼위일체적 친교 안에 머물라

창조 세계는 우주적 합창 그 자체다. 합창을 이루는 음악의 특징인 조화로움(harmony)은 영적인 합일로 이끄는 통로가 된다. 우주적 합창을 듣고, 느끼고, 대화할 때 모든 존재는 상호 내재하며 비분리적 실체임을 경험할 것이다. 우주는 하나의 음악이며, 우리 또한 그 음악의 일부로 조화로운 합창을 더욱 빛내고 있다.

우리는 자연에 대해 갖는 서먹함이 지나간 후에야 비로소 자연과 깊은 일체감과 친밀감이 싹터 오른다. 창조 세계는 투명하게 성스러움과 신비를 드러낸다. 왜냐하면 "모든 것은 그분에게서 나오고 그분으로 말미암고 그분을 위하여"(롬 11:36) 있기 때문이다.

소그룹 나눔 질문

1 많은 시인과 영성가가 피조 세계 안에서 경이로움과 장엄함을 경험했다. 유대인 사상가 아브라함 헤셸은 경이로움은 일치를 추구하는 관상 생활(contemplative life)의 뿌리라고 했다. 피조 세계의 경이로움과 장엄함을 경험한 적이 있는가? 그 경험이 삶과 신앙에 어떤 영향을 미쳤는지 나누어 보자.

2 저명한 영성가 토머스 머튼은 사물의 본질이 그들의 거룩함이라고 말했다. 그것은 하나님 지혜의 흔적이며 그들 안에 존재하는 하나님의 실체라고 했다. 머튼과 같은 눈으로 피조 세계를 바라본 경험이 있는가? 그런 눈으로 피조 세계를 바라보기 위해서 일상생활에서 실천할 수 있는 영성 생활은 무엇인가?

3 이 장에서 이야기하는 생태적 예수는 정의와 평화의 길을 걷고 계시는 생명의 예수이시다. 그렇다면 오늘날 교회의 예배와 신앙생활, 그리고 사회 공동체 안에서 경험하는 예수는 어떤 모습이신가?

참고 도서

· 에르네스트 르낭, 최명관 역.《예수의 생애》. 서울: 창, 2011.
· 찰스 커밍스, 맹영선 역.《생태 영성》. 서울: 성바오로, 2015.
· 토마스 베리, 맹영선 역.《지구의 꿈》. 서울: 대화, 2013.
· 프란츠 알츠, 손성현 역.《생태주의자 예수》. 경기: 나무심는사람, 2003.
· 한국교회환경연구소 편.《포스트휴먼 시대, 생명, 신학, 교회를 돌아보다》. 서울: 동연, 2017.

9

의식 성찰(성찰 기도)

김경은

개요

|

'성찰'의 사전적 의미는 '자기의 마음을 반성하여 살피는 것', '자신이 한 일을 깊이 되돌아보는 일'이다. 시선을 자기 내면에 두고 자신의 생각이나 감정의 동기와 흐름, 언어와 행동, 태도와 습관 등을 의식적으로 살펴보는 것을 말한다. 사람들은 성찰을 통해 자신을 보다 객관적으로 관찰해 있는 그대로의 자신에 대해 더 잘 알게 되고, 더 많이 이해하게 된다. 문제점을 발견해 개선하기도 한다. 그래서 성찰은 내면의 삶과 외적 생활의 변화를 가져오는 자기 성장 방법이 된다.

기독교 역사에서 성찰은 오랜 전통을 가진 고전적 영성 훈련으로, '의식 성찰'이라고 한다.[1] 기독교 초기의 사막 교부들(주로 2-5세기의 사막 수도사들) 은 악한 생각으로 인해 영혼이 황폐해지지 않도록 주의하고, 경계하며, 마음을 지키라고 권고했다. 그래서 매일 하나님의 뜻대로 살았는지 성찰해야 한다고 가르쳤다. 영혼에 들어오는 악한 생각을 의식하는 순간 즉시 제거하지 않으면 결국은 영혼이 쓰레기로 가득 찬 집처럼 될 것이기 때문에 항상 정신을 차리고 깨어 있으라고 가르쳤다.[2]

영성 생활에 대해 진지함을 가진 그리스도인들은 매 순간 하나님의 임재를 자각하고, 그분께 응답하며, 영적으로 깨어 있고 싶은 갈망이 있다. 하지만 일상의 삶에서 한순간도 하나님을 놓치지 않고 지속적으로 인식하는 것은 불가능하다. 그래서 의식적으로 하나님께 주목하며 자신을 주의 깊게 살펴보는 시간이 필요하다. 우리가 비록 매 순간 하나님을 의식하지는 못한다 하더라도 하루 한두 번의 의식 성찰을 통해 일상 가운데 임재하시고 활동하시는 하나님을 알아차리고 주의 깊게 자신을 돌아보는 생활이 습관화된다면, 우리는 더 많은 순간 깨어 있고 날마다 하나님께 좀 더 가까이 가게 될 것이다.

의식 성찰은 매일의 삶에서 하나님을 체험하며 응답하고자 하는 기도다. 마치 마음의 지형도를 그려 보듯 자신 안에 계시는 하나님과 있는 그대로의 자신을 발견하는 것이다. 하나님과 함께 하루를 기억하면서 우리 안에 일어났던 여러 움직임들을 정직하게 직면하는 것이고, 마음의 방향이 어디를 향했는지 관찰하면서 하나님을 향해 자신을 맡겨 드리는 영성 훈련이다.

우리는 의식 성찰을 하면서 일상의 경험과 사건 속에 함께 계시는 하나님을 깨닫게 되고, 자신이 어떻게 반응했는지를 보면서 하나님과의 관계에서 자라 간다. 의식 성찰은 일상의 삶에서 하나님의 임재와 활동을 발견하고 하나님의 부르심에 응답하는 영적 실천이라는 점에서 '성찰 기도'라고도 부른다.[3]

성경적 배경

|

자신 안에 계신 하나님을 바라보는 기도인 의식 성찰(성찰 기도)은 자기 내

면의 하나님을 발견하는 일인 동시에 하나님의 눈으로 자신을 보는 것이다. 성령의 조명 아래 자신의 마음 상태를 살펴보고 생각과 감정, 언어와 행동의 동기 및 진행 과정을 점검하는 일이다. 성경은 우리의 모든 생각과 언어와 행위를 아시는 하나님이 우리의 모습을 살펴봐 주시기를 간구한다(시 139편). 우리의 눈이 항상 하나님을 향해 있어서 마음과 행위가 하나님의 뜻에 합당하며, 영혼의 중심이 진실하고 정직할 수 있기를 기도한다.

만일 우리가 우리의 모든 것을 아시는 하나님께 날마다 자기 영혼을 맡기고 하나님의 눈길과 지혜로 자신을 살펴본다면 우리는 좀 더 하나님의 마음과 뜻에 맞는 그리스도인으로 성장해 갈 수 있을 것이다. 마음의 중심이 하나님을 향해 열리면서 하나님의 사랑과 부르심에 응답하고 그 뜻에 순종하고자 하는 의지가 더욱 커져 갈 것이다. 이렇게 의식 성찰이 습관화될 때 우리는 하나님의 성품으로 빚어져 가며 하나님의 더욱 사랑스런 존재로 변화할 수 있다.

다음의 시편 구절들에서 우리는 의식 성찰 훈련의 흔적을 엿볼 수 있다.

"하나님이여 나를 살피사 내 마음을 아시며 나를 시험하사 내 뜻을 아옵소서 내게 무슨 악한 행위가 있나 보시고 나를 영원한 길로 인도하소서"(시 139:23-24).

"여호와여 나를 살피시고 시험하사 내 뜻과 내 양심을 단련하소서"(시 26:2).

"보소서 주께서는 중심이 진실함을 원하시오니 내게 지혜를 은밀히 가르치시리이다"(시 51:6).

"하나님이여 내 속에 정한 마음을 창조하시고 내 안에 정직한 영을 새롭게 하소서"(시 51:10).

"내 눈이 항상 여호와를 바라봄은 내 발을 그물에서 벗어나게 하실 것임이로다"(시 25:15).

사막 교부들은 자신의 마음을 살펴보며 하나님을 거스르는 악한 영을 분별해 경계하고 주의하라고 가르쳤는데, 이는 성경에 근거한다. 한 교부는 "악에서 떠나 선을 행하라"(시 37:27)라는 말씀에서 중요한 것은 사람 안에 있는 영혼의 착한 지향이라고 했다. 하나님은 사람에게서 착한 지향과 하나님을 향한 경외의 마음만을 찾으신다는 것이다.[4] 그래서 그들은 하나님이 아닌 다른 어떤 것에도 마음을 빼앗기지 말라고 권면하며 "먼저 곰곰이 성찰해 보지 않고서는 아무 일도 꾀하지 말게. 그렇게 해야 자네가 하고자 하는 일이 하나님의 뜻을 따르는 건지 아닌지 그 여부를 알 수 있는 거라네"라고 가르쳤다.[5]

역사적 배경

하나님을 향한 열망으로 예수 그리스도를 따르는 사람은 마음 안에 죄에 대한 슬픔과 겸손, 하나님께 대한 경외심을 가지고 자기 영혼을 돌보아야 한다는 가르침은 사막 수도사들로부터 그 역사를 찾을 수 있다. 수도사들은 영적 진보를 위해 하나님을 거스르는 생각이 마음 안에 머물지 않도록 항상 주의하며, 그리스도의 은혜로 깨끗함을 보존해야 한다고 가르쳤다. 그래서 매일 아침부터 저녁까지 자기가 하나님의 뜻대로 살았는지를 성찰해야 하며, 평생토록 그렇게 자신을 살펴야 한다고 교훈했다.

수도사들은 가장 근본적인 악은 방심이라고 지적하며, 악한 영들은 우리의 오관을 통해 침투하기 때문에 경계를 게을리해서는 안 되고, 악한 생각들을 몰아내야 한다고 말했다. 사람이 자기의 마음을 돌보지 않으면 보거나 들은 것을 잊어버리거나 소홀히 여기게 되고, 그 결과 탐욕이 생겨 그 영혼은 넘어진다는 것이다. 따라서 영혼의 안내자인 마음의 경계와 주의, 분별을 실천하며 자신을 성찰하라고 가르쳤다.[6]

수도사들은 매일 자신의 언어와 행동을 점검하면서 하나님 앞에 보다 바르고 깨끗하게 살고자 훈련했다. 자신의 습관적 결점을 개선하기 위해 매일 아침 깨끗한 돌 10개를 골라 오른쪽 주머니에 넣고 습관적 행위나 생각을 할 때마다, 혹은 그 순간을 의식할 때마다 왼쪽 주머니에 돌을 옮겨 놓았다. 그러고는 점심 식사 전이나 저녁 식사 전, 그리고 잠들기 전에 하루 동안 습관적인 일을 얼마나 행했는지 세어 보았다.[7] 그런 작업을 통해 언어와 행위를 포함해 모든 행위의 동기가 되는 마음의 상태를 관찰하며 성찰했다.

종교개혁가 존 칼빈도 자신을 돌아보는 일은 그리스도인 생활의 핵심 가운데 하나라고 생각했다. 칼빈은 경건 생활의 중심은 하나님을 아는 지식과 나를 아는 지식에서 시작되기 때문에 우리가 하나님의 것이라는 사실을 확실히 안다면 우리가 피해야 할 오류가 무엇이고, 일생의 모든 행동이 어디로 향해야 하는가가 분명해진다고 말했다. 그러므로 우리는 끊임없이 자기 허물을 돌아보고 겸손한 마음을 회복해야 한다는 것이다. 이것을 칼빈은 '자기 부정'이라고 했다. 자기 부정은 하나님의 은혜로 인해 이제는 내 안에 내가 아니라 그리스도께서 사신다는 것을 아는 것이고(갈 2:20), 사랑으로 하나님과 사람들에게 응답하는 것이다. 우리는 자기 부정을 통해 하나님께 대한 불경건과 세상 욕심을 버리고, 하나님의 뜻에 헌신하고, 선을 행하며, 정돈된 생활을 하게 된다.[8]

청교도 목회자인 리처드 백스터는 《참 목자상》이라는 책에서 목회자들의 자아 성찰을 강조하며 자신의 영혼에 주의를 기울이라고 가르쳤다.

"만약 그대가 매일 자신의 마음 상태를 살피고 부패한 마음을 쳐서 다스리고 하나님과 동행하는 일에 힘쓰지 않는다면, 모든 것이 잘못될 것이요, 그대의 양들은 굶주림에 허덕이게 될 것입니다. 그러므로 양들을 위해서라도 자신의 마음을 늘 돌보십시오."[9]

리처드 포스터도 성숙한 그리스도인이 되기 위해서는 자신을 연구하며, 무엇이 자신을 다스리고 있는지를 관찰해야 한다고 강조하면서, 겸손한 자세로 성령을 통해 예수님이 임재하시고 가르쳐 주시기를 바라라고 말했다.[10]

최근 의식 성찰 훈련에 대한 저술들은 《영신 수련》에서 제시하고 있는 성찰 방법을 많이 따르고 있다. 《영신 수련》의 저자인 예수회 창시자 로욜라의 이냐시오는 하루 동안의 생각과 말과 행동을 돌아보는 성찰 시간을 가지라고 권고하면서 정오와 잠자리에 들기 전에 한 번씩 10-15분 동안 행하라고 가르쳤다.[11]

의식 성찰의 효과

|

일반적 의미에서 성찰은 다른 사람들이나 상황 같은 외부에 대한 관심으로부터 방향을 돌려 자신의 내면을 바라보고 내적 상태를 점검하는 것이다. 자기 마음의 지형도를 그려 보는 것이다. 의식 성찰은 지금 하나님이 자신과 함께하신다는 현존 의식으로, 깨어 있으면서 자신에 대해 주의 깊게 살펴보는 작업이다. 우리는 의식 성찰을 통해 자신 안에 계신 하나님과 자신의 존재에 대한 지형도를 그려 보고 삶의 방향을 점검한다. 자신이 누구인지를 깨닫는 순간 자신이 무엇을 해야 하는지에 대한 방향이 구체화

되기 때문이다.

하나님과 함께 하루를 돌아보며 성찰하는 습관을 가지면 순간순간 하나님의 함께하심을 알아차리는 능력이 커져 가고, 작은 일을 통해 말씀하시는 하나님의 음성에 민감해진다. 하나님의 현존을 느꼈던 순간과 그렇지 않은 순간들을 깨달으면서 그 차이를 알게 되고, 일상 속에서 하나님의 임재를 느끼는 순간이 점점 늘어난다. 하나님과 동행한다는 느낌이 선명해지면서 영적으로 깨어 있는 사람이 되어 하나님의 인도하심에 자연스럽게 순종하게 된다. 나아가 매일 주시는 하나님의 선물을 발견하면서 감사하는 마음으로 일상을 충실하게 살아간다.

또한 의식 성찰은 분별하는 사람이 되게 한다. 우리 내면에서 일어나는 움직임들을 있는 그대로 솔직하게 바라보면서 우리의 생각과 느낌이 어디에서 오고, 어떻게 발전되는지를 알아차리게 된다. 무엇이 하나님으로부터 오고, 무엇이 그렇지 않은지를 깨달으면서 자신을 더 많이 하나님께 맡겨 드리게 된다.

이렇게 분별하는 가운데 하루를 돌아보고 반성하며 다음 날의 생활을 계획하면서 우리는 자신과 세상에 대해 더욱 신중하고 분별력 있는 그리스도인으로 살 수 있게 된다.[12] 하루의 경험과 사건에 대한 의미와 중요성이 하나님 앞에서 새롭게 이해되면서 매일의 의식 성찰은 영적 분별을 위한 자료가 된다.

때로는 하나님 앞에서 자신의 생활을 되돌아보는 가운데 자신의 잘못과 죄를 발견할 수도 있다. 의식 성찰의 목적은 자신을 판단하고 죄책감을 불러일으키기 위한 것이 아니다. 하나님께 가까이 가는 데 방해가 되는 잘못된 방향의 궤도를 수정하며 하나님을 향해 나아가려는 의식을 새롭게 하기 위한 것이다. 이런 과정을 통해 우리는 하나님의 인도하심에 민감해지고,

하나님의 뜻에 일치된 생활을 하게 되며, 하나님 앞에서 보다 온전해진다.

의식 성찰을 통해 우리는 하나님과의 관계가 더 깊어지고 하나님과 자신을 더 사랑하게 된다. 하나님과 자신에 대해 주의 깊게 관찰하면서 하나님과 자신을 더 깊이 이해하게 되고, 더 많이 사랑하게 된다. 하나님이 보시는 눈길로 우리를 보면서 우리의 부족함과 연약함을 알게 되지만, 그럼에도 불구하고 사랑하시는 하나님의 은혜를 경험하면서 사랑받는 존재로 하나님 앞에 있음을 느끼게 된다. 하나님과 사랑을 주고받음이 자연스러워지고 깊어지면서 하나님과 함께 있기를 더 갈망하게 되고, 하나님과 사람들에게 더욱 사랑스런 존재로 자신을 다듬어 가게 된다.

안내문 및 해설
|

의식 성찰 방법

일상생활 속에서 자연스런 방식으로 하나님과의 관계 성장을 돕기 위한 의식 성찰은 깨어 있고 열린 마음으로 하나님께 드리는 기도다. 의식 성찰의 방법은 하루에 한두 차례 15분 정도 조용한 시간을 내어 자신의 삶을 돌아보는 것으로, 하루 동안 하나님이 어떻게 자신의 삶에 임재하시고 활동하셨는지, 그리고 하나님과의 관계 안에서 자신의 존재와 삶은 어떠했는지를 살펴본다.

하루 두 번, 점심과 저녁에 의식 성찰을 실천하는 것이 이상적이라고 권고하지만 만일 저녁에만 한다면 15-20분 정도로 시간을 좀 더 사용하는 것이 좋다. 만일 하루에 두 번 의식 성찰을 한다면 지난 성찰 이후의 몇 시간을 대상으로 하면 된다. 일반적으로 다음의 5단계에 따라 진행한다.

감사의 기도로 시작한다

감사하는 마음으로 하나님 앞에 서서 하나님이 자신의 모든 것을 알고 계시며 항상 자신을 지켜보신다는 사실을 깊이 인식한다. 우리의 모든 것이 하나님이 주신 선물임을 깨닫고, 오늘 하루 중에 받은 은혜에 깊이 감사하는 기도를 드린다. 은혜를 받는 순간에는 미처 알아차리지 못했을지라도 성찰하는 동안 하나님이 주신 선물을 의식하게 되면서 하나님이 어떤 분이신지 다시 깨닫고 감사하게 된다. 우리가 미처 알지 못하는 시간에도 하나님이 우리 곁에 계셔 주셨고 아주 작은 일에도 함께하셨음을 감사드린다.

성령이 인도해 주시기를 간구한다

깨닫게 하시는 성령의 조명이 없다면 우리의 성찰은 자신의 이성과 감성에 의지하는 인간적 활동이 된다. 의식 성찰은 단순한 기억이나 자기 분석이 아니다. 성령의 도우심으로 하루의 모든 경험 속에서 하나님이 함께하셨음을 깨닫는 것이다.

그러므로 우리는 성령이 빛을 비추어 주셔서 하루의 경험과 사건 중에 임재하신 하나님을 알아차리고, 그분의 음성을 알아들을 수 있는 지혜를 주시기를 간구해야 한다. 성찰 시간을 온전히 성령께 의탁하고 자기 내면을 들여다보면서 하나님의 활동하심과 하나님의 부르심에 대한 자신의 반응을 살펴보아야 한다. 그러므로 의식 성찰은 마음 깊은 곳에서 우리에게 말씀하시는 하나님께 응답하기 위해 성령께 의지하며 내면의 고요함 속으로 들어가는 것이다.

하루를 돌아보며 자신의 존재와 삶에 대해 성찰한다

이제 성령의 조명 가운데 하루 동안의 경험을 기억해 보는 실제적인 성찰의 시간이다. 하루의 삶을 돌아보면서 경험이나 사건, 생각과 감정에 주목하면서 이런 것들이 어디서 시작되었고, 어떻게 발전되었는지를 떠올려 본다. 이렇게 하루를 돌이켜 볼 때 마치 시냇물이 흘러가듯이 우리의 의식이 흘러가는 것을 느끼게 된다.

그러다 어느 순간 행복감이나 슬픔 같은 감정들, 내면의 움직임이 일어나면서 이 흐름이 멈추는 것을 경험한다. 이때는 멈추어 서서 자기 안에 떠오르는 것들에 관심을 기울이며 살펴본다. 그런 감정에 대해 하나님께 말씀드리며 하나님이 기뻐하시는 것과 기뻐하시지 않는 것이 무엇인지 살펴본다.

우리는 성찰을 통해 하나님의 현존을 알아차렸던 순간과 그렇지 않은 순간, 하나님의 부르심에 응답했던 순간과 그렇지 않은 순간을 인식하게 된다. 하루의 일들을 통해 하나님이 말씀하시는 것이 무엇인지 알게 되고, 하나님이 주시는 선물을 발견하게 된다. 하나님의 부르심에 응답한 것들과 응답하지 못한 것들을 깨닫고, 자신의 잘못이나 죄를 깨우치게 되기도 한다. 자신 안에 일어난 감정이나 깨달음을 통해 주님이 자신을 이끄시는 방향에 대해 자각하게 된다. 그래서 우리는 성찰 가운데서 하나님이 원하시는 우리 삶의 모습과 방향에 대해 인식하고, 하나님의 뜻을 더 잘 알게 된다.

하나님께 용서를 구하고 주신 은혜에 감사드린다

하나님의 사랑을 알면 알수록 우리는 하나님 앞에 자신이 죄인이고 연약한 존재라는 사실을 깨닫게 된다. 오롯이 하나님만 바라보지 못하고 여기저기 관심을 가지며 떠돌아다니는 존재임을 자각하게 된다. 성찰을 통해 우리는 하나님의 사랑이 얼마나 세심한지, 얼마나 무한한지 알게 되고, 그 사랑에 올바르게 응답하지 못한 자신의 모습을 보게 된다. 하나님 앞에 정직하게 자신을 대면하면서 자신 안에 작용하는 악한 영의 움직임과 악한 영의 유혹에 끌려다녔던 자신을 보게 된다.

그래서 이 단계에서 우리는 하나님의 마음을 아프게 해 드렸던 모든 생각과 행동을 뉘우치며 회개하게 된다. 다른 사람들에게 잘못했던 것에 대해서도 용서를 구하게 된다. 그러나 진정한 회개는 하나님의 사랑을 깨닫고 하나님의 용서하심에 감사하는 기도를 드리는 것이다.

새로운 삶에 대한 결단과 내일을 위해 필요한 은혜를 구한다

이제 마지막 단계는 우리의 마음을 새롭게 해 하나님의 현존과 부르심에 더 민감해지기를 간구하며 영적 성장을 위해 더욱 노력할 것을 결심하는 시간이다. 하나님께 이런 결심을 말씀드리며 내일을 위해 필요한 은혜를 요청하는 기도를 한다. 내일을 위한 도움을 간구하는 기도로 의식 성찰을 마친 후 주기도문으로 마무리한다.

말씀에 자신을 비추어 보는 성찰 기도

아침에 말씀을 묵상하며 기도하는 사람들은 저녁 성찰 시간에 아침에 했던 기도에 비추어 하루를 어떻게 살았는지를 살펴볼 수 있다. 기도 순서는 앞에서 안내한 의식 성찰과 유사하다. 먼저 감사 기도를 드리고 성령의 조명을 간구한다. 그리고 아침에 기도한 내용을 기억하고 하나님의 말씀에 비추어 하루의 삶을 돌아본다. 용서와 감사의 기도를 드린 후 주기도문으로 마무리한다.

의식 성찰을 할 때나 기도를 마친 후 기록할 때 다음과 같은 질문들을 염두에 두면 경험을 명료화하는 데 도움이 된다.

(1) 오늘 하루의 삶에서 가장 감사했던 순간은 언제인가? 그 순간 나의 반응은 어떠했나?

(2) 오늘 하루의 삶에서 가장 힘들었던 순간은 언제인가? 그 순간 나의 반응은 어떠했나?

(3) 오늘 하루의 삶 가운데 하나님이 함께 계신다고 느꼈던 순간은 언제인가? 그것은 어떤 느낌이었나?

(4) 오늘 하루를 돌아보며 하나님께 더 가까이 나아가는 삶이었는지 점검해 보자.

· 하나님이 기뻐하시는 것은 무엇인가?

· 하나님이 기뻐하시지 않는 것은 무엇인가?

· 하나님이 기뻐하시지 않는 것은 어떻게 개선할 수 있을까?

소그룹 나눔 질문

1 의식 성찰은 영적 성장에 어떤 점에서 도움이 되는가? 일상생활 가운데 하나님의 임재와 활동을 더 잘 알아차리는 데 도움이 되는가? 일상생활 가운데 하나님께 더 잘 응답하는 데 도움이 되는가?

2 삶 속에서 하나님의 임재를 생생하게 느낄 때(하나님과 함께 있다는 느낌이 충만할 때)는 언제인가? 어떤 시간, 어떤 장소, 어떤 활동에서 하나님의 임재를 느끼는가?

3 삶 속에서 하나님의 임재를 느끼지 못할 때(하나님이 너무 멀리 있거나 함께하시지 않는 것처럼 느껴질 때)는 언제인가? 어떤 시간, 어떤 장소, 어떤 활동에서 하나님의 임재를 느끼지 못하

는가?

4 의식 성찰을 통해 어떤 부분에서 자신이 변화할 필요가 있다는 것을 발견했는가? 변화를
위해 무엇을 해야 한다고 생각하는가?

참고 도서

· 그레이엄 다우 편, 강우식 역.《나에게 맞는 기도 방법 찾기》. 서울: 바오로딸, 2003.
· 데니스 린·쉴란 린·마태오 린, 김인호·장미희 역.《성찰: 내 삶의 양식》, 서울: 성바오로,
 2016.
· 로버트 파빙, 이건 역.《일상생활에서의 하느님 체험》. 서울: 가톨릭출판사, 2003.
· 리처드 백스터, 최치남 역.《참 목자상》. 서울: 생명의말씀사, 2003.
· 류해욱.《여울지는 강물을 따라: 영신 수련의 해설과 적용》. 서울: 이냐시오영성연구소,
 2011.
· 메조리 J. 톰슨, 최대형 역.《영성 형성 훈련의 이론과 실천》. 서울: 은성, 2015(개정판).
· 존 칼빈, 김종흡 외 공역.《기독교 강요》. 서울: 생명의말씀사, 1986.
· 엘리스 프라일링, 최효은 역.《소그룹 영성 훈련》. 서울: IVP, 2014.

10

영적 일기

권혁일

개요

"지난 ○월 ○일은 날씨가 어땠죠?" 초등학생 시절, 방학이 끝날 무렵이면 종종 어머니께 이런 질문을 던졌다. 물론 어머니도 몇 주 전의 날씨를 기억하실 리가 만무했기에, 대신 일기를 그날그날 쓰지 않고 미뤄 두었다가 한꺼번에 쓴다는 꾸중이 돌아왔다. 그때는 그랬다. 일기란 재미없는 숙제였다.

그러나 중학생이 되어 일기 숙제로부터 해방이 되자, 정말 일기를 쓰기 시작했다. 철없는 초등학생 때는 일기장에 주로 하루 동안 한 일을 기록했지만, 사춘기 소년이 되어서는 마음을 털어놓기 시작했다. 지금 읽어 보면 아무것도 아니지만, 당시에는 매우 심각하게 여겨지던 고민들과 감정들을 쏟아 놓았는데, 신비하게도 글을 쓰는 동안 어느 정도 생각이 정리되고 마음에 숨구멍이 트이기도 했다. 돌아보면 초등학생 때는 일기가 무엇인지 제대로 몰라서 일기의 맛을 알지 못했던 것 같다. 그때 쓴 것은 일기가 아닌 일기 숙제였다.

그러면 '일기'란 무엇일까? 한국어에서 '일지'(日誌)는 "그날그날의 일을 적은 기록. 또는 그런 책"을 의미하고, '일기'(日記)는 "날마다 그날그날 겪은 일이나 생각, 느낌 따위를 적는 개인의 기록"을 가리킨다(표준국어대

사전). 그리고 보통 '일기'로 번역되는 영어 단어는 '다이어리'(diary)와 '저널'(journal)이 있다. 어원을 따져 보면, 둘 다 '날' 또는 '하루'를 뜻하는 라틴어 '디에스'(dies)의 활용형들에서 온 것이다.[1] 그러나 현대 영어에서 다이어리는 주로 생활 속에서 일어난 사건들을 단순히 기록해 두는 것을 의미하고, 저널은 자신의 삶의 중요한 측면들에 대한 묵상 또는 생각을 적은 것을 뜻한다.[2] 그러므로 다이어리는 일지와, 저널은 일기와 서로 뜻이 통한다고 할 수 있다.

그렇다면 '영적 일기' 또는 '영성 일기'는 어디에 해당할까? 간단하게 말하면, 영적 일기는 단순히 일상생활 속에서 일어난 일들을 기록해 두는 것이 아니라 하나님의 현존(presence) 가운데서 자신의 삶에 일어난 일들, 떠오른 생각들, 그리고 마음의 움직임들을 기록하며 살펴보는 것이다. 그러므로 영적 일기를 쓰기 위해서는 일기에 대한 오해를 바로잡을 필요가 있다. 바람직한 영적 일기는 일지·다이어리가 아닌 일기·저널이 되어야 한다.

일지가 아닌 일기를 쓰기 위해서 필요한 것은 자신의 외적인 삶뿐만 아니라 내면의 생각과 감정을 살펴보는 성찰의 능력이다. '성찰'은 영어로 'self-examination' 또는 'reflection'이라는 단어로 표현한다. 둘 다 마치 거울에 비친 자신의 모습을 찬찬히 바라보는 것처럼 자신을 관찰하거나 또는 사고의 대상으로 삼아 살펴보는 것을 의미한다. 이렇게 자기 자신을 의식하고 대상화시켜 성찰하는 것은 오직 사람만이 갖고 있는 정신적 작용이라고 알려져 있다. 동물들도 갖고 있는 1차적 의식(primary consciousness), 곧 외적 사물이나 다른 사람들을 의식하는 기능보다, 그리고 그것들에 대한 생각보다 훨씬 높은 사고 작용에 해당한다.

보통 어린아이들에게는 성찰의 기능이 아직 잘 발달되어 있지 않다. 그렇다고 해서 나이와 성찰의 능력이 비례하는 것도 아니다. 어른이 되어도 자기 자신의 내면에서 일어난 움직임들에 대해서 생각하고 이야기하는 것을 어려워하는 사람들이 종종 있다. 반대로, 드물기는 하지만 나이가 어림에도 불구하고 자신의 내면을 비교적 잘 의식하고 언어로 명확하게 표현하는 아이들도 있다. 물론 각자가 타고난 기질도 여기에 영향을 끼칠 수 있지만, 그것보다 중요한 것은 훈련이다.

어린아이가 태어나면 자신의 고개를 이기고 손가락으로 물건을 잡는 것부터 시작해서 자신의 몸에 주어진 자질들을 하나둘 사용하며 발달시켜 나간다. 사고 기능도 마찬가지다. 성찰도 우리 각 사람에게 주어진 자질인데, 그 기능을 자주 사용하고 훈련시키면 어느 정도 능숙하게 활용할 수 있게 된다. 그러므로 "나랑 일기는 전혀 안 맞아!"라고 말하며 일기라는 매우 좋은 영성 훈련 방법을 포기하지는 말자.

성경적 배경과 역사적 배경

'일기'(journal) 또는 '일지'(diary)라는 장르는 동서양을 막론하고 오랜 역사를 가지고 있다. 성경에는 에스더서에 일기가 세 번 언급되어 있는데, 이는 개인적인 저널이 아니라 궁중에서 일어난 역사적 사건들을 기록한 공적인 궁중 일지다. 그래서 성경에서 일기 쓰기를 개인적 영성 훈련으로 실천한 사례는 찾을 수 없다.

그러나 "여호와여 나를 살피시고 시험하사 내 뜻과 내 양심을 단련하소서"(시 26:2)라는 다윗의 고백에 담겨 있듯, 하나님 앞에서 자신의 삶과 내면을 성찰하는 전통은 성경에서부터 흘러 내려오고 있다. 문맹률이 높고 제지술이 제대로 발달되지 않았던 고대에 개인이 매일 일기를 쓰기란 아마도 거의 불가능했을 것이다.

오늘날의 개념으로 영적 일기라고 부를 수 있는 최초의 글들은 중세의 영성가들에게서 발견된다. 베네딕트회의 쇠나우의 엘리자베스(Elisabeth of Schönau, c. 1129-1164)와 베긴회의 아그네스 블랜베킨(Agnes Blannbekin, c. 1244-1315) 등의 여성 수도자들이 영적으로 중요하다고 생각하는 체험들을 반추하고 내면의 느낌들과 함께 기록한 것이 전해진다.

수도자들 외에도 17세기 영국의 행정가 새뮤얼 피프스(Samuel Pepys, 1633-1703)는 암호로 기록한 일기에 자신의 외적 생활은 물론 내면의 생각과 느낌을 매우 진솔하게 담아 두었다. 그는 '일기 작가(diarist) 중의 셰익스피어'라 불리는데, 그에게 있어 일기는 자신의 일상생활과 당시 사회에서 일어난 일들은 물론, 여행담과 하나님께 대한 고백들을 기록하는 곳이었다.

피프스가 사망하던 해에 태어난 '감리교의 아버지'로 불리는 존 웨슬리(John Wesley, 1703-1791)도 1735년 10월 14일부터 사망하기 전해인 1790년 10월 24일까지 거의 평생 동안 일기를 썼다. 어떤 날은 일지를 쓰듯 단순히 하루에 일어난 일들만 기록했지만, 더불어 곳곳에서 내면의 생각과 감정과 기도를 상당히 많이 표현했다. 대표적인 예로, 그는 1738년 5월 24일 일기에 자신의 회심 체험을 다음과 같이 기록하며 되돌아보았다.

"저녁에 나는 올더스게이트(Aldersgate)에서 열리는 모임(society)에 마지못해 참여했는데, 그곳에는 한 사람이 루터의 로마서 서문을 낭독하고 있었다. 그런데 9시 15분 전쯤이었다. 하나님께서 그리스도에 대한 믿음을 통해서 마음속에 일으키시는 변화에 대해서 묘사하는 부분을 듣고 있는데, 나는 이상하게도 내 마음이 따뜻해지는 것을 느꼈다. 나는 내가 구원을 위해 그리스도를, 그리스도 한 분만을 신뢰하고 있다는 것을 느꼈다. 그리고 그분께서 나의 죄들을, 심지어 내 것까지도 제거해 주시고, 나를 죄와 사망의 법에서 구원해 주셨다는 확신이 들었다."[3]

또한 1620년 메이플라워호(Mayflower)를 타고 아메리카로 건너간 청교도들과 그 전통을 잇는 사람들도 많은 일기를 남긴 것으로 유명하다. 그들의 일기는 현대 일기 문학의 발달에 매우 많은 영향을 끼쳤는데, 청교도들의 일기 쓰기는 "성찰을 통해서 구원에 이를 수 있다는 믿음에 근거"하고 있다고 한다. 많이 알려진 것으로는 조나단 에드워즈(Jonathan Edwards, 1703-1758)의 손을 거쳐 출판된, 아메리카 인디언 선교사 데이비드 브레이너드(David Brainerd, 1718-1747)의 일기다. 그 글은 그의 고된 사역이 진솔한 내면의 고백과 함께 기록되어 있어 깊은 감명을 준다.

또한 조지 폭스(George Fox, 1624-1691)나 존 울먼(John Woolman, 1720-1772)과 같은 미국의 퀘이커 교도들도 일기를 성실하게 썼는데, 그들에게 일기는 "자신들의 삶을 하나님에 대한 증언으로 만드는 방법"이었다고 한다.[4] 이처럼 영국과 미국의 청교도들과 퀘이커 교도들도 삶 속에서 일어난 중요한 사건들뿐 아니라 그 사건들과 관련된 종교적인 의미들을 기록했다.

20세기는 문맹률의 감소와 인쇄술의 발달로 인해 일기장의 판매와 일기의 출판이 매우 폭발적으로 일어난 시기다. 그래서 많은 사례가 있지만, 그중에서도 토머스 머튼과 헨리 나우웬 같은 현대의 영성가들에게도 일기 쓰기는 매일의 영적 훈련이자 실천이었다. 대부분의 일기가 그렇지만 그들의 일기는 원래 출판을 전제로 하지 않은 사적인 글임에도 불구하고, 현재 여러 나라의 언어로 번역되어 많은 독자에게 읽히고 있다. 그것은 그들이 일기에 적은 내용은 각자의 독특한 경험들이지만, 그 경험들을 기록하고 묘사하는 데서 끝나지 않고, 그 경험에 대한 진지한 반추와 깊은 묵상을 통해서 각각의 특수한 경험의 밑바닥에 자리 잡고 있는 보편적인 인간의 경험에까지 이르렀기 때문이다.

여기서 잠깐 머튼의 일기 한 토막을 읽어 보자.

"1948년 6월 24일. ⋯ 하나님께서 나무들 안에서 말씀하신다. 바람이 불어 시원해서 밖에 나와 앉아 있기에 좋다. 오늘 아침 4시, 서편 숲 건너 맑은 새벽하늘에 특이한 구름들이 있었다. 매우 완벽하고 은은한 분홍빛 구름이 아주 푸른 하늘을 배경으로 떠 있었다. 그리고 나무들 위로 매 한 마리가 맴돌았다.

⋯ 그리고 나는 엘리야의 심령과 능력으로 오는 또 다른 세례자 요한이 우리에게 필요하다는 생각을 한다. 지난주 나는 열왕기서에서 엘리야에 대해 읽으며, 그가 하나님께서 자신에게 작은 목소리로 말씀하시는 것을 들었을 때, 그가 어떻게 자신의 머리를 숨기고 얼굴을 가렸는지를 보았다. 깊은 평온함. 그러나 나는 가난하지 않다.《갈멜의 산길》시작 부분을 읽으면서 나는 내 영성 생활은 아직 시작되지 않았음을 깨닫는다. ⋯ 순간순간, 삶은 처음부터 다시 시작한다. 아멘."[5]

머튼은 다양한 삶의 경험들을 일기에 기록했다. 영적 체험이나 기도는 물론, 수도원 안에서의 생활과 묵상, 수도원 밖의 사람들과 주고받은 편지들, 그리고 사회적 문제들도 그의 일기의 소재들이었다. 앞서 인용한 부분에서 볼 수 있듯이, 그는 종종 자신이 읽은 책들에 대한 묵상을 적기도 하고, 인상적인 구절을 옮겨 놓기도 했다. 중요한 것은 이런 다양한 소재와 경험들을 영성 생활의 관점에서, 또는 하나님 안에서 성찰하고, 묵상하며, 적어 두었다는 점이다.

마지막으로 한국으로 넘어와서, 김교신(1901-1945)의 일기를 언급할 필요가 있다. 일제시대 〈성서조선〉의 편집인이자 무교회주의자로 잘 알려진 김교신은 그 자신이 매우 성실하게 일기를 쓰는 일기 작가이자, 학생들에게 일기 쓰는 습관을 양성해 주고자 애쓴 선생이었다. 그는 열 살 때부터 일기를 쓰기 시작해 약 30여 권의 일기장을 기록했는데, 안타깝게도 몇 권을 빼고는 모두 소각되었다. 그것은 그가 가르치던 학생 중 한 명이 일기가 문제가 되어 일제로부터 어려움을 당했기 때문이었다.

현존하는 김교신의 일기장 표지에는 그가 손수 적은 "일보(日步)", 곧 '날마다의 걸음'이라는 제목이 남아 있다. 이에 대해서 역사학자 이만열은 시편 90편 12절 말씀을 따라 '하루'를 중시한 무교회주의자들의 사상을 바탕으로 이해하면, "자신의 삶을 날마다 하나님 앞에서 헤아리고 되돌아보자는 것[으로], 여기서 일보라는 말은 우리의 영적인 삶과 연관되어 있음을 터득할 수 있다"라고 말했다.[6] 그래서 김교신의 "일보"는 얼핏 보면 날마다의 걸음을 일지처럼 기록한 것이지만, 실은 하루하루 자신의 삶을 하나님 앞에서 돌아보며 기록한 것이라고 할 수 있다.

"1932년 10월 8일 토요일. 흐림 맑음. 시편 102, 137편, 마태복음 23:36-39. 12시에 잠.

숙직실에서 오전 1시경에 잠이 깬 후로 4시경까지 〈성서조선〉 발행과 동지들 생활 문제에 관한 몽상 또 공상으로 다시 잠을 잘 수가 없었다. 일어나 박물실에서 냉수마찰을 한 후, 시편 102, 137편을 읽으려니 감격이 북받쳐서 자주 소리를 삼켜야 했고, 다시 일본어 찬미가 321, 233, 35번을 부르려니 눈물이 샘솟듯 흐르도다(流淚如泉). 병적(病的)인가 아닌가 하고 의심할 만큼 감동이 격하였다."

이처럼 김교신은 매일 일어난 시각과 잠자리에 든 시각, 그리고 매일 읽은 성경 말씀을 꼬박꼬박 기록해 두었다. 일상생활 중에 일어난 일들은 물론, 그것에서 일어난 느낌과 생각들, 그리고 반성들도 간결하게 적었다. 그것은 하나님 안에서 하루를 돌아보고 기억하려는 의도였을 것이다.

김교신의 일기가 갖고 있는 또 다른 특징 한 가지는 그가 발행하던 잡지 〈성서조선〉의 "성서통신"이라는 꼭지에 한동안 자신의 일기를 연재했다는 점이다. 물론 그는 잡지에 게재할 때는 원본의 일기를 일부 수정하거나 전혀 다른 내용을 싣기도 했다. 이처럼 김교신에게 일기는 독자들에게 자신의 삶을 나누고, 그 속에서 경험한 크고 작은 깨달음을 전하는 방편이기도 했다.

영적 일기의 효과: 영적 일기와 영적 정체성

그러면 왜 '영적' 일기 또는 '영성' 일기인가? 그것은 일기의 초점이 객관적인 사실의 기록이나 자신의 심리 분석에 있는 것이 아니라 영적 성숙에 있기 때문이다.

물론 일기는 한 사람의 삶에 대한 중요한 기록이며, 자서전이나 회고록, 또는 전기의 자료가 되기도 한다. 그리고 일기를 쓰며 자신의 마음에 일어난 생각과 감정을 살피고, 그 생각이 어디에서 온 것인지, 또는 그 감정이 일어난 원인이 무엇인지를 살필 수 있다. 또한 현대에는 심리 치료의 목적으로 일기가 많이 활용되기도 한다.

그러나 영적 일기의 목적은 자신에 대한 객관적인 기록을 남기는 것도 아니고, 자신의 심리를 더 잘 이해하는 것도 아니며, 내면의 상처를 치유하기 위한 것도 아니다. 영성 훈련과 실천으로서의 일기 쓰기가 추구하는 것은 한 사람이 하나님과의 관계 속에서 성숙하고, 그리스도인으로서 보다 진정한(authentic) 삶을 사는 것이다.

이러한 방향성을 염두에 두고 영적 일기를 쓸 때 도움이 되는 질문은 먼저, "오늘 나의 삶 속에서 하나님이 함께하신 순간은 언제인가?"다. 이 질문을 가지고 하루를 돌아보게 되면 내가 의식하지 못하던 순간에도 하나님이 함께 계셨으며, 나에게 말씀하고 계셨음을 발견할 수 있다. 이러한 깨달음들이 반복되면 점점 현재적인 삶 속에서 하나님의 현존을 알아차릴 수 있는 감각이 계발된다.

다음으로, "하나님은 오늘 일들을 통해서 나를 어떻게 부르셨으며, 나는 어떻게 응답했는가?"와 같은 질문도 던져 볼 수 있다. 이 질문을 통해서 하루를 돌아보게 되면 하나님이 하루 동안 경험한 사건들과 사람들과의 만남 속에서 어떻게 일하고 계셨는지, 그리고 하나님이 당신의 일에 나를 어떻게 초청하고 계셨는지를 살펴볼 수 있다. 이런 점에서 개신교 영성학자 조셉 드리스킬(Joseph D. Driskill)은 영적 일기의 목적을 다음과 같이 말했다.

"일기를 쓰는 목적은 우리의 삶 속에서 하나님의 현존을 더욱 깊이 인식하고 하나님의 일에 보다 완전하게 참여할 수 있는 길을 알아차리는 것이다."[7]

이렇게 하나님에 대한 깨달음이 깊어지면 자연히 우리 자신에 대한 깨달음도 깊어진다. 구체적으로, 영적 일기 쓰기는 영적 자서전 쓰기와 더불어 영적 정체성(spiritual identity) 확립과 성숙에 도움을 준다. 영적 정체성이란 하나님과의 관계 속에서 갖게 되는 자신에 대한 인식과 앎을 말한다. 이것은 자신이라는 대상(object)에 대한 앎이 아니라, 자신이라는 주체(subject)에 대한 앎으로서, 영적 체험을 통해서 형성되고 발전된다. 그래서 하루 동안의 체험을 하나님 앞에서 살펴보며 그것의 영적 의미를 발견하고자 하는 영적 일기 쓰기는 자기 자신의 영적 정체성에 대한 이해와 깨달음을 얻을 수 있는 좋은 방편이다.

오늘날 많은 사람이 온라인상의 가상 공간(SNS, 블로그 등)에 자신의 이야기를 쓰고 있다. 우리가 살아가는 현대, 특히 한국 사회는 그럴듯한 겉모양을 갖추는 것이 중요시되는 사회다. 그래서 가상 공간에 다른 사람들의 시선을 의식하는 가운데 만들어지는 "디지털 셀프"(digital self)는 참된 자아가 아니라 남에게 보이기 위한 허구의 자아, 거짓 자아일 가능성이 있다.[8]

그러나 반대로 다른 이들과의 공유를 목적으로 하지 않고 오직 하나님의 눈앞에서, 또는 그분의 현존 안에서 실천하는 영적 일기 쓰기는 자신에 대한 환상을 벗고 하나님 안에서 자신의 참 자아를 발견하는 데 도움이 된다. 그러할 때 우리는 남이 아닌 자기로 살 수 있다. 하나님이 만드신 나로서 그분의 뜻 안에서 진정한 삶을 살 수 있다. 이런 점에서 헨리 나우웬은 글쓰기라는 창조적인 행위가 제공하는 유익에 대해 다음과 같이 말했다.

"글쓰기를 통해서 나는 내 안에 계신 하나님의 영과 이어지며 나를 새로운 곳들로 인도하시는 방식을 경험하게 된다. … 글쓰기란 내 안에 살고 있는 것들을 발견해 가는 과정이다. 우리 안에 살아 있는 것들이 무엇인지 글쓰기 자체를 통해서 밝혀진다. 글쓰기의 가장 깊은 만족은 글쓰기를 통해서 우리 안에 새로운 공간들이 열린다는 바로 그 점이다. 글을 쓰기 시작하기 전까지는 자신도 모르고 있던 공간들이다. … 그런 상황들 속에서 나는 글쓰기가 실은 기도의 한 형태임을 깨닫게 되었다."[9]

영적 일기 쓰기는 기도다. 토머스 머튼과 헨리 나우웬은 자신들의 완료된 묵상만을 일기에 적지 않았다. 일기장 위에 자신들의 정리되지 않은 복잡한 생각과 감정까지 쏟아 놓았다. 그 '기도 시간'을 통해서 정리되도록 말이다. 그렇게 함으로써 그들은 주님이 주시는 새로운 통찰과 위로를 얻었다.

그러면 이제 영적 일기 쓰기라는 창조적인 글쓰기, 또는 기도를 어떻게 훈련하고 실천할지에 대해서 함께 생각해 보자.

영적 일기 안내 및 해설

일기장 준비

일기장은 친구와 같다.《안네 프랑크의 일기》에서 안네가 일기장을 친구로 여기고 자신의 속마음을 털어놓은 것처럼, 일기를 쓰는 많은 사람이 일기장을 자신의 사적인 비밀까지 공유하는 친구로 여긴다. 마음이 편한 친구에게 자신의 이야기를 잘 털어놓게 되는 것처럼, 일기장이 마음에 들고 잘 써지는 필기구가 있으면 손이 더 자주 가는 법이다. 그래서 영적 일기를 쓰기 위해서는 일기장과 필기구부터 정성 들여 선택하고 준비해야 한다.

성화나 십자가처럼 종교적인 그림이나 상징이 있는 것이 하나님의 현존을 의식하는 데 도움이 되면 그런 것을 선택해도 되지만 필수는 아니다. 만약 컴퓨터나 스마트폰의 자판을 두드리는 것이 손으로 쓰는 것보다 편하게 느껴진다면, 종이 일기장 대신 일기장 파일을 만들어도 좋다.

시간과 장소 확보

일기장을 준비하는 것보다 더 중요한 일은 일기를 쓸 수 있는 시간과 장소를 확보하는 것이다. 보통은 저녁이나 자기 전에 하루를 돌아보며 일기를 쓰는 것이 좋지만, 매일 고된 노동으로 쓰러져 잠자리에 드는 삶을 살고 있다면 낮 시간 중에 몸과 마음이 덜 피로한 시간을 선택할 수도 있다. 만약 매일매일 시간을 내기가 어렵다면 일주일에 한 번이라도 일기장을 펼칠 수 있도록 노력하자. 방해받지 않기 위해 가족이나 함께 지내는 다른 이들에게 미리 양해를 구해 두는 것도 좋다.

준비 기도

일기를 쓰기 전에 먼저 마음의 준비를 한다. 마음이 분주하면 무엇을 적어야 할지 잘 생각나지 않거나 소재가 생각이 나도 표면적인 수준에서 주저리주저리 늘어놓고만 끝낼 수도 있다. 하나님과 함께하기보다 그저 자기 생각과 감정에만 갇혀 있을 수도 있다. 충분한 준비 시간을 가지면 좋지만 상황이 어려우면 잠깐이라도 침묵 가운데 마음을 모으고 하나님의 현존을 바라보자. 영적 일기 쓰기도 일종의 기도 시간임을 기억하며 주님께 인도해 주시기를 구하자.

성찰

준비 기도에 이어서 하나님과 함께 자신의 하루를 찬찬히 돌아보는 시간을 갖는다. 외적인 활동과 사건들만 보아서는 안 되고, 그 사건들로 인해 내면에 일어난 반응과 감정, 생각까지 살펴보아야 한다.

이때 앞서 언급한 것처럼 "오늘 나의 삶 속에서 하나님이 함께하신 순간은 언제인가?" 또는 "하나님은 오늘 일들을 통해서 나를 어떻게 부르셨으며, 나는 어떻게 응답했는가?"라는 질문을 활용할 수도 있다. 유념할 것은 질문들의 주어가 '나'가 아니라 '하나님'이라는 점이다. 물론 지난 하루를 돌아보며 "내가 언제 하나님을 생각했는가?" 또는 "내가 주님을 위해서 한 일은 무엇인가?"라고 질문할 수도 있다. 그러나 이때 주어가 '나'가 되고 '하나님'이 목적어가 되면 여전히 내 삶의 중심이 내게 있고, 하나님은 대상으로서만 남아 계실 가능성이 높다. 하나님은 목적어(대상, object)로서가 아니라 주어(주체, subject)로서 우리 삶에 함께하신다. 우리와 동행하시고, 우리에게 말씀을 건네신다.

영성이 깊어진다는 것은 곧 대상으로서의 하나님이 아니라 주체로서의 하나님을 알아 가고 그분과 하나가 되는 것이다.

소재 선정

영적 일기의 소재는 이른바 '영적인' 사건과 생각이 아니다. 우리의 일상 생활 속에서 일어나는 모든 일과 떠오르는 생각이 영적 일기의 대상이다. 하나님은 특정한 순간만이 아니라 항상 우리의 삶 속에 현존하고 계시기 때문이다. 또한 정치·사회적인 이슈들도 영적 일기의 소재가 될 수 있다. 우리는 이른바 '세상적' 일들과도 구조적이고 근원적인 차원에서 연관되어 있다. 그러므로 이원론적인 사고를 버려야 한다. 중요한 것은 관점이다. 하루에 보고, 듣고, 경험한 일들과 생각들을 하나님의 관점으로 바라보고 기록하는 것이다.

　모든 것을 다 적을 필요는 없다. 가장 먼저 자신의 내면에서 표현해 달라고 아우성치는 사건, 느낌, 또는 생각을 풀어내면 된다. 만약 그런 것들이 당장 느껴지지 않는다면 지나간 하루 또는 며칠을 성찰하는 가운데 떠오른 경험들 중에 일기에 적고 싶은 소재를 선정한다. 예를 들면, 꼭 기록해 두고 싶은 경험, 의미를 더 탐구하고 싶거나 확장하고 싶은 경험, 명료하게 하고 싶은 생각이나 감정, 기도나 묵상 중에 깨달은 내용, 읽었던 책이나 뉴스들 중에 마음에 남아 있는 내용 등이다.

쓰기

소재가 선정되면 하나님의 현존을 의식하며 적는다. 또는 주님께 이야기 하듯, 편지를 쓰듯 적을 수도 있다. 그런데 일기는 논리 정연한 논설문이나 설명문이 아니다. 그래서 글을 쓰기 전에 무엇을, 어떻게, 얼마나 적을 것인지 미리 정해 놓지 않아도 된다. 그저 시작 지점만 정해서 출발하면 된다. 그다음은 펜이 흘러가는 대로 풀어 놓으면 된다. 그렇게 해서 실타래가 풀리듯이 내면의 생각과 감정들이 자연스럽게 풀려 나오게 하는 것이다. 우리를 우리 자신보다 잘 아시는 성령이 우리 안에서 그 실타래를 풀어 주실 것이다.

마무리

쓰기를 마치면, 일기를 쓰는 동안 주님이 함께하시고 인도하신 것에 대해서 감사드린다. 일기를 쓰는 동안 새로운 깨달음이나 위로나 소망을 얻었다면 그것에 대해서도 주님께 감사드린다. 만약 여전히 정리되지 않은 생각이나 마음을 무겁게 하는 감정이 있다면 그것 또한 주님께 맡기고, 다음 번 일기를 쓸 때 그 부분을 다시 다룬다. 또는 혼자서 잘 해결되지 않는 부분은 영성 지도를 통해 도움을 받으면 좋다.

다시 읽기

일기가 모이면 개인의 역사가 된다. 일주일, 한 달, 또는 한 해 단위로 일기를 다시 읽어 보면 자신의 영적 여정의 흐름을 파악할 수 있다. 그리고 자신의 삶에 하나님이 함께하신 발자취들을 볼 수 있다. 또한 당시에 깨닫지 못했던 것들, 보지 못했던 것들을 발견할 수도 있다.

나눔

일기는 원래 비공개적인 글이다. 만약 일기를 SNS나 블로그에 쓰는 글처럼 원문 그대로 다른 사람들과 공유해야 한다면 거의 대부분의 사람들은 일기장에 자신의 내면을 진솔하게 털어놓기가 힘들 것이다. 알게 모르게 다른 사람들을 의식해 예쁘고 멋있어 보이는 가면을 쓰게 될 수 있다.

그러므로 영적 일기는 처음부터 나눔을 염두에 두고 써서는 안 된다. 일기의 원문은 하나님과 자신만 아는 비밀로 남겨 두는 것이 좋다. 때로 일기에 쓴 내용 중에 가족이나 벗들과 공유하고 싶은 내용이 있다면, 또는 온라인 공간에 게시하면 다른 이들에게도 유익할 것이라고 여겨지는 내용이 있다면 매우 신중하게 판단해야 한다. 만약 자신의 사적인 이야기들을 다른 이들과 공유하기로 결정했다면, 김교신이 〈성서조선〉에 자신의 일기를 게재하기 전에 내용을 검토하고 수정한 것에서 지혜를 얻을 필요가 있다.

소그룹 나눔 질문

1 지금까지 일기를 쓰며 경험한 유익이나 어려움이 있다면 함께 나누어 보자.

2 글쓰기가 "기도의 한 형태"라는 헨리 나우웬의 말을 어떻게 생각하는가? "쉬지 말고 기도하라"(살전 5:17)라는 바울의 권면과는 어떻게 연관을 지을 수 있는가?

3 영적 일기와 일반적 일기의 차이점은 무엇인가? 어떻게 하면 영적인 관점을 가지고, 또는 하나님 안에서 모든 일을 바라볼 수 있을까?

4 영적 일기를 일상생활 속에서 지속적으로, 그리고 규칙적으로 쓰기 위해서 지금 필요한 것은 무엇인가?

참고 도서

· 김교신.《김교신 일보》. 서울: 홍성사, 2016.

· 데이비드 브레이너드, 조나단 에드워즈 편, 원광연 역.《데이비드 브레이너드: 생애와 일
　기》. 서울: CH북스, 2011.

· 존 웨슬리, 김영운 역,《존 웨슬리의 일기》. 서울: CH북스, 2010.

· 토머스 머튼, 오지영 역.《토머스 머튼의 영적 일기: 요나의 표징》. 서울: 바오로딸, 2009.

· 헨리 나우웬, 성찬성 역.《헨리 나웬의 마지막 일기》. 서울: 바오로딸, 2009.

11

환대

이경희

환대의 개념

|

일반적 의미

환대는 내 공간에 다른 사람을 허용하는 행위이다. 그 순간 다른 사람이 나의 울타리를 넘어온다는 두려움과 그에 대한 책임도 있지만, 그 사람을 통해 얻는 새 세상에 대한 기대와 신비가 동반된다. 정현종 시인은 "방문객"이라는 시에서 환대의 마음을 잘 표현했다.

"사람이 온다는 건/실은 어마어마한 일이다./그는/그의 과거와/현재와/그리고/그의 미래와 함께 오기 때문이다./한 사람의 일생이 오기 때문이다./부서지기 쉬운/그래서 부서지기도 했을/마음이 오는 것이다 - 그 갈피를/아마 바람은 더듬어 볼 수 있는/마음,/내 마음이 그런 바람을 흉내낸다면/필경 환대가 될 것이다."

'환대'는 한자어로 '기쁠 환'(歡)과 '기다릴 대'(待)를 쓴다. 이는 단순한 응접이 아니다. 비록 타인을 내 영역에 용납한다는 것은 낯설고 두려운 것이지만 그를 기대하며, 기다리며, 기쁜 마음으로 섬기는 것이 환대다.

환대의 영어식 표현인 'Hospitality'라는 단어는 'hospes'라는 어원에 근거를 둔다. 'hospes'라는 단어는 'host'(주인)와 'guest'(손님)를 모두 의미한다[불어에서도 '오트'(hote)는 '주인'이라는 의미와 '손님'이라는 의미가 함께 있다].[1] 이 어원이 의미하는 것은 환대에 있어서 시혜자와 수혜자의 경계는 없다는 것이다. 우리는 간혹 환대를 무엇인가 가진 자가 베푸는 사람(시혜자)이 되어 도움이 필요한 누군가(수혜자)를 돕는 것이라고 생각한다. 흔히 도움의 갑, 을이 있다고 생각한다. 하지만 'hospes'의 의미는 환대할 때 주인과 손님의 경계를 무너뜨린다. 실제 베풀고 나눌 때 도움을 받는 수혜자보다 환대를 하는 시혜자가 더 많이 위로받고, 삶의 의미를 깨달으며, 인생을 되돌아보는 시간을 역으로 선물 받는 경험을 하게 된다.

역사적, 성서적 배경

페르시아에서는 손님을 '신의 선물'로 여겼다. 지금도 극진한 환대의 방식이 이란이나 터키에 남아 있다. 또한 지중해 지방에서는 나그네를 손님처럼 대접하는 관습을 신성한 의무로 간주했고, 이런 이야기는 성경에서도 잘 드러난다. 창세기 18장에서 아브라함은 아주 뜨겁고 무더운 날, 자신의 집을 찾아온 세 명의 손님들을 무심히 보내지 않았다. 그는 손님들에게 몸을 굽혀 인사하고(2절), 발 씻을 물을 내고(4절), 떡과 소고기를 내어 주며 (6-7절) 환대했다. (그 외에도 중동을 배경으로 한 성경은 창세기 19장, 24장, 사사기 19장에서 손님을 환대하는 모습을 기술하고 있다.)

유목민들에게 있어서 환대는 기호의 문제가 아니라 생존의 문제였다. 광야에서 만나는 나그네들은 적일 수 있다. 그래서 손 대접은 관대함 때문이기보다는 두려움이나 보호를 위해서 시행되었을 수도 있다. 손님은 비록 적이라 할지라도 주인과 함께 먹은 후 4일 12시간 동안 보호를 받았다. 베두인족에게 있어서의 환대는 후대 유대인들에게 있어서 자선과도 같이 의로움의 표현이 되었다.[2]

그리스도인들은 낯선 이를 환대함으로써 부활하신 그리스도를 만날 수 있다고 생각했다. 예수님은 형제나 자매 중 '지극히 작은 자'에게 행한 친절이나 냉대가 곧 예수님께 행한 것이라고 말씀하셨다(마 25:40). 고대 켈트족의 시를 보면, "예수님이 종종 낯선 이의 가면을 쓰고 오신다"라는 말이 있다. 《베네딕트의 규칙서》는 환대를 이렇게 표현하고 있다.

"수도원을 찾아온 손님을 그리스도를 대하듯이 하라. 나중에 예수께서 '내가 낯선 자 되었을 때 네가 나를 맞아들여 주었다'라고 말씀하실 것이기 때문이다."³

하나님의 환대는 온 세상을 만드시는 창조의 순간부터 시작되었다. 그 모습은 첫째 날부터 여섯째 날까지 피조물 하나하나를 만드실 때 드러났다. 마치 오케스트라의 각 악기들이 지휘자의 손짓에 맞춰 웅장한 대곡을 뿜어내듯이, 각 피조물들은 하나님의 창조의 손길 앞에 저들만의 모습으로 하나님의 능력과 신성(롬 1:20)을 세상에 드러냈다.

그러나 하나님은 6일 동안의 창조 기간 내내 피조물들에게 거부할 수 없는 '명령의 어조'와 '강압적인 주문'을 함으로 피조물을 창조하신 것이 아니다. 히브리 문학은 하나님이 얼마나 따뜻하고 배려 있는 모습으로 온 인류를 창조하셨는지를 보여 준다.

히브리어 '여히'(있으라, Let be)라는 단어가 그렇다. 히브리 문학적으로 '여히'는 명령형으로 가장 많이 번역된다. 예를 들어, 창세기 1장 3절은 "하나님이 이르시되 '빛이 있으라' 하시니 빛이 있었고"라고 번역되었다. 그러나 '여히'는 명령형이 아닌 요청형 혹은 권유형(히브리 문법 용어로는 'Jussive')으로도 번역할 수 있다. 즉 하나님이 가부장적인 모습으로 나타나셔서 "온 피조물은 듣거라! 내가 창조주니 내 말을 따르라! 빛이여, 나와라! 궁창아, 갈라져라!"라고 하지 않으시고, "빛이여, 네가 온 피조 세계를 위해 나올 수 있겠니?"라고 권유하신 것이다. 이는 창조주께서 피조물에게 하신 가장 큰 배려이며 환대다.

그렇게 아름답게 만들어진 피조 세계가 죄로 인해 황무해졌다. 하나님이 손이 짧아 구원하지 못하시는 것이 아니요, 귀가 둔해 구원하지 못하시는 것도 아니요, 오직 하나님과 인간 사이가 죄악으로 가득해 더 이상 하나님을 만나지 못하는 지경에 이른 것이다(사 59:1-2). 이때 성자 하나님은 친히 육신의 몸이 되는 최고의 환대(비하)를 선물로 주셨다.

"말씀이 육신이 되어 우리 가운데 거하시매"(요 1:14상).

바울은 성육신을 '새 창조'로 묘사했다. 그리스도께서는 공생애 3년 동안 늘 환대와 자기 비하(비움)의 삶을 사셨다. 세리와 죄인의 친구로, 사람들이 피하는 사람들과 버림받은 사람들을 찾아다니며, 그들의 상처를 받아 내며(accepting), 붙들며(holding), 치유하며(healing) 사셨다.

"건강한 자에게는 의사가 쓸데없고 병든 자에게라야 쓸 데 있느니라 … 나는 의인을 부르러 온 것이 아니요 죄인을 부르러 왔노라"(마 9:12-13).

디트리히 본회퍼의 《신도의 공동생활》에 나타난 환대 개념
|

독일의 신학자이며 목회자인 디트리히 본회퍼(Dietrich Bonhoeffer, 1906-1945)는 환대의 삶을 몸으로 살아 낸 사람이다. 이제 본회퍼의 《신도의 공동생활》과 《옥중서간》에 나타난 환대의 개념을 살펴보도록 하자. 먼저, 환대는 그리스도의 십자가 위에 세워져야 한다는 것과 그 십자가 위에 세워진 것이 그리스도의 공동체라는 점에 대해 살펴볼 것이다. 그리고 환대가 어떻게 사회 정의 실현까지 이어지는지, 그래서 본회퍼가 어떻게 환대의

개념을 확장했는지 보게 될 것이다.

예수님이 십자가 위에서 보이신 환대

나와 다른 이를, 그(녀)가 가진 세계를 내 공간에 담는다는 것이 쉬운 일인가? 그리고 그(녀)를 위해 내 시간과 공간과 물질을 나누어 함께 걷는다는 것이 기쁘기만 한 일인가? 다른 이를 위해 물리적 공간뿐 아니라 무형의 공간인 정서와 감정을 나누는 것은 보통 결심을 하지 않고는 불가능하다.

그런데 본회퍼는《신도의 공동생활》첫 페이지 첫 줄부터 "그 얼마나 아름답고 즐거운가! 형제자매가 어울려서 함께 사는 모습!"(시 133:1)이라고 선언했다. 어떻게 그는 형제자매와 어울려서 함께 사는 치열한 삶을 감히 즐겁고 감격스런 일로 표현했는가? 본회퍼는 그것이 가능하다고 말했다. 우리가 함께 어울려 살 수 있는 것은, 그래서 타자(형제와 자매)에게 환대하며 살 수 있는 것은 먼저 그렇게 사셨던 예수님이 계셨기 때문에 가능하고, 그 예수의 영이 그렇게 살기 원하는 자들에게 부어졌기 때문이다. 그는 예수님의 삶을 이렇게 설명했다.

"그리스도인이 그리스도인들 가운데 살 수 있다는 것은 결코 자명한 사실이 아니다. 예수 그리스도는 그의 원수들 가운데 살았다. 마지막에는 모든 제자가 그를 떠났다. 십자가에서 악한 자와 조롱하는 자에게 둘러싸인 그는 오직 혼자였다. 그가 오신 목적은 하나님의 원수들에게 평화를 주려는 것이었다. 그러므로 그리스도인도 홀로 수도원적인 은둔 생활을 할 것이 아니라, 원수들 가운데 살아야 한다. 그의 사명과 일은 바로 이 원수들 한가운데 있다."[4]

우리 힘으로는 마음에서 우러나 타인을 내 공간에 받아들이는 환대가 쉽지 않다. 그러나 우리가 예수님이 어떻게 원수들 가운데 머무셨고, 그들을 용납하셨고, 우리를 위해 십자가를 지셨는지를 인지할 때, 그 지점에서 환대는 시작된다.

십자가 위에 세워진 공동체의 의미

그리스도의 공동체는 십자가를 통한 자기 부인 위에 세워진다. 본회퍼는 심지어 이 십자가 안에서 공동체 구성원들 각 지체는 서로 가질 수 있다고 말했다.

"우리는 그리스도를 통해서만 서로를 가질 수 있다. 그리고 오직 그리스도를 통해서만 서로를 실제로 가질(haben) 수 있고, 또한 영원히 우리를 가질 수 있다"(30).

환대의 시작은 바로 하나님이 전부를 주신 십자가의 은혜를 나와 내 지체를 향해 주셨다는 사실을 받아들이는 것이다. 그래서 이제는 이 은혜가 나뿐만 아니라 내 형제에게, 내가 속한 공동체 위에 임하고 있음을 고백하는 것이다. 십자가의 그 엄청난 값이 아무런 자격 없는 나를 위해 지불되었다는 사실을 알아차리는 것, 그리고 바로 내 옆의 형제가 그런 값어치라는 사실을 인정하고 여기는 것이 사귐의 시작이요, 환대의 시작이다. 그것이 공동체의 근거가 된다.

하나님을 환대할 때(그분의 성육신과 십자가의 은혜를 받아들일 때) 나를 환대할 수 있고, 나아가 내 형제를 환대할 수 있다.

"다른 그리스도인과 함께 살도록 하나님의 인도하심을 받은 사람은 바로 여기서 형제가 있다는 것이 무엇을 의미하는지를 배우게 된다. 바울은 그의 공동체를 '주 안에서 얻은 형제'라고 부른다(빌 1:14). 예수 그리스도를 통해서만 형제는 다른 형제에게 형제가 될 수 있다. 예수 그리스도께서 나를 위해 내게 행하셨던 것만이 나를 다른 사람의 형제로 만들 수 있다.

다른 사람이 나에게 형제가 될 수 있는 것도 예수 그리스도께서 그를 위해서 그에게 해 주신 것이 있기 때문이다"(29).

십자가 안에서 나와 형제의 가치를 온전히 찾게 되면 어떤 유익이 있는가? 나의 회복과 형제의 회복이 이루어지면 이제 공동체는 사명을 향해 나아간다. 그 사명은 샬롬을 이루는 것이다. 샬롬은 먼저 하나님과 나와의 온전한 회복이고, 하나님과 세상과의 온전한 회복이다.

우리는 보통 첫 번째 샬롬에는 익숙하다. '하나님과 친밀한 관계', '하나님께 바로 서기'는 아주 중요한 첫 번째 샬롬의 영역이다. 하지만 그것은 샬롬의 부분이다. 온전한 샬롬은 공동체의 회복이다. 나와 우리의 회복이다. 나와 공동체의 회복이요, 나와 피조물의 회복이요, 나와 무너진 정의의 회복이다. 즉 환대는 먼저 하나님을 환대한 우리가 하나님과 진정한 샬롬을 맺었다면 그 환대(샬롬)를 공동체 안에서, 무너진 질서 안에서 확대해 나가야 하는 것이다. 본회퍼도 우리의 공동체를 향한 마음은 심리적, 정신적 영역에서 영적 영역, 즉 하나님 나라의 회복(샬롬)의 차원으로 봐야 한다고 강조했다.

"정신적 사랑은 자신을 위해서 타자를 사랑하지만, 영적 사랑은 그리스도 때문에 타자를 사랑한다. 정신적 사랑은 타자와 직접 접촉하길 원하지만, 타자를 자유인이 아니라 자신에게 매인 사람으로 여기며 사랑한다. 정신적 사랑은 본질상 갈망이다. 그것은 진리도 아니며 타자에 대한 참 사랑 때문도 아니다"(38).

" … 정신적 사랑은 다른 사람을 자신에게 예속시키고 속박하고 억누르지만, 영적 사랑은 형제를 말씀 아래서 자유를 누리게 한다. 정신적 사랑이 온실에서 꽃을 키우는 것이라면, 영적 사랑은 자유로운 하나님의 하늘 아래서 비바람을 맞으며 햇빛을 받고 튼튼하게 자라나도록 만들며, 하나님께 기쁨을 주는 열매를 맺도록 만든다"(41).

이제 공동체는 이 영적 사랑(전 영역의 회복인 샬롬)을 경험한다. "보라 형제끼리 한마음으로 함께 사는 것이 얼마나 좋고 즐거운고!" 한 개인이 십자가의 은혜를 '기쁘게 기다리며'(환대) 그 안에서 가치를 찾고, 그와 같이 연약한 형제를 '기쁘게 기다리며'(환대) 내 공간에 들인다. 순간순간 나를 잡아 오는 내 중심성과 내 교만을 무너뜨리며, 형제에게 고해하며 내 영혼의 깊은 밤을 지난다. 그렇게 하나는 둘이 되고, 둘은 셋이 되어 그리스도의 십자가를 경험한 생명 공동체가 되어 서로를 환대한다.

그 공동체는 작은 의미의 샬롬(환대)이 이루어진다. 이제 큰 의미의 샬롬, 큰 의미의 환대로 나아간다. 맡겨진 가정 공동체를 품고(환대하며) 샬롬을 이루는 일, 소속된 국가 공동체를 품고(환대하며) 샬롬을 이루는 일이다. 본 회퍼는 그의 환대의 마침표를 바로 '정의'의 회복에서 찾았다.

환대의 절정, 정의(Justice)를 이루다

십자가의 은혜는 나에게서 시작해 가장 낮고 소외된 곳까지 흘러가서 그곳에서 샬롬의 꽃을 피워야 한다. 그 은혜가 전해지는 곳마다 우리는 자기 스스로를 있는 그대로 받아들이며, 형제를 용납하고, 피조 세계와 바른 관계를 맺으며, 그 안에 굽어진 것을 곧게 펴는 것으로 환대를 실천해야 할 것이다.

메조리 J. 톰슨은 낯선 이를 환대하는 것은 정의를 실천하는 방법이고, 정의는 서로 간의 바른 관계를 맺는 것이라고 설명했다.

"낯선 이를 환대하는 것은 '정의를 실천'하는 방법이다. 성경에서 나그네에게 친절을 베풀고, 과부와 고아들을 돌보고, 집 없는 가난한 자들을 받아들이고, 낯선 자들을 환대하는 것 등은 이웃과의 올바른 관계의 표현이다.

우리가 실천하기를 두려워하는 몇 가지 형태의 환대가 있다. 폭력적이고 위험한 사회에서 그것들이 너무 순진하고 비현실적인 것처럼 보이기 때문이다. 다양한 형태의 환대 중에는 위험한 형태의 환대가 있다. 우리는 그리스도를 위해서, 그리고 하나님이 사랑하시는 세상을 위해서 행하라는 소명을 받았다고 느끼는 것에 기초하여 선택해야 한다."[5]

우리의 환대는 그리스도의 사랑에 근거한 하나님과의 개인적 샬롬으로 시작해서, 모든 피조된 세계가 서로 간의 바른 관계를 가지는 공동체적 샬롬으로 완성되어야 한다. 피조물은 지금도 그런 하나님의 환대를 실행할 자들을 찾고 있다(롬 8:18-25). 그런 의미에서 본회퍼의 삶은 그가 어떻게 환대의 개념을 사회 정의로 실현했는지 보여 준다. 즉 어떻게 하나님과 개인적 샬롬을 이룬 자가 피조물과 더불어 공동체적 샬롬을 이루는지 보여 준다.

본회퍼의 사회 정의의 환대 개념은 그의 책《옥중서간》에서 발견할 수 있다. 그는《옥중서간》에서 자신이 얼마나 비종교적 행보를 걸었고, 이런 삶이 고통받는 타인과 함께 있는 행동을 통해 어떻게 구체화되었는지 보여 주었다. 고통받는 자들과 함께하는 비종교적 경건은 고통을 만들어 내고 강화하는 가해자들에 대한 저항으로 나타났다. 그의 삶은 철저히 그리스도의 삶의 이해, 복음의 이해에 바탕을 두었던 것이다.

"인간은 신을 상실한 세계에서 하나님의 고난에 동참하도록 부름을 받고 있다. 이 지점이야말로 종교적인 인간이 하나님에게 기대하고 있는 것과는 전면적으로 반대되는 지점이다. … 크리스천들이 예수의 고난에 동참할 때 이교도들과 뚜렷이 구별된다."[6]

본회퍼에게 있어서 예수님의 모습은 '타인을 위한 인간'이시며 '이웃의 눈물을 닦아 주시며 이웃을 위해 십자가에 못 박히신 분'이다.

"예수 그리스도와의 만남, 그것은 인간의 전 존재의 전환이 일어나는 경험이요, 예수처럼 오직 타인을 위해 존재하는 경험이다."[7]

그리고 그런 타자를 위한 삶은 기득권층에게는 저항이 되었다. 그러므로 우리는 자연스럽게 이러한 환대로 초청되고 있다. (예수님이 환대하셨던 것처럼) 타인을 위한 배려와 삶은 세상의 오만함과 권력 지향적인 힘과 무소불위의 눈먼 자들과 희생양 메커니즘에서 울고 있는 약자들을 향한 울음과 그들이 아프다고 함께 외쳐 주는 것이다.

"'타인을 위해서 존재한다는 것'이 무엇을 의미하는가? 우리들의 교회는 오만의 죄, 권력 숭배의 죄, 시기와 환상주의의 죄에 대해서 그것을 모든 악의 근원으로 보고 저항하지 않으면 안 된다."[8]

환대의 완성은 정의의 실현이다. 본회퍼는 누구보다 그 복음의 정신을 잘 실현했던 사람이다.

십자가 안에서 나의 가치를 발견하고 하나님과의 개인적 샬롬을 이루었다면 이제는 그 샬롬이 자기가 속한 공동체(가정, 일터, 국가, 세계, 모든 피조물) 안에서 활짝 피어나게 해야 할 것이다. 작게는 내게 찾아온 손님을 향한 대접으로부터, 헐벗은 자들을 찾아가는 봉사로부터, 더 나아가서 정의의 실현으로까지 이어지는 것이 환대라고 하겠다.

영성 훈련 환대 안내문

실제적인 면에서 영성 훈련인 환대를 실천하는 방법은 무엇인가? 어떻게 하면 환대의 영성이 내 안에 배태될 수 있을까? 여기서 몇 가지 훈련을 제시하기 원한다.

하나님과의 관계

하나님과 나의 관계는 하나님 안에서 내가 얼마나 존귀한 자이며, 십자가의 보혈의 은혜가 어떻게 나를 세워 나가는지 알아차리게 하는 시작이다. 환대의 시작은 "내가 나 스스로를 용납하고 있는가?"라는 질문이다. 내가 나의 과거, 연약함, 아픔, 외모를 받아들이고 소중하게 여기지 못하는데 다른 사람을 받아 준다는 것은 겉치레요, 보이기식 관용일 수밖에 없다. 그래서 다음 질문들로 영성 훈련 환대를 시작할 수 있다.

질문
- 하나님이 내 안에 어디 계시는가?
- 하나님을 처음 만났을 때의 기억은 어떠한가?
- 어제, 어느 순간에 예수 그리스도가 느껴졌는가?
- 숨기고 싶은 아픔은 무엇인가?
- 그 아픔이 내게 속삭이는 거짓말은 무엇인가?
- 성령 하나님이 어떻게 그 아픔을 다루고 계시는가?
- 자주 보기 싫은 나의 모습을 볼 때 나는 어떤 반응을 보이는가?
- 언제 제일 감사한가? 그 감사와 기쁨을 빼앗아 가는 사건은 무엇인가?
- 내 안에 하나님의 형상은 구겨졌는가, 아니면 온전히 회복되어 활짝 펴 있는가?

타인을 바라보는 내 마음

이제 내가 나를 용납하고 십자가의 은혜 위에 섰다면 나를 통해 환대가 흘러갈 것이다. 내 팍팍한 마음의 정리가 십자가의 은혜로 시작되었다면 그 마음의 공간이 타인을 향해 조금씩 열릴 것이다. 이제는 낯선 이를 받아들이는 두려움보다는 그 낯선 이를 긍휼함과 안타까움으로 대할 수 있는 용기가 생긴다. 마음이 열리니 음식과 마실 것, 피난처와 휴식 공간, 보호와 돌봄, 그의 편이 되어 주는 넉넉함이 생겨난다.

더 나아가 그런 환대를 통해 환대가 주는 기쁨과 감사, '하늘 샬롬'을 경험하기에 힘들고 어려울 때면, 재정적이고 심적인 여유가 없어 낯선 이를 찾아갈 마음이 없어 보이는 순간에도 그 맛을 경험하기 위해 환대로 나아간다. 그 낯선 이의 회복이 내 회복이 된다. 그 낯선 이가 사실 그리스도이셨다는 것을 알게 된다.

질문

· 내가 살아가면서 가장 감동받은, 나를 따뜻하게 했던 환대는 무엇인가? 언제 일어났으며, 어떤 사건인지 나누어 보자.

· 그 환대의 경험이 지금의 삶에 어떤 영향을 주는가?

· 나의 환대를 통해 타인이 감동받은 적은 언제인가?

· 처음 환대를 베풀 때 그 낯섦을 어떻게 극복했는가?

· 환대가 오히려 나의 영혼을 살리고 있다고 고백할 수 있는가, 아니면 아직도 환대에 대한 시간적, 경제적 부담이 있는가?

· 환대하기 가장 어려운 곳은 어디인가?(가정, 일터, 부모 등) 그 이유는 무엇이라고 생각하는가? 그 어려움을 이길 수 있는 방법은 무엇인가?

· 늘 환대하면 사람들은 당연시하고, 오히려 기다리고, 나쁜 버릇으로 발전될 것 같아 두려움도 든다. 어떻게 이 문제를 다뤄야 하는가?

· 살아오면서 낯선 사람으로 가장하신 예수 그리스도를 만난 사건이 있는가?

· 그 예수님은 지금 어디 계시는가?

환대의 지경의 확대, 정의 실현

환대가 사회 정의의 실현으로 확대되는 것에 선뜻 동의할 수 있는가? 조금 어색한 듯 보여도, 예수님의 삶 자체가 샬롬을 이루어 가는 환대의 삶이었음을 수긍한다면 예수님이 어떻게 불의에 대해 항거하며 종교 지도자들과 정치 지도자들에게 외치셨는지를 이해할 수 있다. 또한 구약의 예언서에서 하나님은 예언자들을 통해 약자들이 유린당하고 환대받지 못하는 현실 속에서, 그 땅에 정의가 물같이 공의가 마르지 않는 강같이 흐르도록 선포하라고 하셨다(암 5:24).

사회 정의 실현은 단순한 진보주의자들의 선전 문구나 이데올로기가 아니라 그리스도의 십자가 은혜를 경험한 사람이라면 그 마음에 형제와 약자를 담아내야 하며, 그 그릇이 사회 정의에까지 이르러야 한다는 것이다.

질문
· 환대가 사회 정의라고 여길 수 있는가?
· 본회퍼의 사명은 어떻게 공동체를 세우는 것에서 사회 정의를 실천하는 것으로 발전하게 되었는가?
· 본회퍼의 《옥중서간》에 나타난 나치에 대한 항거와 저항을 어떻게 볼 것인가?
· 본회퍼의 저항과 로마서 13장 1절의 "각 사람은 위에 있는 권세들에게 복종하라"라는 말씀은 상이점이 있어 보인다. 어떻게 이해해야 할까?
· 지금 내 삶의 언저리에 들리는 약자들의 외침이 있는가? 그곳은 어디인가?
· 그들의 소리에 환대하려고 할 때 가장 걸림돌이 되는 것은 무엇인가?
  (내 신앙관, 사람들의 우려, 사회에서 정해 준 이념 프레임, 현실적으로 도울 수 없는 위치, 재정, 여유 등)

· 사회의 불균형과 불의 앞에 '나의 분노'나 '나의 좌절'보다 환대하는 마음으로 승화해 그들을 바라볼 수 있는 힘은 어떻게 기를 수 있을까?

소그룹 나눔 질문

1 이제 환대의 개념으로 나를 보고, 타인을 보고, 경계를 확장해서 사회의 소외되고 연약한 자들에게까지 지경이 넓혀졌는가? 스스로에게 물어보았던 환대 실습의 질문들을 가지고 소그룹에서 나누어 보자.

2 질문

· 나는 나 스스로를 용납(환대)하는가?

· 환대 실습을 통해 (나에 대해) 어떤 부분을 용납하게 되었으며, 어떤 부분을 아직 받아들이지 못하는가?

· 내 모습을 용납함으로 다른 사람을 이해하며 받아들이는 폭이 넓어졌는가?

· 그럼에도 불구하고 용납하기 어려운 타인은 누구인가? (배우자, 배우자의 부모, 동료, 교우, 과거의 아픈 기억 제공자, 하나님, 결국 나 자신 등)

· 왜 환대가 사회 정의 실현으로 나아가야 하는가?

· 내 삶의 최대치는 무엇인가? 내 환대가 현재 뻗어 나가는 곳은 어디인가?

참고 도서

· 누르시아의 베네딕트, 권혁일·김재현 역.《베네딕트의 규칙서》. 서울: KIATS, 2011.

· 디트리히 본회퍼, 고범서 역.《옥중서간》. 서울: 대한기독교서회, 1995.

· 디트리히 본회퍼, 정지련·손규태 역.《신도의 공동생활》. 서울: 대한기독교서회, 2010.

· 메조리 J. 톰슨, 최대형 역.《영성 형성 훈련의 이론과 실천》. 서울: 은성, 2015.

· 헨리 나우웬, 최종훈 역.《탕자의 귀향》. 서울: 포이에마, 1992.

12

일

백상훈

개요

"장마 풍경"이라는 산문에서 작가 김수영(1921-1968)은 일을 하다가 잠깐 쉬는 동안에 흘깃 본, 장마가 져서 강물이 내려가는 풍경이 사자가 달려가는 것 같다고 말하면서 이렇게 적었다.

"풍경을 볼 때도 바쁘게 보는 풍경이 좋다. 일을 하다가 잠깐 쉬는 동안에 보는 풍경. 그리고 다시 아무렇지도 않은 듯이 일을 계속하게 하는 풍경. 다시 말하자면 그것은 일을 하면서 보는 풍경인 동시에 풍경 속에서 일을 하는 것이다."[1]

작가의 상상 속에서 일과 쉼은 뫼비우스의 띠처럼 이어져 있는데, 장마 풍경에 대한 연상은 일하는 인간에 대한 통찰로 이어졌다.

"돈벌이를 위한 일이 아닌 이렇게 순수한 일[중학교 1학년 아들의 시험공부를 도와주는 일]을 해 보니 힘도 들지만 원고료 벌이에 못지않게 신이 났다. 아무 일도 안 하느니보다는 도둑질이라도 하는 게 낫다는 유명한 말이 있지만, 하여간 바쁘다는 것은 참 좋은 일이다. 우선 풍경을 뜻있게 보기 위해서만이라도 참 좋은 일이다. 그러나 이왕이면 나만 바쁜 것이 아니라 모두 다 바쁜 세상이 됐으면 좋겠다. 나만 바쁘다는 것은 이런 세상에서는 미안

한 일이 되고, 어떤 때에는 수치스러운 일이 되기도 한다. 그러나 모두 다 바쁘다는 것은 사랑을 낳는다."[2]

김수영 작가에게 일은, 그것이 직업으로서의 일이든, 육아로서의 일이든, 혹은 풍경을 관찰하는 일이든 간에 기쁨의 원천이 된다. "모두 다 바쁜" 삶을 살아가면 좋겠다는 바람은 일하는 인간으로서 얻게 되는 기쁨에 대한 찬미일 것이요, 바쁘게 일하는 것이 부끄러움으로 여겨지는 것은 왜곡된 노동 시장에 대한 사회, 정치적 성찰의 일면일 것이다.

인간은 일하는 존재다. 잠에서 깨어나서 일하고, 잠잘 때까지 일하며, 잠자는 동안에도 꿈을 꾸며 일한다. 일하면서 기쁘고, 기쁘기 때문에 일하며, 기쁨을 얻기 위해 일한다. 반면 일하는 것이 괴롭기도 하고, 그 괴로움에서 벗어나고자 일하기도 한다. 때로 일하고 싶지만 일할 수 없고, 일하기 싫지만 일해야만 한다. 이와 같은 일의 필연성과 모호성(ambiguity)은 모든 인간이 경험하는 현실인데, 이 보편적 현실이야말로 기쁨과 고통의 경계선을 살아가는 인간 존재의 특징일 것이다.

인간은 일을 통해서 생계를 유지할 뿐만 아니라 정신적 만족감을 얻는다. 정신적 만족감으로 인해 인간은 일의 모호성에도 불구하고 일하기를 갈망하고, 선택하며, 사랑하는 것이다. 따라서 일을 하면서 인간은 자기(the self)를 형성해 간다. 생애 내내 지속되는 자기의 형성 과정 가운데 인간은 인생과 존재의 의미를 모색하고 발견한다. 의미의 모색과 발견은 늘 불완전하지만, 그 불완전함에 대한 인식으로부터 생기는 보다 온전한 의미를 향한 내적 열망은 삶의 생기(vitality)를 자극하고, 이에 대한 반응으로써 일하는 행위는 성스러움(the sacred)을 노정한다. 요컨대, 일은 육체적, 정신적, 그리고 영적 활동이다.

그리스도인에게 일이란 성사적인(sacramental) 행위로서 하나님의 창조에 참여하는 것이다. 직업으로 하는 일 가운데, 육아와 살림 같은 가사 노동 가운데, 개인의 삶과 교회 안에서 이루어지는 소명으로서의 일 가운데, 모든 형태의 취미 활동 가운데 하나님의 뜻과 영광이 계시된다. 이 계시에 대한 인식을 통해 그리스도인의 자기 이해가 깊어지며, 삶과 존재의 의미를 보다 온전히 파악하게 된다.

이러한 맥락에서 본다면, 일의 영성(a spirituality of work)은 그리스도인이 그리스도인답게 되어 가는 영성 형성 과정의 핵심이라고 할 수 있다. 앞서 열거한 여러 종류의 일이 삶 속에서 이루어지는 방식에 대한 성찰은 그리스도인의 영적 삶을 보다 풍성하게 만들어 줄 것이다.

성경적 배경

창조에 담긴 일의 영성

창세기에 나오는 두 편의 창조 이야기는 일의 영성의 성경적 기초를 제공한다.

먼저 창세기 1장 2절을 보자. "땅이 혼돈하고 공허하며 흑암이 깊음 위에 있고 하나님의 영은 수면 위에 운행하시니라"(창 1:2)라는 기술은 하나님의 창조가 형태 없음과 어둠의 상태를 끊어 내는 영의 활동임을 가리킨다. 말하자면, 하나님의 일은 형태를 부여하고 밝히는 것이다. 하나님의 일은 엿새 동안 이어졌는데, 모든 창조는 하나님이 보시기에 좋았고, 일곱째되는 날의 안식은 하나님의 일이 온전했음을 공표했다. 이 창조 이야기는 일의 영성에 관한 네 가지 시사점을 보여 준다.

첫째, 하나님은 일하신다. 더불어 "이스라엘을 지키시는 이는 졸지도 아니하시고 주무시지도 아니하시리로다"(시 121:4)라는 시구처럼 하나님의 일은 끊임없고 성실하다. 마찬가지로 인간은 일하는 존재로서 살아 있는 동안 끊임없이 일한다.

둘째, 하나님의 일은 창조 행위이자 영적 행위로서 '없음'과 '어둠'에서 '있음'과 '밝음'으로 인도한다. 하나님의 형상으로 지음 받은 인간의 일 역시 창조적이고 영적인 성격을 갖는다. 인간은 일을 통해서 무언가를 생산하고, 창조하며, 나아갈 길을 밝힌다.

셋째, "보시기에 좋았더라"라는 감탄이 보여 주듯이, 하나님의 일은 하나님께 기쁨을 준다. 기쁨을 주는 일에는 성스러움이 담긴다. 마찬가지로 인간에게 일은 기쁨의 근원이 되고, 그렇기 때문에 인간은 일에 성스러운 의미를 부여한다.

넷째, 하나님의 일이 일곱째 날의 안식을 통해서 온전해진 것처럼 인간의 일 역시 안식(쉼)을 통해 온전해진다.

또한 창세기 2장의 창조 이야기에서 발견되는 특징은 하나님이 수공업적인 노동을 통해 인간을 만드셨다는 것이다.

"여호와 하나님이 땅의 흙으로 사람을 지으시고 생기를 그 코에 불어 넣으시니 사람이 생령이 되니라"(창 2:7).

하나님의 최초의 일은 손으로 흙을 만지작거림으로써 사람을 만들어 내신 것이고, 하나님은 그렇게 만들어진 존재에게 몸소 바람을 불어 넣어 살아 움직이게 하셨다. 이어서 하나님은 에덴동산을 일구어 그곳에 사람이 살게 하셨다.

이 이야기에서 형상화된 수공업 노동자, 농부, 혹은 정원사로서의 하나님은 창조하신 만물을 하나하나 세심하게 돌보시고 교감하신다. 세심한 돌봄과 교감 가운데 흘러나오는 기쁨은 하나님의 일을 지속시키는 힘이며, 그 가운데 형성되는 감수성은 인간과의 사귐의 기초를 이룬다. 이러한 감수성은 대량 생산에 대한 열망과 강박으로 특징지어지는 현대 산업 사회의 인간에게 필요한 모습일 것이다.

창세기 1장과 2장은 일의 영성의 이상적 차원을 그리고 있는 반면, 3장은 일의 영성의 실존적 차원을 보여 준다.

"땅은 너로 말미암아 저주를 받고 너는 네 평생에 수고하여야 그 소산을 먹으리라 … 네가 흙으로 돌아갈 때까지 얼굴에 땀을 흘려야 먹을 것을 먹으리니 …"(창 3:17-20).

수렵 이동 문화에서 농경 정착 문화로의 이동을 함축하고 있는 이 구절에서 초점은 일하는 존재로서 인간이 겪는 실존적 고통이다. 여자는 해산의 고통을, 남자는 노동의 고통을 겪게 되는데, 이는 인간의 실존적인 운명으로서 어느 누구라도 피할 수 없는 사태다. 요컨대, 일이라는 창조적, 영적 행위를 통해서 '자기 감'(a sense of the self)을 획득하고 정체성을 형성해 가지만, 생계를 위한 노동은 수고와 고통을 수반한다.

생계형 노동 중에 겪는 성과에 대한 압박, 부정의, 불평등한 사회·경제적 구조에 기인한 저임금, 그리고 일의 무의미함에 대한 인식 등은 오늘날 신자유주의 경제 체제 아래에서 대다수 사람들이 겪는 고통일 것이다. 이와 같은 수고와 고통의 경험 가운데 인간은 인간으로서의 실존적 한계와 사회·경제적 구조의 모순을 인식해 가고, 더불어 이에 대한 극복으로서 하나님 나라를 소망하게 된다.

예수님과 바울에게 나타나는 일의 영성

"내 아버지께서 이제까지 일하시니 나도 일한다"(요 5:17)라는 예수님의 말씀처럼, 하나님의 끊임없는 일하심은 예수 그리스도의 일하심에 의해서 드러난다. 예수님의 일은 세 가지 차원에서 살펴볼 수 있다. 직업으로서의 일, 소명으로서의 일, 그리고 쉼과 사귐과 같은 안식으로서의 행위가 그것이다. 예수님의 삶에서 셋은 하나를 이룬다.

첫째, 직업으로서의 일이다. 예수님은 아버지 요셉처럼 건축기능공(헬라어로 'tekton')의 일을 하셨다. 건축기능공은 집, 건물, 다리, 도로 등을 만드는 일에 종사하는 일용직 노동자다. 하나님이 수공업적인 노동을 통해 인간을 만드셨듯이, 예수님도 수공업적인 건축 노동에 종사하시면서 생계를 유지하고 자기를 형성해 가셨다. 예수님은 일하는 존재로서의 기쁨과 공동체적 노동의 행복을 경험하셨을 것이다.

주목해야 하는 것은 예수님 당시 건축기능공은 로마 피식민지 사회의 모순적 경제 구조를 체득하는 계층이었다는 점이다. 이러한 계층에 속한 사람으로서 예수님은 노동의 신성함뿐만 아니라 노동에 내재한 고통과 부당함을 체득하셨을 것이고, 이에 공감하는 사람들과의 연대를 도모하셨을 것이다. 이른 아침에 일하러 온 사람이나 해질녘에 일하러 온 사람이나 동일한 임금을 받아 가는 '포도원 품꾼들의 비유'(마 20장)에 나타난 대로, 당대 경제 체제의 한계를 극복하는 새로운 질서, 곧 하나님 나라의 도래에 대한 소망은 그와 같은 경험으로부터 나왔을 것이다.

둘째, 소명으로서의 일이다. 이는 직업 이외의 활동, 곧 하나님 나라를 가르치시고, 환자와 귀신 들린 자를 고치시며, 기적을 비롯한 일들을 통해 하나님 나라를 친히 보여 주신 일이다. 이런 일들은 성스러움의 의미를 드러낸다. 하나님이 누구이시고 어떤 분이신지를 예수님의 일이 계시한 것이다.

예수님이 행하신 이런 일들은 경제적인 이득과는 상관없는 비생계형 노동이다. 예수님은 아버지 하나님과의 연합 가운데 운명적인 끌림처럼 때로는 식사할 겨를도 없이(막 3:21) 이러한 일들에 매진하셨다. "와니와 준하"라는 영화 중에 나오는 "자기가 진짜로 좋아하는 일은 취미로 하는 거래"라는 대사처럼, 예수님은 경제적 이득과는 상관없는 일에, 마치 취미활동처럼 생애의 후반부를 헌신하면서 자신의 존재와 정체성을 확인하셨다.

셋째, 직업적 노동과 소명으로서의 일의 틈새에서 향유하는, 안식의 행위로서의 일이다. 예수님은 날이 밝기 전, 혹은 밤늦게 기도하셨고, 사람들을 물리치고 쉬기도 하셨으며, 사람들과의 식탁 교제를 즐기셨으며, 잔치에 참여하셨다.

이처럼 예수님은 기도를 통해서 직업적 노동과 소명으로서의 일에 담긴 하나님의 성스러운 뜻이 분명해지고 그 가운데 일에 대한 분별이 이루어져 때로는 자신들을 찾아오는 사람들을 물리치실 수 있었을 것이다. 그리고 식탁 교제를 통한 사귐 가운데서는 몸과 마음의 긴장을 풀고 새로운 에너지를 공급받으셨을 것이다. 요컨대, 기도, 쉼, 그리고 사귐은 예수님의 일상 가운데 직업적 노동과 소명으로서의 일과 조화를 이루면서 일의 성스러움을 완성했다(본서 6장 "안식" 참조).

장막 만드는 일을 직업으로 삼았던 바울은 소명으로서의 일을 하는 중에도 자신의 직업을 성실하게 수행했다. 데살로니가교회에 보내는 편지에서 바울은 다음과 같이 말했다.

"조용히 자기 일을 하고 너희 손으로 일하기를 힘쓰라"(살전 4:11).

"누구에게서든지 음식을 값없이 먹지 않고 오직 수고하고 애써 주야로 일함은 너희 아무에게도 폐를 끼치지 아니하려 함이니 … 조용히 일하여 자기 양식을 먹으라"(살후 3:8-12).

이 구절들에서 '조용히'라는 단어는 바울이 말하는 '일'이 혼자 하는 수공업적 노동임을 암시한다. 수공업적 노동을 경시하면서 이를 노예의 의무로 한정 짓는 경향이 강했던 당대 그리스 로마 문화권을 상기한다면 바울의 권면은 반문화적(counter-cultural)이라고 할 수 있다.

여기에서 엿볼 수 있는 것은 바울의 수공업적 노동이 그의 선교사적 소명의 물질적, 정신적 토대가 되었다는 점이다. 노동을 통해 생계를 유지했다는 점에서 물질적 토대요, 노동을 통해 독립된 개체로서 자급자족하는 삶을 살고자 했다는 점에서 정신적 토대다.

바울에게 있어서 하나님의 부르심에 따른 개인의 소명으로서의 일들은 성령의 일하심의 결과이며, 이들의 다양성은 "그리스도의 몸"(고전 12:27) 안에서 하나를 이룬다(고전 12:4-11). 부르심을 입은 사람들이 하는 일들은 차별이 없이 그리스도의 몸을 이루는 것이므로 그 안에는 사랑이 있어야 한다. 요컨대, 바울에게서 나타나는 일의 영성, 곧 일에 대한 그리스도인의 태도는 오래 참고, 온유하고, 시기·자랑·교만·무례하지 아니하고, 자기의 유익을 구하거나 성내거나 악한 것을 생각하지 아니하고, 불의를 기뻐하지 아니하며, 진리와 함께 기뻐하고, 모든 것을 참고, 믿고, 바라며, 견디는 것이다(고전 13:4-7).

앞서 언급한 내용을 종합해 그리스도인의 일의 영성의 특징을 간추리면 다음과 같다.

(1) 인간은 하나님의 수공업적 노동의 산물로서 직업, 소명, 일상적인 삶 가운데 안식의 행위를 통해 자신의 물질적 필요를 자신의 힘으로 충족하고, 내적인 만족과 기쁨을 획득하며, 하나님의 영광을 드러내는 존재다.

(2) 일은 수고와 고통을 수반하는데, 인간은 일을 통해 자신의 실존적 현실과 세계의 모순적 경제 구조에 대해 인식하고, 일의 고통을 감내함으로써 보다 더 온전한 인간으로 형성되어 간다.

(3) 예수님과 바울의 삶에 투영된 수공업 노동자로서의 하나님 이미지는 그리스도인의 일의 영성의 근간에 놓여 있으며, 자신의 몸을 이용해 재화를 획득하는 일은 그 자체로 성스러운 의미를 갖는다.

(4) 일은 성령의 은사로서 차별이 없으며 하나님의 뜻 가운데 하나를 이룬다.

(5) 물질적 이득을 목적으로 하는 직업적 노동이든, 혹은 그것과는 상관없는 일이든 간에 모든 일은 사랑으로 이루어지는 것이다.

(6) 앞서 열거한 이유로 일은 성스러운 것이다.

역사적 배경

일의 영성의 기독교적인 특징은 주후 3-5세기에 형성된 사막 전통, 6세기의《베네딕트의 규칙서》, 개혁자 마르틴 루터, 그리고《하나님의 임재 연습》에 소개된 깔멜수도회의 로렌스 수사에게서 확인할 수 있다.

이집트, 시리아, 혹은 팔레스타인의 사막 수도승들은 혼자 살면서(고독) 입술과 마음을 오로지 하나님께로 향해(침묵) 내면의 성찰과 기도를 자신의 일로 삼아 살아간 사람들이었다. 수도승들은 생계유지를 위해서 인근 농토에서 각종 채소와 곡식을 재배하고, 바구니나 돗자리 같은 생활필수품을 제작했으며, 자신들의 거주 공간을 직접 지었다. 이들의 노동은 상업적 거래를 통한 재화의 획득이 아닌 자급자족에 일차적인 목적이 있었는데, 경우에 따라서는 이웃한 수도승(특히 신참 수도승)이나 일반인들에게 제공할 목적으로 생필품을 제작하거나 거주 공간을 짓는 일에 자신의 노동을 할애하기도 했다.

사막 수도자 이사야의 조언은 당시 수도승들의 일에 관한 압축적인 설명을 담고 있다. "네가 독방에 머물 때는 손노동, 묵상, 기도, 이 세 가지에 열중하라."[3]

수도승의 세 가지 일은 다른 한 가지 일, 곧 쉼과 사귐에 의해서 보완되었다. 한 사냥꾼이 일을 마치고 돌아와서 안토니와 수도승들이 쉬면서 담소를 나누며 사귐의 시간을 갖는 것을 못마땅해하자 안토니는 그에게 세 번이나 활시위를 당겨 활을 쏘아 보라고 권했다. 이러다간 활이 끊어질지 모른다고 불평하는 사냥꾼에게 안토니는 이렇게 말했다고 한다.

"하나님의 일을 할 때도 그렇습니다. 만일 우리가 어느 정도 이상으로 형제들을 강요하면 그들은 부러질 것입니다."[4]

쉼과 사귐, 곧 안식의 행위의 필연성을 조언하는 안토니의 모습에서 볼 수 있는 일의 영성과 관련된 또 하나의 면은, 안토니는 자신의 일을 통해 다른 이에게 유익을 주었다는 것이다. 자신을 찾아오는 사람들과 영적 대화를 나누고, 분별을 공모하며, 필요한 경우에는 치유의 행위도 일삼았다. 말하자면, 수도승으로서 안토니의 일은 타인을 위한 봉사도 포함했는데, 이는 예수님에게서 원형적으로 발견되는 소명으로서의 일에 해당한다.

공동생활을 하는 수도원이 형성되면서 수도원 안에서의 일은 농사와 건축 외에 재봉, 목공, 대장장이, 신발 만들기, 필사, 염색, 심지어 낙타 운전술 등을 포함하게 되었는데, 베네딕트는 이러한 수공업적 노동을 "하나님의 일"(Opus Dei)이라고 명명한 기도와 함께 그리스도인의 삶의 두 개의 기둥으로 삼았다. 그에게는 기도의 시간을 정하는 것만큼 노동의 시간을 정하는 것이 중요했다. 또한 기도와 노동이라는 수도사의 일상적인 일이 수도원 밖에서의 봉사와 조화를 이루어야 함도 규정했다. 《베네딕트의 규칙서》 48장에서 그는 "게으름은 영혼의 적이다"라고 말하기까지 했는데, 기도와 노동 모두 중용의 미덕을 필요로 함을 적시한 것이다.

"모든 일들은 적당하게 이루어져야 한다."[5]

요컨대, 베네딕트의 일의 영성은 자급자족적 노동으로서의 일, 기도로서의 일, 그리고 소명에 기초한 봉사로서의 일을 포함했다.

개혁자 마르틴 루터는 그리스도인의 성성(聖性, sainthood)이 성직자나 수도사뿐만 아니라 평신도에게도 해당된다고 주장하면서, 일상적인 일의 존엄함과 거룩함을 강조했다. 중세 수도원의 세 가지 이상인 순결, 청빈, 수도원에 대한 비판을 다루는 글에서 루터는 결혼해 가정을 이루고, 노동을 통해 땀을 흘려 가정 공동체를 세워 가는 일이 중요하며, 가난에 대한 서약보다 노동을 통해 가난한 사람을 도와주어야 한다고 말했다.

"가난하게 살겠다고 하는 서약은 사단의 창안이다. 왜냐하면 저들은 이 서약 때문에 사제 계층이 걸머져야 할 책임을 약화시키기 때문이다. 즉 이 서약은 가난한 사람을 도와주고 사랑해야 하는 책임을 저버리게 하고 저들을 수도원 안에 가둠으로써 수도원 밖에 있는 그 누구도 도울 수 없게 한다. 뿐만 아니라 이 서약 때문에 땀 흘려 노동할 생각이 없고 다른 사람의 섬김을 받는 결과를 초래한다."[6]

사제나 수도승이 땀을 흘려 일하는 대신 이른바 '성직'에만 몰입해 일의 영성을 잃어버린 현실을 비판한 루터는 고린도전서 7장에 근거한 모든 직업을 하나님의 소명으로 보면서, 직업으로서의 일과 소명으로서의 일을 일치시켰다. 이러한 입장은 존 칼빈과 청교도주의자들에게서도 발견된다. 개혁교회 전통에서 일은 성성의 실현의 장이자 하나님의 은혜를 경험한 사람들의 자연스러운 반응이다.

모든 종류의 직업이 성스러운 일이라는 루터를 비롯한 개혁자들의 주장은 프랑스 파리의 깔멜수도회 수사 로렌스의 삶에서 확증된다. 수도원 입회 전 한 회계사의 심부름꾼으로 일하면서 실수를 연발했었던 로렌스는 수도원에 입회한 후 주방에서 일하게 되었다. 처음에는 근심과 걱정으로 일을 수행하면서 예전의 습관을 반복했지만, 하나님의 은혜에 대한 지속적인 체험을 통해 믿음이 성장하면서 하나님의 임재 가운데 일하는 방법을 터득하게 되었다.

그는 기도를 단순히 하나님의 임재 안에 머무는 것이라고 이해하면서, 일 역시 하나님의 임재 가운데 해 나가면 기도와 다를 바 없다고 말했다. '하나님의 임재 안에 머문다'라는 말은 마음을 하나님께로 향하면서 모든 일을 하나님의 사랑으로 행하는 것을 말한다. 요컨대, 하나님의 임재의 습관을 통해 그는 자신이 맡은 주방 일을 행함에 있어서 평정심을 유지하면서 서두르지도, 늑장을 부리지도 않는데 일이 순조롭게 진행되는 것을 경험했다.

일상생활 중 하나님의 임재를 연습하는 법에 관한 다음 조언은 일에 관한 그리스도인의 영성 훈련의 기초를 제공하기에 충분할 것이다.

"저는 할 수 있는 한 많은 시간을 하나님과 더불어 제 영혼의 가장 깊은 곳 혹은 가장 중심이 되는 곳으로 물러나 앉는 연습을 계속합니다. … 염려나 불안감 대신 신실한 태도로 자기에게 맡겨진 일을 하되 조심스럽게, 평온한 마음으로, 우리의 생각이 하나님께만 머무르도록 애쓰십시오."[7]

영성 훈련의 효과

|

그리스도인에게 일은 하나님의 창조에 참여하는 것으로서, 자기를 형성하고, 성스러움을 발견하며, 삶과 존재의 의미가 창출되는 통로이자 장(場)이다. 하지만 일로 인한 스트레스와 고통, 그리고 무의미의 경험 역시 무시할

수 없는 현실이다. 직장, 가정, 혹은 교회에서 겪게 되는 그와 같은 현실은 일에 대한 영성 훈련의 필요성을 말해 준다. 다음과 같은 세 가지 영성 훈련이 가능할 것이고, 각각의 훈련은 그에 상응하는 효과가 있다.

(1) 직업으로서의 일이든, 소명으로서의 일이든, 취미 활동이나 안식의 행위로서의 일이든 간에 그것이 하나님의 임재 가운데 이루어지도록 하는 것이다.

로렌스 수사가 말하는 하나님 임재 연습의 방법을 따르자면, 일을 하는 중에 마음 깊은 곳에 집중해야 한다. 이것은 어떤 행위라기보다는 의지의 움직임에 가까운 것인데, 눈으로 보고, 귀로 듣고, 손과 발을 움직이며 일하는 가운데 마음 깊은 곳에 존재의 중심을 두는 것이다. 특히 자신이 하는 일이 의무로 다가와서 지독하게 하기 싫을 때(무기력증), 어떤 일의 수행을 앞두고 불안과 두려움이 엄습할 때(공포), 직장이나 교회에서 일을 하는 중 인간관계로 인해 어려움을 겪을 때(관계 장애), 일의 과중함으로 인해 탈진되었을 때(일 중독) 하나님의 임재 연습은 여기 열거한 증상을 넘어 내적 평강과 사랑으로 인도한다.

가령 어떤 사람은 직장에서 프레젠테이션을 앞둔 날이면 잠을 설치고, 정작 당일이 되면 마음이 불안하고 떨려서 제대로 수행하지 못했다. 그는 자신의 직업을 하나님의 뜻을 드러내는 수단으로 이해하고 있지만, 그와 같은 일들이 벌어질 때면 죄책감이 생기고 자존감이 하락했다. 그래서 그는 불안과 떨림이 일어나기 시작할 때마다 가만히 마음을 모으고 하나님께 집중하는 연습을 시행했다. 이후 잠깐의 집중으로 마음의 평강이 회복됨을 경험했고, 이를 반복해 시행하면서 점점 믿음이 자라나 불안과 두려움이 대폭 줄어들었다.

(2) 생계유지나 여러 형태의 이득(profits)의 획득과는 상관없는, 말하자면 소명으로서의 일의 실천과 연습은 존재와 삶에 의미를 던져 주고, 때로는 자기 치유와 자기 돌봄의 효과가 있다.

밀튼 에릭슨(Milton Erikson, 1901-1980)이라는 미국의 상담가가 심한 우울증에 걸린 한 여인의 집을 방문했다. 에릭슨이 집에 들어서니 집 안에 있는 모든 창문의 커튼이 쳐 있어 어두웠다. 그런데 집의 외딴곳으로 가니 거기에는 자그마한 온실이 있었고, 온실 안에 아프리칸 바이올렛이 예쁘게 자라고 있었다. 여인에게 아프리칸 바이올렛을 키우는 일이 유일하면서도 상당한 애착이 있는 취미임을 알게 된 그는 여인에게 숙제 하나를 내 주었다. 출석하는 교회에 가서 교인들의 명부를 받아 생일을 맞은 사람들에게 여인이 키우는 화초 하나씩을 선물하라는 숙제였다. 전문가의 상담 치고는 실없다 싶었으나 여인은 에릭슨의 말대로 하기 시작했다.

그런데 취미 활동으로서의 일을 봉사의 차원에서 수행하다 보니 여인의 자존감이 점차 상승했고, 그녀는 자신의 삶과 존재에 대해 말로 하기 힘든 의미를 깨닫게 되었다. 마침내 이 일로 인해 여인의 삶은 완전히 뒤바뀌었고, 그녀의 돌봄으로 삶의 새로운 의미와 힘을 얻게 된 사람들이 늘어 갔다. 그녀가 세상을 떠날 때 언론에서는 '아프리칸 바이올렛의 여왕'이라는 별칭으로 그녀의 죽음을 애도했다.

요즘 우리 사회에서는 소명으로서의 일에 대해서 '재능 기부'라는 이름을 붙이기도 하고, 은퇴 이후에 정기적으로 단기선교 활동에 임하는 사람들도 종종 있다. 이때 주의할 점은 이와 같은 영성 훈련이 본연의 효과를 발휘하기 위해서는 자발적이어야 하고, 내적인 기쁨으로 수행되어야 하며, 아무런 이득이나 보상이 없어야 한다는 것이다.

(3) 예수님과 바울의 삶, 그리고 기독교 영성 전통에서 중시된 수공업적 육체노동을 영성 훈련의 차원에서 시행할 수 있다. 이를 통해 몸의 단련과 생각의 정화, 경제적 현실에 대한 이해, 그리고 자기 자신의 발견과 같은 효과를 얻을 수 있다.

농사, 건축, 공예, 요리, 청소, 가내수공업, 그리고 여타의 육체노동은 산업 사회를 살아가는 많은 사람의 삶으로부터 유리된 노동 형태다. 이러한 노동으로부터 유리된 현대인들은 정신노동에 과도하게 집중된 나머지 생각의 능력은 향상된 반면, 생각의 한계에 쉽게 갇히는 경향을 보인다.

손과 발을 부지런히 놀리면서 땀을 흘리고 몰입해 일하다 보면 '자기 감'이 향상되고, 자신도 모르는 사이에 생각이 정리되고, 정화되며, 단순화된다. 또한 부정적인 정서에 사로잡히거나 '영혼의 어둔 밤'[8] 가운데 있을 때 땀을 흘리며 일을 하면 부정적인 정서의 순환에 소모되는 에너지를 줄이거나 영혼의 어둔 밤 가운데 소모되는 영적 에너지를 보충할 수 있다. 주기적으로 농사, 건축, 일용직 노동에 참여하거나, 손걸레로 방을 닦고, 층층이 쌓인 설거지를 하는 등 다양한 경로의 영성 훈련이 가능할 것이다.

필자는 몇 해 전 한 시골 마을로 이사해 50여 평의 텃밭 노동을 감당하고 있다. 2-3시간 땀을 흘리며 몰입해 밭을 만들거나, 풀을 베거나, 작물을 돌보는 일을 하고 나면 몸이 새로워지고 정신이 살아나면서 마음의 평강과 믿음이 생기는 경험을 하곤 한다. 수시로 일하지만, 특별한 때, 말하자면 마음이 좀 울적하거나 생각이 잘 안 풀리는 때 텃밭에서 일하다 보면 마음과 정신의 문제들의 강도가 약화되는 것을 느낀다. 텃밭은 친환경 농법으로 관리하는데, 지속적으로 텃밭 농사를 하다 보니 우리나라의 농업 현실에 대해서 보다 더 구체적으로 인식하고, 더 깊은 관심을 갖게 되는 효과도 얻었다.

영성 훈련 안내문 및 해설
|

앞서 제시한 다양한 영성 훈련을 방법론적으로 정리하면 다음과 같다.

하나님의 임재 가운데 일하는 연습

일하기 전, 혹은 일하는 중에 하나님을 생각하거나, 주님의 이름을 부르거나, 마음 깊은 곳에 집중한다. 하나님을 생각한다고 하면 다소 추상적일 수 있지만 하나님 체험이 있는 사람이라면 그에 대한 감각이 있을 것이다. 그 기억된 감각으로 돌아가면 좋다. 이 연습은 기도에도 그대로 적용될 수 있는데, 본서 6장 "안식"에 나오는 '현존의 기도'라는 기도법을 참조하면 좋다. 현존의 기도를 꾸준히 연습하는 중이라면 일하는 중에 하나님의 임재를 의식하는 일이 보다 수월할 것이다.

하나님의 임재를 의식하는 일은 긴 준비 시간을 필요로 하지 않고 꼭 오래도록 유지해야만 효과가 있는 것도 아니다. 얼마간 가만히 머물러 마음을 곧바로 들여다보거나, 하나님을 생각하거나, 주님의 이름을 부르는 순간 하나님의 임재가 선물처럼 주어지고, 잠시 그 안에 머무는 것으로 족할 수 있다.

소명으로서의 일의 실천과 연습

재능 기부나 봉사활동을 지속적으로 하는 것이다. 가장 좋은 것은 홀로 하는 것이다. 홀로 하면 다른 사람을 의식하거나 다른 사람에게 광고할 필요가 없기 때문에 "오른손이 하는 것을 왼손이 모르게 하라"라는 주님의 말씀을 따르기가 수월하다(마 6:3).

소명으로서의 일이 직업으로서의 일과 구별되는 특징은 의무감이 없거나 매우 적다는 것이다. 말하자면, 소명으로서의 일은 자기 내적인 동기와 기쁨과 만족 때문에 이루어진다. 그러므로 의무감이 생겨나고 그것에 지배를 받기 시작한다면 그 일을 그만두는 편이 좋다.

수공업적 육체노동의 연습

육체노동을 직업으로 갖지 않은 경우에 해당되는 영성 훈련 방법이다. 수시로, 혹은 정기적으로 할 수 있는 일을 스스로 만들거나 그런 일에 참여하는 것이다. 가정 안에서는 정기적으로 방이나 거실 등 주거 공간을 손걸레로 닦는 일이나 설거지 당번이 되어 일하면 좋다. 그 외에 농사, 건축, 공예 같은 일을 정기적으로 할 수 있는 구조를 만들어서 임하면 좋다. 어떤 일이든 몰입하는 것이 중요하다. 일하면서 다른 생각이 떠오르면 그 생각을 흘려보내고 지금 하고 있는 일에 집중한다. 몰입이 자연스러우려면 그 일이 내가 좋아하는 일이어야 한다.

성찰과 공유

앞의 세 가지 훈련을 행하면서 이에 대한 성찰을 해 나가면 좋다. 의식 성찰(본서 9장 "의식 성찰" 참조)과 같은 성찰의 훈련을 하거나 영적 일기(본서 10장 "영적 일기" 참조)를 쓰면 좋다. 의식 성찰이나 영적 일기를 통해서 이러한 일들 가운데 일어난 자기 마음의 움직임과 느낌, 하나님 경험, 기타 감상 등을 성찰하고 정리하면 보다 더 발전적으로 훈련할 수 있다.

더불어 같은 훈련을 하는 사람들과 정기적으로(교회 내 프로그램에 참여해 훈련하는 경우), 혹은 비정기적으로 자신이 성찰한 내용을 공유하면 더욱 좋다. 정기적인 영적 지도를 받는 경우라면 영적 대화의 소재로 자신의 경험과 성찰을 활용할 수 있다.

소그룹 나눔 질문

1 현재 하고 있는 세 종류의 일, 곧 직업으로서의 일, 소명으로서의 일, 안식의 행위로서의 일에는 어떤 것들이 있는가? 이러한 일들을 통해서 내적인 기쁨, 존재의 충만감, 혹은 하나님의 임재를 경험하고 있는가? 혹 내적인 기쁨보다 의무감이 더 강하다면 그 이유는 무엇일까?

2 부정적인 정서에 사로잡히거나 '영혼의 어둔 밤' 가운데 있을 때 이에 대처하는 영성 훈련으로서의 일이 있는가? 그 일에는 어떤 효과가 있는가?

3 일상적이고 소소한 일들을 포함해 현재 하고 있는 모든 일 가운데 가장 사랑하는 일은 무엇인가? 어떠한 이유와 계기로 그 일이 가장 큰 사랑을 받고 있는가? 그 일 가운데 하나님의 영광이 드러나고 있는가?

참고 도서

· 로렌스 형제, 오현미 역.《하나님의 임재 연습》. 서울: 좋은씨앗, 2008.
· 베네딕트, 권혁일·김재현 공역.《베네딕트의 규칙서》. 서울: KIATS, 2011.
· 스베냐 플라스 푈러, 장혜경 역.《우리의 노동은 왜 우울한가》. 서울: 로도스, 2011.
· 팀 켈러, 최종훈 역.《일과 영성》. 서울: 두란노, 2013.

<u>13</u>

영적 분별

이주형

영성의 시대, 분별의 세대

|

"하나님! 지금 여기에서 제가 무엇을 하기를 원하십니까?" 이 낯익은 질문과 절절한 탄식은 하나님의 뜻을 향한 영혼의 갈망이요, 동시에 영적인 세계로 부르시는 하나님의 초대이기도 하다. 살아가면서 부딪치는 역경과 고난은 인생이 마련해 준 시련과 성장통이기도 하지만, 우리 능력의 한계에 다다랐을 때 영혼은 탄식 섞인 원망으로 하나님을 대면하고자 한다. "도대체 제게 무엇을 원하십니까?" 절망과 좌절의 울림, 고통스러움에 대한 하소연, 토로하는 영적 절규이기도 하다.

　이처럼 인생이 원하지 않은 상황에 직면할 때 영혼은 하나님의 뜻을 찾고 이해하고자 시도하게 되는데, 이 영적 여정을 '영적 분별'이라 통칭할수 있다.

　기독교 역사의 영적 스승들은 우리의 고난과 역경이 하나님의 심판과 정죄가 아니라 그 상황을 통해 하나님을 새롭게 만나도록 이끄시는 신비로운 손길과 섭리라고 일관되게 가르친다. 우리 삶의 문제가 우리를 막다른 골목으로 몰아가거나, 우리가 옥여쌈을 당하거나, 빛이 전혀 보이지 않는 터널 속을 걸어가는 듯할 때, 그것은 하나님이 우리를 버리시거나 심판하시는 것이 아니라, 영적 성장과 성숙으로 인도하시는 하나님의 거룩한 초대라고 믿는다. 하나님을 새롭게 경험하고 성숙한 영적 지혜를 습득해야 할 인생의 전환점임을 깨달아야 한다. 이런 순간들 가운데 우리는 하나님의 뜻을 분별하고 그 뜻을 일상 속에서 실천에 옮기도록 초대받는다.

우리는 인생의 중요한 전환점에서, 혹은 중대한 선택과 결정을 앞두고 의식적이든 무의식적이든 영적 분별을 실천한다. 대학 입시를 앞둔 고등학생은 인생에 있어서 가장 중요할 수 있는 첫 번째 선택의 기로에 놓이게 되는데, 이때 기도와 분별을 통해 자신의 인생 비전 및 소명과 관련한 분별의 과정을 경험한다. 대학생들은 인생 진로와 취업 준비 과정에서 자신의 역량과 자질을 불확실한 현실 속에서 실현하기 위해 중요한 분별과 선택의 과정을 거친다. 결혼을 앞둔 청춘들은 평생의 동반자를 선택하기 위해 신중한 분별과 결정의 순간을 맞이하게 된다.

무엇보다 목회자, 혹은 선교사로서의 소명과 부르심을 확인하려는 사람들에게 있어 영적 분별은 핵심적인 주제이며 영적 수련의 중요한 과제다. 평신도 사역자들은 교회와 다양한 형태의 사역에 참여하는 과정에서 기도와 분별을 통해 선택과 결정의 순간들을 어렵지 않게 맞이하게 된다.

우리는 인생의 중요한 변곡점과 전환기에 서서 나와 우리를 향한 하나님의 뜻을 구하기 위해 의식적이든 무의식적이든 영적 분별을 실천하며, 이를 통해 하나님과의 영적 교제와 친밀한 관계를 추구할 수 있다. 그러나 우리의 현실을 살펴보면, 영적 분별을 온전하게 실천하기가 그리 용이한 상황은 아니다. 오늘날은 다양한 정보와 가치가 존중받고 있는 상황에서 그릇된 진리와 거짓된 가르침이 성도들을 현혹하고, 이단과 사이비의 활발한 활동이 건강한 신앙을 위협하고 있는 사회이기 때문이다.

이런 와중에, 한국 그리스도인들의 70% 이상이 삶의 중요한 선택과 결정을 내리기 전 철학관이나 점집을 찾아 도움을 받고 있다는 연구 보고서를 보고 놀라움을 금하지 못한 기억이 있다. 세계 교회사에 보기 드문 부흥과 열정적 기도로 유명한 한국 그리스도인들이 정작 자신들의 삶의 문제의 해결책을 무속적 방법으로 찾고 있다는 사실은 서글픈 역설이 아닐 수 없다. 이 사실은 영적 분별이 한국 교회 성도들에게 소개되고 실천되어야 할 필요성을 확인시켜 준다.

영적 분별을 신앙생활의 중요한 주제로 받아들여야 하는 시대적 정황 증거들은 다음과 같이 설명될 수 있다.

첫째, 현대 사회의 급속한 변화와 다양한 삶의 형태는 기존의 가치관과 세계관에 대해 실제적인 변화를 요구하고 있다. 전통적 입장에서, 성도들은 하나님의 뜻을 분별하기 위해 오직 교회와 교리의 권위에 절대적으로 의존해 왔다. 교리적 가르침, 설교와 성경 공부를 통해 접하는 하나님의 뜻은 성도들에게 수동적이며 수용적인 자세만을 요구했다.

그러나 다양한 삶의 형태가 확대되고, 개별적이고 특수한 상황에 대한 이해와 해석의 폭이 확장되면서 성도들은 영적 체험과 신앙생활에 있어 주체적이고 주도적인 삶을 지향하고 있다. 더불어 자신에게 주어진 특수하고 개별적인 상황 속에서 하나님의 뜻을 찾고 분별하고자 하는 영적인 갈망이 확대되고 있다. 이는 하나님과의 친밀한 교제와 동행을 향한 현대 그리스도인들의 영적 갈망과 보조를 맞추면서, 영적 분별의 필요성을 절감하며 영적 수련에 대한 관심 고조로 이어지고 있다.

둘째, 신앙생활과 일상의 삶을 조화롭게 일치시키고 통합하고자 하는 구도자적 삶과 맥을 같이한다. 현대인들은 일상 속에서 접하는 수많은 정보와 지식 체계를 통해 다양하고 변화무쌍한 세상을 만나고 있다. 대표적으로, 심리학과 천체물리학, 뇌 과학 등은 인간과 자연, 우주에 대한 새롭고 다양한 정보들을 제공하며, 새로운 세계와 경험에 대한 호기심을 자극한다.

현대 그리스도인들은 새롭게 만나는 정보와 세계가 자신의 신앙 체계로부터 분리되거나 소외되어 긴장과 갈등을 확대시키기보다는 생산적이고 실제적인 방식으로 조화를 이루고 공존하기를 기대한다. 나아가 새로운 지식 체계와 정보 속에서 새로운 하나님 경험을 추구하며 구도자적인 삶의 태도를 지향하는 젊고 용기 있는 그리스도인들도 증가하고 있다. 영적 형성으로서 영적 분별은 이러한 현대 그리스도인들의 신앙생활과 일상의 삶을 생산적이고 건설적인 방식으로 조화를 이루며 통합하려는 영적 갈망과 구도자적 삶에 실제적인 도움을 준다.

성경 속의 영적 분별

'분별'이라는 용어는 성경에 빈번하게 등장하는 표현은 아니지만, 성경에 나오는 등장인물들의 영적 삶에 핵심적 요소라는 사실을 짐작할 수 있다. 그들은 하나님의 뜻을 분별하면서 소명과 비전을 확인하고 새로운 영적 여정을 시작했으며, 주어진 사역과 과업을 성취하거나 실패하면서 우리의 신앙적 모범, 혹은 반면교사가 되어 왔다.

구약성경의 영적 분별

하나님의 형상대로 창조된 에덴동산의 아담과 하와는 하나님의 뜻을 온전하게 인지하도록 허락되었음에도 불구하고 하나님의 뜻을 거스름으로써 하나님의 뜻을 온전하게 분별할 수 없는 존재가 되었다. 이삭이 야곱을에서인 줄 착각하고 축복한 사건(창 27:23)은 인간의 온전하지 못한 분별의 능력에도 불구하고 어떻게 하나님의 뜻이 실현되는지를 보여 주는 영적 아이러니와 역설의 이야기로 유명하다.

하나님이 소년 사무엘을 부르시는 장면은 영적 분별에서 중요한 통찰과 지혜를 제공한다. 사무엘이 자는 동안 들었던 하나님의 목소리는 그의 경험과 인식의 세계에서는 파악하기 어려운 영적 계시였다. 이때 제사장 엘리는 자신의 경륜과 영적 지혜를 근거로 사무엘에게 '열림과 관대함'이라는 영적 자세를 소개하고 가르쳐 주었다. 중요한 사실은 하나님이 사무엘에게 하신 말씀이 엘리와 그의 아들들에게 해가 되는 내용이었음에도 불구하고 엘리는 사무엘과 자신에 대한 하나님의 뜻을 순전하게 받아들였다는 점이다.

여기서 우리는 영적 분별의 중요한 성경적 토대를 발견하게 된다. 첫째, 하나님의 뜻은 한 개인에게만 독단적으로 분별되는 것이 아니라 타인도 파악할 수 있다. 둘째, 하나님의 뜻에 대한 인간의 반응은 열림과 관대함이며, 이에 대한 영적인 응답(삼상 3:8-9)이 없이는 하나님의 말씀을 구현하지 못할 수 있다. 셋째, 하나님의 뜻이 분명해질수록 우리에게 요구되는 반응은 "있는 그대로" 받아들이고, (설령 내 뜻과 다를지라도) 존중하고, 그대로 실천하는 것이다.[1]

예언서 곳곳에서는 영적 분별의 한 종류인 '영 분별'(discernment of spirits)이 상당히 중요하게 다루어진다. 선한 예언자와 악한 예언자 사이의 구분은 그들의 예언과 행위가 선한 영, 즉 여호와의 영으로부터 비롯되었는지, 아니면 악한 영, 즉 사탄의 영으로부터인지를 구분하는 사건에서 중요한 주제로 등장했다.

갈멜산에서 약 500명의 바알 선지자들과 대결했던 엘리야의 이야기(왕상

18장)는 영 분별에 있어 가장 유명한 본문이다. 흥미로운 사실은 엘리야가 영적 대결에서 승리한 이후 로뎀 나무 아래에서 심각한 영적 실망을 경험 했다는 사실이며, 그 가운데 하나님의 뜻이 '세미한 침묵의 소리'(the sound of sheer silence)로 경험되었다는 점이다. 침묵의 심연에서 치유와 회복을 경험한 엘리야의 영적 경험은 우리에게 낯선 도전이지만, 영 분별에 있어 중요한 성경적 근거를 제시한다.

지혜의 하나님(divine sophia)을 추구하는 지혜 문학에도 영적 분별을 위한 주옥같은 가르침들이 등장한다. 일천번제 이후 솔로몬이 하나님께 '분별력 있는 마음'(discerning heart)을 구했다는 말씀은 영적 분별의 중요성을 강조하는 대표적인 본문이다.

특별히 우리가 주목하는 지혜 문학은 욥기에 등장하는 장대한 하나님의 연설(욥 38-41장)이다. 욥과 세 친구들의 긴 대화록의 끝머리에 갑자기 폭풍 가운데 등장하신 여호와의 음성은 신정론(theodicy)에서 빼놓을 수 없는 신학적 통찰을 제공한다. 인간 이성과 제한된 경험만으로 고통과 죄의 신비로운 문제를 해석하려는 인간들의 알량한 시도에 하나님은 거룩한 분노의 목소리를 아끼지 않으신다. 인간의 영역을 넘어 계신 신비와 초월로서의 하나님의 뜻을 창조적 질서와 사건 속에서 묘사하며 웅변하신 하나님의 천둥 같은 음성은 영적 분별의 필수적 토대인 '영적 초연'과 '겸손함'의 성경적 근거의 백미라 일컬을 만하다.

신약성경 속의 영적 분별

신약성경에서 분별의 주제와 대상은 예수 그리스도에 대한 경험과 고백, 하나님 나라, 혹은 신적 질서의 영적 인식으로 함축되어 등장한다. "예수님은 누구이시며, 그분의 생애와 가르침은 무슨 의미가 있는가? 그리고 우리는 어떻게 응답할 것인가?"가 신약 전체를 아우르는 영적 분별의 주제다.

예수님이 표적을 구하는 바리새인과 사두개인들을 꾸짖으시며 날씨는 분별하면서 시대의 표적은 분별하지 못한다고 지적하신 부분(마 16:3; 눅 12:56)은 영적 분별에 있어 예수님의 중심성을 상징적으로 드러낸다. 바울은 자신이 쓴 여러 편지들을 통해 이 세대를 본받지 말고 예수님을 통해 드러난 하나님의 뜻을 분별하라고 일관되고 지속적으로 성도들에게 권고했다(롬 12:2). 또한 신약성경에서 분별은 하나님의 말씀이 인간의 마음과 생각을 판단하는 능력으로 묘사되며(히 4:12), 육에 속한 사람이 영적 사건을 인식하지 못해 어리석어지는 이유는 분별하지 못하기 때문으로 이해된다(고전 2:14).

신약성경의 또 다른 특징 중에 하나는 영적 분별을 공동체의 사역과 은사로 소개하고 강조한다는 점이다.[2] 가룻 유다를 대신할 사도를 선발할 때(행 1:21-26)와 이방인 선교와 구원의 가능성을 연 예루살렘공의회 때 등장하는 공동체 분별은 사도들과 예수 공동체에서 하나님의 뜻을 구현하는 절대적인 방식이었다(행 15장). 특히 바울과 실라를 통해 이방인 선교의 문을 열어 가는 예루살렘공의회의 영적 분별 과정은 예수 공동체와 교회 안에서 공동체 분별이 얼마만큼 획기적이며 강력한 역할을 할 수 있는지를 보여 주는 성경 이야기다.

역사 속의 영적 분별

로욜라의 이냐시오의 영적 분별

영적 분별에 있어 첫 번째로 살펴볼 기독교 영성 고전은 로욜라의 이냐시오의 《영신 수련》이다. 이냐시오의 영적 분별에 대한 가르침이 기독교 역사 속의 수많은 영성가에게 사랑받는 이유는 두 가지로 요약될 수 있다. 첫째,《영신 수련》에 담긴 영성 식별 규칙이 기독교 영성 전통 속에 전해 내려오던 수많은 분별 규칙과 기도 방법들을 총망라해 체계화한 것이기 때문이다. 둘째, 그의 영성 식별 규칙이 현대인들의 기도 생활과 영적 변화에 여전히 적용 가능하며, 구체적인 변화를 유도하기 때문이다.

그가 남긴 역사적 기여는 영적 역동의 두 가지 개념, 즉 '영적 위안'(spiritual consolation)과 '영적 실망'(spiritual desolation) 속에 자세하게 담겨 있다. 영적 위안은 하나님을 향한 사랑이 증가하면서 그분의 뜻대로 행하고자 하는 열망이 증대되는 총체적인 현상을 일컫는 반면, 영적 실망은 반대의 역동, 즉 하나님으로부터 멀어지는 내적인 역동을 일컫는다. 두 정서적 경험은 감정을 의미하지 않는다. 기분이나 생각의 좋은 분위기를 영적 위안으로, 그 반대를 영적 실망으로 정의하지 않는다. 따라서 감정의 좋고 나쁨을 분별하는 것이 아니라 하나님을 향한 사랑의 증대, 혹은 외면이 정서적 경험의 기준이 된다.

우선 영적 위안의 기초적 특성으로는 하나님과 이웃을 향한 사랑의 증대, 소망과 믿음의 증대, 내적 기쁨과 평화와 안녕의 깊은 만족감 등으로 요약될 수 있다. 영적 실망은 하나님과 이웃을 향한 사랑의 축소, 소망과 믿음의 축소, 내적인 요동 및 불안, 감정적 충동, 육체적 탐닉, 게으름, 불만족, 나아가 하나님으로부터의 분리 등으로 요약된다.

이 역동을 기반으로 이냐시오는 영적 분별에 관한 두 가지 영적 규칙을 우리에게 전해 주었다.《영신 수련》의 첫째 주간에 해당되는 영성 식별 규칙은 영적 실망의 원인과 상태에 대한 분석을 다루며, 영적 실망을 극복하는 방법까지 소개한다. 둘째 주간을 위한 영성 식별은 보다 더 정교하며 섬세한 영적 분별을 요구하는데, 그 이유는 영적 위안의 기원이 경우에 따라 성령이 아닐 수 있다는 사실을 지적하고 있기 때문이다. 이냐시오는 영적 위안의 과정을 처음, 중간, 끝으로 나누어서 모든 과정이 선하면 성령의 인도하심으로 분별할 수 있지만, 선으로 시작했으나 사악한 의도가 중간과 끝에 드러나면 그것은 성령으로부터 기인한 영적 위안이 아니라고 가르쳤다.

여기서 이냐시오의 가르침 중에서 가장 의미 있는 비유가 등장하는데, 영적 실망은 빗방울이 마치 바위 위에 떨어지는 것과 같아 요란스럽고 불안정하게 다가오는 반면, 영적 위안은 마치 스펀지에 물이 스며들듯이 가볍고 부드럽게 다가온다고 기술했다. 성령이 주시는 참된 열매는 급작스럽게 다가와 잠시 머물다 사라지는 형태이기보다는, 즉각적으로 인식되지는 않을 수 있지만 영적 평안과 만족이 쉽게 사라지지 않고 오래도록 머물며 사랑의 깊이를 심화시키는 형태로 체험된다.

이냐시오의 영적 분별이 지닌 중요한 의미 중에 하나는 분별에 있어 이성의 역할을 적극적으로 활용한다는 점이다. 이냐시오는 세 번의 '거룩한 선택(election)'이라는 수련을 통해 3가지 다른 경우의 분별과 그에 따른 선택의 상황을 기술했다.

첫 번째 선택은 바울과 마태가 예수님의 부르심을 받고 따르기로 결정한 경우로서, 의심의 여지없는 성령의 강권적인 인도하심에 순종하게 되는 선택이다. 두 번째 선택은 영적 위안과 영적 실망의 역동적 감정 체험 속에서 하나님의 뜻을 좀 더 명확하게 찾고 분별해 가는 과정을 일컫는다. 세 번째이자 마지막 선택은 주어진 선택의 상황이 엄중함에도 불구하고 마음으로는 평온함을 유지하고 있으면서 뚜렷한 영적 역동을 가늠하기 어려운 상황을 상정한다. 이냐시오는 불확실하고 미묘한 상황에서 명확하고 뚜렷한 분별을 실천하기 위한 방법으로 이성을 사용하는 영적 분별을 세 번째 선택에서 제시했다.

이성을 사용하는 영적 분별 방법은 다음과 같다.

(1) 분별하고자 하는 대상을 질문의 형태로 만들라. 예를 들면, "이 사람이 제게 보내 주신 배우자인가요?", "이 학교에 입학해야 할까요?" 등 구체적일수록 도움이 된다.

(2) 일기나 종이에 각 선택에 따른 장점과 단점을 상세하게 기록한다. 심사숙고해 충분한 시간을 두고 기도한다. 이후 각 선택에 따른 장단점의 열거된 개수에 의미를 두기보다는, 각 선택의 경중을 고려하면서 성령의 인도하심이 어느 방향을 향하는지 내적 감각으로 가늠하고, 영적 초연의 은사를 간구한다.

(3) 하나님의 뜻에 합당하다고 여겨지는 결정과 선택을 임시적으로 내린다. 이때 자신의 내적 갈망이 주님께로 향하는지, 영적 초연의 상태를 확인하며 결정한다.

이 영성 식별 방법은 영적 세계에 관한 체험은 단지 임의적이며 비합리적일 수밖에 없다는 편견과 선입견에 정면으로 도전한다. 오히려 이냐시오는 하나님의 뜻을 분별하는 과정이 치밀하며, 체계적이고, 구체적인 영적 테두리 안에서 배울 수 있는 영적 은사라는 점을 일깨워 주었다.

조나단 에드워즈의 영적 분별

영적 분별에 있어 두 번째로 살펴볼 인물은 조나단 에드워즈다. 그는 개신교 영성에서 영적 분별 전통에 큰 획을 그은 신학자다. 서구 역사가 근대화의 과정을 치열하게 경험하고 있을 무렵, 에드워즈는 미국의 영적 대각성(Great Awakening)의 시기에 관찰된 신비 체험들을 분석하며 부흥의 역사 속에서도 거짓된 신앙이 성행할 수 있다는 사실을 깨달았다. 그는 두 권의 저작, 《신앙감정론》과 《성령의 역사 분별 방법》을 통해 참된 신앙의 열매와 증거가 무엇인지를 연구하며 영적 분별의 중요성을 강조했다. 에드워즈의 영적 통찰은 영적 분별에 있어서 '마음' 혹은 '정서'의 중심성을 강조하고 있다는 사실에서 찾을 수 있다.

우선, 에드워즈는 인간이 경험하는 하나님 임재 체험이 전적으로 영적인 사건이기에 육체적, 물질적 영역에서는 무의미하다고 주장하는 이분법적 영적 분별을 경계했다. 그는 영적 체험이 일어나는 현장(locus)은 마음이며, '마음'을 '감정적 경험과 이성적 체계가 결합되고 통합된 상태'로 정의 내렸다. 즉 인간의 모든 감각과 체험이 통합되어 전인적인 경험이 발생하는 궁극적 장소(locus)가 마음이라는 것이다.

주목할 점은, 우리의 영적 경험과 초월적 경험이 이성과 합리적 판단으로부터 분리되거나 소외되지 않아야 한다는 것이다. 이성적이며 합리적인 사고, 이성적 판단이 영적 차원의 경험을 무시하거나 배제하지 않고 상호 간에 통합과 일치를 지향할 때 영적 분별이 참된 믿음의 열매를 맺게 될 것이라 주장했다. 그런 의미에서 에드워즈는 감정보다는 '정서'라는 표현을 선호했고, 종교적 혹은 영적 정서에서 인식되는 영적 경험들을 분별의 대상으로 간주하고, '믿을 만한 표식'과 '믿을 수 없는 표식' 12가지를 각각 상세히 제시했다.

에드워즈의 영적 분별은 우리에게 두 가지 귀중한 영적 통찰을 제공한다. 첫째, 하나님의 임재 체험은 이분법적 세계관 속에 영적인 사건으로만 인식되는 것이 아니라 전인적이고 총체적인 사건이기에 초월적이며 신비롭다. 둘째, 전인적 영역에서 인지된 하나님의 임재가 정서 안에서 체험되며, 감정과 이성이 결합된 마음, 즉 정서에서 통합을 추구할 때 영적 분별은 온전한 믿음으로 인도한다.

영적 분별의 필수적 구성 요소

영적 분별의 필수적 구성 요소란 영적 수련으로서 영적 분별을 실천함에 있어 항상 포함되고 수행되어야 하는 영적 토대이며 근본적 역동을 일컫는다. 영적 분별은 적어도 3가지 요소를 필수적으로 갖추어야 하며, 이들은 영적 분별의 모든 기도의 절차와 과정, 내용에 필수적이기에 전 과정을 성찰하고 평가할 때 꼭 점검되어야 할 대상이다.

첫 번째 토대는 '관상'(contemplation)에 대한 온전한 이해와 수련이다. 기독교 영성가들이 안내하는 관상은 하나님의 임재 안에 거해, 인격적으로 교제하며, 그분의 관점을 내면화해 자아 및 이웃과 세상 속에서 사랑을 실천하는 삶을 목표로 한다.

현대 기독교 영성가들에게 보편적으로 받아들여지는 정의는 "A Long Loving Look at the Real"이다.[3] "오랜 시간(하나님의 시간 프레임 안에서) 하나님의 사랑의 시각으로(예수 그리스도를 통해 계시된) 세상의 모습을 있는 그대로(하나님이 이처럼 사랑하시는 대로) 바라보는 기도"로 간결하게 번역이 되지만, 이 기도의 심오한 깊이와 진가는 기도 수련을 통해서만 발견된다.

관상을 습득하지 않은 영적 분별은 수련에 있어 이어지는 두 번째, 세 번째 토대에 대한 이해 및 체험에 이르지 못하기 때문에, 이는 영적 수련의 출발이라 할 수 있다.

두 번째 토대는 욕망 혹은 갈망(desire)에 대한 관상적 이해다. 원하는 대로 행동하고 싶어 하는 원초적 '본능'과는 비교되는 개념이다. 욕망 혹은 갈망은 인간 실존을 규정하는 현재적 자아를 설명하기에 가장 솔직하고 진솔한 내적 자산이며, 한 인간이 관계 맺고 있는 타자와 사물에 대한 복잡성과 심오성을 담아 내고 있는 내적 근원이라고 정의 내릴 수 있다.[4]

이냐시오는 영성 훈련의 궁극적 목표 중에 하나를, 본능적이며 이기적인 인간의 욕구를 벗어 내고 하나님의 거룩한 욕구 혹은 갈망을 닮아 가고 회복하는 것으로 이해했다. 죄로 인해 일그러진 하나님 형상이 예수 그리스도에 대한 믿음으로써 치유 받고 회복되는 과정은 곧 거룩한 갈망의 치유와 회복을 의미한다. 따라서 현재 영혼의 욕구 혹은 갈망이 어느 방향을 지향하는지를 기도 가운데 분별하는 것이 수련 과정 중에서 중요한 목표이며, 동시에 분별의 대상이다.

세 번째 토대는 '영적 초연'(spiritual indifference)이다. 영적 초연은 영신 수련에 있어서 기도의 시작점이며 궁극적 목표로 동시에 간주할 만큼 중요한 영적 은사다. 피조물을 향한 그 어떠한 내적 지향점을 내려놓고 오직 자신이 창조된 이유, 소명을 따라 살아가는 일상, 혹은 삶의 방향을 일컫는 개념으로 정의된다. 좀 더 실제적으로는 '평형 상태' 혹은 '균형 감각'(equilibrium)이라고 표현되는데, '어느 방향으로도 치우침이 없고, 오직 하나님의 사랑에로만 향해 있는 상태, 하나님의 사랑이 지시하고 인도하는 방향으로 움직이고 반응할 준비가 되어 있는 상태'라고 할 수 있겠다.

영적 초연은 한 영혼이 인간적이며, 이기적이고, 물질주의적이며, 현세적인 관심과 욕심으로부터 얼마만큼 자유로운지를 가늠하는 개념이기도 하며, 동시에 하나님을 향한 순전한 갈망이 구체화된 상태라고 볼 수도 있다. 자신에게 일어나는 사건과 일들로부터 초연한 상태이기도 하지만, 그 초연한 상태의 근원은 "뜻이 하늘에서 이루어진 것같이 땅에서도 이루어지이다"(마 6:10)라는 주기도문적 고백이기도 하다. 이는 욕구가 온전히 하나님의 갈망(Divine Desire)에 일치하고자 하는 내적 열망이기도 하다. 하나님의 뜻이 내 삶 안에서 이루어지기를 원하는 영적인 욕구와 갈망이기 때문에 영성 훈련의 궁극적 열매이며 목표가 된다.

영적 수련으로서 영적 분별

특정한 상황에서 하나님의 뜻을 찾아가는 기도와 수련은 영혼에게 철저한 준비와 예비 과정을 요청한다. 영적 역동 혹은 내적 지향이 전적으로 하나님의 세밀한 움직이심과 성령의 미묘한 인도하심에 초점을 맞출 때 분별은 온전하게 실천될 수 있다. 이런 이유로 성령의 주파수에 우리의 영적 안테나를 맞춰 가는 과정으로 영적 분별을 표현하기도 한다.

삼위일체 하나님의 창조적 사역에 참여하는 사역이며 영적 수련으로서 영적 분별을 실천할 때는 다음과 같은 예비 단계를 거칠 필요가 있다.

영적 분별 실천의 예비 단계

첫 번째 예비 단계
하나님의 임재에 전인적인 초점을 맞추는 기도로 시작한다. 만물 가운데 충만하신 하나님의 임재를 고백하며, 지금 이 자리에 함께하시는 주님을 고백하고, 선포하며, 의지하는 기도로부터 영적 분별은 시작된다.

두 번째 예비 단계
하나님의 임재 가운데 성도의 영적인 상태를 성찰하고, 내면의 초점을 성령 하나님의 거룩한 움직이심에 맞춘다. 이기적이며 즉흥적인 욕망을 내려놓고, 주님을 향한 거룩한 갈망으로 인도해 주시기를 기도한다.

이냐시오는 이 수련을 '의식 성찰'(awareness examen)이라 칭했는데, 이 기도는 하나님의 임재와 역동의 흔적을 찾도록 인도한다. 의식 성찰은 주로 하루를 돌아보는 저녁 혹은 밤 시간에 5-15분 동안 이루어지며, 하나님의 손길과 인도하심의 순간들을 돌아보고 성찰하도록 돕는다. 이 기도는 바쁜 일상 속에 잊히거나 인식하지 못했던 하나님의 인도하심과 임재를 알아차리고(being aware), 우리의 전인적 요소인 이성과 감성, 정서 혹은 갈망과 욕망의 흐름과 방향을 성찰해 하나님의 인도와 뜻에 초점을 맞춰 가도록 안내한다.

"하나님의 사랑은 오늘 나를 어떻게 이끌었는가? 나는 그 이끄심에 어떻게 반응했는가? 나의 영적 갈망은 더 깊어졌는가, 아니면 피상적인가?"[5]

이 기도를 통해 근본적인 변화를 기대할 수 있는데, 먼저 우리 내면의 초점을 나 중심에서 하나님 중심으로 재조정하게 된다. 무의식적으로 흘러가는 일상 속에서 나 주도로 채워지는 삶이 아니라, 하나님의 인도하심과 주권을 인식하고 고백하는 기도로 옮겨 가게 된다. 또한 일상과 사람과 세계에 대한 관점이 편협하고 이기적인 자아로부터 하나님의 관점으로 옮겨져 하나님의 시각과 마음으로 바라볼 수 있게 된다. 의식 성찰을 통한 관점의 이동과 변화는 영적 분별이 온전하게 수행되기 위해서 필수적으로 예비되어야 하는 마음의 프레임이다.

영적 분별의 5단계

이제 분별의 기도를 드릴 준비가 되었다면, 구체적인 절차를 통해 영적 분별 기도를 실천해 보도록 하자. 우리는 영적 분별의 과정을 5단계로 실천하고자 한다.

분별의 질문과 대상을 정확하게 표현해 보도록 하자

기도할 때 "중언부언하지 말라"(마 6:7)라고 명하신 주님의 가르침과 맥을 같이해, 분별이 필요한 상황이나 대상이 무엇인지 뚜렷하고 정확하게 표현하고 기술하는 것은 분별의 시작에 있어 필수적 절차다. 내면에서 궁극적으로 떠오르는 질문이 무엇인지, 그 질문과 분별이 어떤 선택과 결정으로 인도하는지를 구체적이며 뚜렷하게 표현할 수 있을 때 분별은 온전한 기도가 될 수 있다. 이때 질문의 형태로 기도를 고안하는 것은 큰 도움이 된다.

문제에 관한 적절하고 정확한 정보를 수집하고, 주어진 정보와 지식을 분석해 보도록 하자

어느 과정보다 이성적 능력을 활용하는 단계로서, 문제에 관련된 다양한 경험과 통로를 통해 감지되는 정보와 지식들을 수집하는 과정이 중요한 단계다. 이것은 하나님의 임재와 인도하심이 전인적이고 통합적이라는 사실을 고백하는 영적인 수련의 과정이다. 주어진 문제와 구체적인 정보와 지식, 그에 따른 성령의 이끄심이 어느 방향과 선택으로 인도되는지를 분별하는 기도를 드린다. 각 선택과 결정에 따라 예상되는 결과와 여파 등을 예상하며 분석하는 과정이 필요하다.

충실한 과정을 거쳐 최선의 선택지가 주어졌다면 잠정적인 결정과 선택을 내려 보자

특정한 상황에서 행해지는 선택과 결정은 특정한 방향, 목적과 이유, 그에 따른 가치 추구, 혹은 내면의 갈망과 소원 등을 담아낸다. 잠정적인 결정과 선택을 통해 하나님이 자신을 어디로, 어떻게 이끄시는지를 분별하는 기도가 필요하다. 이때 가장 요구되는 내면의 상태는 영적 초연 혹은 자유다. 그 문제와 선택의 궁극적 주체는 하나님이시며, 분별의 과정을 통해 얻고자 하는 것은 특정한 선택과 결정이 아니라 하나님과의 친밀한 동행이라는 거룩한 열망을 유지하는 것이 중요한 단계다. 따라서 잠정적 결정은 그 자체를 추구하기보다 영적 초연과 거룩한 열망을 북돋는 방향으로 지향될 필요가 있다.

성령 하나님으로부터 확증(confirmation)을 구하는 기도의 시간을 갖자

영적 분별을 통해 도출된 최선의 선택과 결정을 내리는 단계다. 내려진 결정과 선택이 주님의 뜻과 일치한다면 주님이 확증을 주실 것이라는 믿음으로 잠시 기다리는 시간이다. 분별과 선택의 주제가 개인적인 것이라 할지라도 관련된 주변 인물들 혹은 공동체 일원들과 같이 중보 기도 제목을 나누며, 영적 교제를 통해 확증 단계를 실천하는 방법이 안전하다. 이 단계의 슬로건은 "분별을 분별한다", "내면의 이끌림을 점검한다"로 표현된다. 즉 선택과 결정이 최종 목표가 아니라 하나님을 향한 사랑의 증대가 최종 목표라는 사실을 다시 한 번 되새기는 단계다.

분별의 전 과정을 성찰하고 평가하는 시간을 갖자

단지 결정과 선택을 내렸다고 해서 영적 분별이 끝나는 것이 아니다. 이 과정을 통해 하나님께 대한 사랑이 증대했는지를 살피는 것이 최우선이다. 자기 욕망의 발현이 아니라 하나님의 뜻이 실현되었는지를 살피고, 주님의 주도적 인도하심을 고백하며, 모든 과정에서 이 원칙이 고수되었는지를 확인하는 단계다. 온전한 영적 분별은 만족스러운 결정과 선택이 아니라 성령과의 동행을 통해 하나님의 뜻을 이루어 가고 사랑이 깊어지는 것임을 최우선 목표로 점검한다.

공동체 분별: 명료화위원회

영적 분별은 개인적 영성 훈련뿐 아니라 믿음의 공동체가 내리는 선택과 결정에서도 신실하게 실천되어 왔다. 이냐시오와 그의 동료들은 예수회를 설립하는 초기 과정부터 공동체 분별을 실천하는 영적 전통을 확립해 왔다. 개신교 전통에는 퀘이커의 '명료화위원회'(the Clearness Committee)가 대표적이며, 교회와 신앙 공동체는 하나님의 뜻을 실현하도록 부르심을 받았다는 소명 의식에 근거해 공동체 분별을 실천한다.

공동체 분별의 한 모델로서 명료화위원회는 다음과 같은 전제와 절차를 통해 실천된다.

(1) 신앙 공동체의 한 일원의 영적 분별의 과정에 그 사람을 사랑하고 잘 아는 영적으로 성숙한 3-4명이 초대되어 명료화위원회가 구성된다.

(2) 위원들은 결정과 선택에 직접적으로 관여하지 않을 뿐 아니라 조언과 충고도 허락되지 않는다. 단지 분별자(the one discerning)를 위해 기도하고, 경청하며, 질문을 통해 그의 기도가 심화되도록 돕는다.

(3) 명료화위원회가 구성되면 분별자는 자신이 처한 상황과 그에 관한 분별의 내용을 위원들에게 간략하게 설명하고 분별 기도를 요청한다.

(4) 위원들은 명료화위원회의 과정을 전적으로 한 영혼을 위한 중보 기도의 시간으로 삼는다. 각자의 삶을 통해 경험된 성령의 인도하심에 초점을 맞추고, 그에 관한 영적 경험을 분별자와 위원회에서 공유한다.

(5) 위원회에서 이루어지는 모든 대화와 질문은 중보 기도로 간주된다. 위원회 모임 시간은 분별자를 위한 중보 기도의 시간이다. 대화와 소통은 성령의 인도하심에 보다 민감하게 반응할 수 있도록 돕는 '명료화를 위한 질문'(clarifying questions)과 '확인 질문'(probing questions)으로 대부분 채워

진다. 판단과 비판, 평가의 내용에 대한 대화는 허락되지 않지만, 분별을 위한 침묵의 시간은 충분히 허락된다.

(6) 위원들의 질문이 분별자에 의해 충분히 대답되었다면 위원들은 각자 기도의 자리로 돌아가고, 그날의 모임을 마친다.

(7) 위원회는 분별자의 요청에 따라 몇 차례 진행될 수 있으며, 영적 분별이 명료해지면 분별자는 위원들에게 감사의 인사를 나누고, 위원회는 자연스럽게 해산된다.

소그룹 나눔 질문

1 영적 분별을 통해 구현하고 싶은 하나님의 뜻과 갈망은 무엇인가?

2 하나님의 전인적인 임재와 성령의 이끄심이 어떻게 인도하고 있는가? 분별의 과정 중에 새롭게 주어진 정보와 지식은 무엇인가?

3 영적 분별의 모든 과정이 주님의 인도하심과 주권 속에 이루어졌는가? 선택의 결과와 결정의 열매에 대해 얼마만큼 초연하며 자유로운가?

4 영적 분별의 개인적 영역과 공동체 혹은 사회적 영역은 어떻게 상호적으로 영향을 주고 있는가? 우리의 분별은 어떤 방식으로 전인적 통합과 일치를 추구하고 있는가?

참고 도서

· 로욜라의 성 이냐시오, 정제천 요한 역.《영신 수련》. 서울: 이냐시오영성연구소, 2010.

· 엘리자베스 리버트, 이강학 역.《영적 분별의 길: 하나님과 함께 믿음의 결정 내리기》. 서울:
  좋은씨앗, 2011.

· 마르코 이반 루프니크, 오영민 역.《식별》. 서울: 바오로딸, 2011.

· 고든 스미스, 박세혁 역.《분별의 기술》. 서울: 사랑플러스, 2004.

· 헨리 나우웬, 이은진 역.《분별력》. 서울: 포이에마, 2016.

· 조나단 에드워즈, 존 스미스 편, 정성욱 역.《신앙감정론》. 서울: 부흥과개혁사, 2005.

14

영성 지도

이강학

개요

|

미하엘 엔데(Michael Ende)의 소설《모모》의 주인공 모모는 특별한 재능이 있었는데, 마을 사람들의 이야기를 잘 들어 주는 재능이었다. 무슨 일만 있으면 서로 "아무튼 모모에게 가 보게!"라고 말해 주는 것이 일상이 될 정도였다. 모모와 대화를 나눈 사람들은 분노가 가라앉고 복잡했던 문제가 단순해졌다. 그것이 '경청'의 힘이다. 엔데는 모모를 통해 현대인이 상실한 경청에 주의를 기울였다. 살리는 대화는 경청에서 비롯된다.

현대 그리스도인들은 영적 대화에 목말라 있다. 그리스도인이 영적으로 성장하려면 진실하게 마음을 나누는 대화가 무엇보다도 중요하다. 그런데 현대 교회에서는 신자들 사이에서도 진실한 대화를 나누기가 쉽지 않다.

그리스도인의 영적 성장에 필수적인 영성 훈련 중 하나가 '영성 지도'(spiritual direction)다. 영성 지도는 그리스도인들이 하나님과의 관계에서 자라 가기 위해 정기적으로 만나 대화를 나누는 영성 훈련이다. 영성 지도의 목적은 영성 지도를 받는 그리스도인이 하나님과의 관계에서 자라 가는 것이다. 영성 지도에서 대화를 안내하는 사람은 '영성 지도자'(spiritual director)라고 하며, 대화 중 자기의 경험을 나누는 사람은 '피지도자'(directee)라고 부른다. 이 대화는 주로 일대일로 진행되지만, 4-6명으로 구성된 소그룹으로 진행될 수도 있다.

영성 지도자는 피지도자가 영적으로 성장하려면 하나님을 올바로 알고, 하나님을 제대로 경험할 필요가 있다고 믿는다. 그런데 진정한 영성 지도자는 사람이 아니라 하나님이시다. 따라서 영성 지도자는 자신의 지식과 경험을 바탕으로 피지도자를 직접 가르치거나 충고해 주려고 하지 않고, 피지도자가 가능한 한 진정한 영성 지도자이신 하나님을 바라보도록 돕는다.

그래서 영성 지도 대화는 영성 지도자와 피지도자 두 사람이 서로 주고받는 평퐁식 대화가 아니라 함께 하나님을 바라보는 침묵 기도의 분위기에서 이루어진다. 영성 지도의 비권위적이고 비지시적인 성격 때문에 영성 지도는 '영성 안내'(spiritual guidance), '영적 동반'(spiritual companion), '영혼의 친구'(soul friend) 등 다른 이름으로 불리기도 한다.

영성 지도의 특징은 영성 지도의 목적과 방향들을 좀 더 자세히 살펴볼 때 자연스럽게 드러난다. 기독교 영성 지도는 삼위일체 하나님과의 친밀한 관계를 경험할 수 있도록 도와주는 사역이다. 그러므로 영성 지도에 참여하는 영성 지도자와 피지도자는 영성 지도 만남을 통해 다음과 같은 영성 지도의 목적과 방향들을 함께 이해하고 지향한다.

첫째, 하나님이 일상생활에서, 그리고 영성 지도 만남의 시간에 피지도자의 내면과 삶의 경험을 통해 하시는 말씀과 일으키시는 일에 주의를 집중한다. 둘째, 영성 훈련 안내를 통해 피지도자가 하나님께 주의를 집중할 수 있도록 도와준다. 셋째, 피지도자와 하나님의 관계에 어떤 장애물이 있는지를 알아차리고 극복하도록 도와준다. 넷째, 피지도자가 하나님의 부르심을 인식하고 삶 속에서 순종할 수 있도록 도와준다.

그러면 이런 목적과 방향들에 기초해서 성경에 나오는 영성 지도의 모델들을 자세히 살펴보자. 성경 인물들은 자신들의 사역을 영성 지도라고 표현하고 훈련한 적이 없다. 그러나 "하나님과의 친밀한 관계를 경험하도록 일대일 또는 소그룹 환경에서 돕는 사역"이 영성 지도의 정의라고 할 때, 그런 도움을 주는 사역은 성경 전체에서 찾을 수 있다.

이제 구약성경과 신약성경에서 영성 지도의 대표적인 모델이라고 할 수 있는 본문들을 살펴보고 그 내용에 담겨 있는 영성 지도의 특징들을 알아보겠다.

성경적 배경

구약성경에 나오는 영성 지도의 모델: 엘리, 나단

구약성경에서 대표적인 영성 지도의 모델은 제사장들 또는 예언자들 가운데 쉽게 발견할 수 있다. 그 이유는 먼저 제사장들은 하나님과 하나님의 백성 사이를 중재하는 역할을 했는데, 그 역할이 곧 하나님과 하나님의 백성의 관계가 모세의 계약을 기초로 계속 유지되도록 돕는 일이었으므로 영성 지도 사역에 해당된다고 할 수 있다. 또한 예언자들은 인생의 어느 시기에 하나님의 부르심을 받고 예언자 사역을 시작했다. 당시는 제사장들이 제 역할을 못하고, 왕은 하나님의 백성이 하나님께 예배드리는 환경을 마련해 주는 데 도움이 되지 못하는 상황에서, 예언자들은 유일하게 하나님이 주신 말씀을 왕과 제사장들과 하나님의 백성에게 전하는 역할을 맡았다. 예언자들은 왕을 포함한 세속 권력이 하나님을 바라보고 하나님과의 관계를 회복할 수 있도록 돕는 역할을 했기에 영성 지도 사역을 수행했다고 할 수 있다.

여기에서는 제사장들 중에서 엘리의 예를, 예언자들 중에서 나단의 경우를 살펴보려고 한다.

엘리

제사장 엘리의 경우를 영성 지도의 한 예로 들기는 하지만, 엘리가 영성 지도 사역을 항상 잘했다는 점에서는 아니다. 그는 영성 지도의 부정적인 예와 긍정적인 예를 둘 다 보여 주는 인물이다.

① 부정적인 예(삼상 1:9-18)

사무엘상 1장에는 제사장 엘리와 한나의 대화가 나온다. 한나는 남편 엘가나의 사랑을 받는 부인이었지만 자녀가 없었다. 두 번째 부인인 브닌나가 자신을 괴롭히자 실로에 있는 여호와의 전에 기도하러 갔다. 한나는 마음이 괴로워서 여호와께 기도하고 통곡했다. 그리고 하나님이 아들을 낳게 해 주시면 하나님께 바치겠다고 서원했다.

엘리는 여호와의 전 문설주 곁 의자에 앉아서 한나가 기도하는 모습을 지켜보았는데, 그 모습이 좀 이상하다고 느꼈다. 한나가 오래 기도할 뿐만 아니라 기도할 때 소리를 내지 않고 입술만 움직이고 있었기 때문이다. 이때 엘리는 영성 지도자로서 한나가 기도하는 모습이 특이하다는 점을 알아차리긴 했으나 큰 실수를 하고 말았다. 한나가 취했다고 판단한 것과 "네가 언제까지 취하여 있겠느냐 포도주를 끊으라"라는, 한나에게 전혀 도움이 되지 않는 엉뚱한 충고를 한 것이다.

분별력 없는 영성 지도자는 피지도자가 보이는 특이한 모습을 보면서 선입견을 가지고 쉽게 판단한다. 뿐만 아니라 그 잘못된 판단에 기초해서

"포도주를 끊으라"라는 식의 충고까지 하게 된다. 분별력 있는 영성 지도자라면 먼저 한나가 기도하는 모습이 특이하다는 사실을 알아차린 뒤 좀 더 살펴보며 경청했을 것이다. 그런 후에 스스로 이유를 말할 수 있는 기회를 주기 위해 질문을 했을 것이다.

다행히 한나는 하나님께 자신의 고통을 토로하는 데 집중해 있었기 때문에 엘리의 실수에 마음 상하지 않고 오해를 풀면서 자신의 마음을 솔직히 털어놓았다.

"내 주여 그렇지 아니하니이다 나는 마음이 슬픈 여자라 포도주나 독주를 마신 것이 아니요 여호와 앞에 내 심정을 통한 것뿐이오니 당신의 여종을 악한 여자로 여기지 마옵소서 내가 지금까지 말한 것은 나의 원통함과 격분됨이 많기 때문이니이다"(15-16절).

한나가 자신의 마음을 털어놓자 엘리는 비로소 제대로 경청했다. 엘리가 경청을 잘했다고 여겨지는 이유는 한나의 답변을 볼 때 그녀가 마음에 있던 것을 모두 이야기했음을 확인할 수 있기 때문이다. 한나는 자기 마음에 있는 감정들을 잘 인식했고, "나는 마음이 슬픈 여자라", "나의 원통함과 격분됨이 많기 때문이니이다"라는 말로 잘 표현했다. 한나의 말을 잘 경청한 후 엘리가 해 준 말은 한나의 마음에 좋은 영향을 끼쳤던 것 같다. 엘리는 "평안히 가라 이스라엘의 하나님이 네가 기도하여 구한 것을 허락하시기를 원하노라"(17절)라고 말했다.

영성 지도자는 엘리가 말한 것처럼 피지도자를 지지해 주고, 격려해 주고, 중보 기도 해 주어야 한다. 피지도자의 격분한 마음에 가장 필요한 것은 마음의 평안이다. 그리고 이 평안은 하나님이 기도에 응답해 주실 것이라는 믿음에서 온다. 엘리는 한나에게 필요한 것이 무엇인지를 분명하게 인식하고 그 갈망을 알아차린 후 자신의 말을 통해 믿음을 심어 주었다. 엘리와의 대화 후에 한나가 보여 준 모습은 그 대화가 도움이 되었을 것임을 추측하게 해 준다.

"가서 먹고 얼굴에 다시는 근심 빛이 없더라"(18절).

엘리가 한나와 나눈 대화를 영성 지도의 대화라고 가정했을 때, 전반부는 부정적인 예를 보여 주고, 후반부는 긍정적인 예를 보여 준다.

② 긍정적인 예(삼상 3:1-14)

사무엘상 3장은 제사장 엘리와 어린 사무엘의 대화를 담고 있는데, 영성 지도의 또 다른 예를 보여 준다.

한나는 사무엘을 낳자 서원한 대로 하나님께 바쳤다. 어린 사무엘은 하나님의 전에서 자랐다. 어느 날 밤 사무엘이 자기의 이름을 부르는 소리를 듣고 엘리에게 가면서 엘리와의 대화가 시작되었다. 비록 세 차례에 걸친 짧은 대화이지만 이 대화들은 영성 지도의 중요한 모델이 된다.

사무엘은 자다가 "사무엘아 사무엘아"라고 자기의 이름을 부르는 소리를 들었다. 당연히 제사장 엘리가 부르는 줄 알고 엘리에게 달려갔다. 그러나 엘리는 자기가 부른 것이 아니니 가서 다시 자라고 응답했다. 이후 이 일이 세 번 반복되자 엘리는 하나님이 사무엘을 부르시는 것임을 깨달았다. 그래서 사무엘에 이렇게 조언해 주었다.

"가서 누웠다가 그가 너를 부르시거든 네가 말하기를 여호와여 말씀하옵소서 주의 종이 듣겠나이다 하라"(9절).

여기서 엘리는 영성 지도자의 세 가지 중요한 기능을 잘 보여 주었다.

첫째, 영성 지도자는 피지도자의 경험을 잘 경청함으로써 하나님의 부르심을 인식할 수 있어야 한다. 비록 엘리는 사무엘이 세 번씩이나 찾아오기까지 그의 경험을 하나님과 연결시키는 데 실패했지만, 세 번 만에 하나님의 부르심이라는 것을 알아차렸다. 영성 지도자는 자신의 경험을 바탕으로 하나님의 부르심을 인식할 수 있다. 그러므로 영성 지도자는 일상 속에서 하나님과의 의사소통에 민감해야 한다.

둘째, 영성 지도자는 피지도자가 하나님과 대화를 잘하려면 어떻게 해야 할지 안내해 주어야 한다. 엘리는 사무엘에게 다음에 하나님이 부르실 때 어떻게 응답할 것인지를 알려 주었다. 하나님께 "말씀하옵소서 주의 종이 듣겠나이다"라고 몸과 마음으로 응답할 때 하나님은 그다음에 하려고 하신 말씀을 이어 가신다. 하나님과의 의사소통이 진전되려면 피지도자가 "말씀하옵소서 주의 종이 듣겠나이다"라는 태도로 준비되어야 한다. 피지도자가 하나님의 말씀을 경청하는 준비를 하도록 도와주는 것은 영성 지도자의 중요한 역할이다.

셋째, 영성 지도자는 엘리가 보여 준 것처럼 피지도자가 하나님을 바라보도록 곁에서 도와주는 역할만 해야 한다. 다시 말해서, 영성 지도자가 하나님의 역할을 대신해서는 안 된다. 그래서 영성 지도자의 기능을 '산파' 또는 '거울', '울림통'과 같이 자기의 존재를 부각시키지 않고 곁에서 또는 뒤에서 거들어 주는 기능으로 설명한다.

나단

구약성경에서 예언자들 가운데 나단은 다윗 왕의 영성 지도자 역할을 수행했다고 할 수 있다. 나단과 다윗의 영성 지도 만남은 다윗이 영적으로 충만했던 시기와, 반대로 영적으로 위기 가운데 있던 시기에 각각 있어서 다른 특징을 보여 준다.

① 다윗이 영적으로 충만했을 때(삼하 7:1-3)

다윗이 왕이 되어 하나님 앞에 진실하고 충성스럽게 행하던 시기에 예언자 나단과 다윗 왕 사이에 나눈 대화가 사무엘하 7장에 나온다. 다윗은 나단에게 "볼지어다 나는 백향목 궁에 살거늘 하나님의 궤는 휘장 가운데에 있도다"(2절)라고 말했다. 당시 다윗은 주위의 모든 원수를 무찌르고 안정된 가운데 궁에 머물러 있는 상황이었다. 다윗의 말속에는 하나님께 대한 감사와 하나님의 궤를 모실 성전을 짓고 싶은 갈망이 가득 담겨 있다.

우리는 다윗에게 있어서 나단은 하나님을 향한 마음을 포함해서 자신의 마음에 있는 것이라면 무엇이든지 솔직하게 나눌 수 있는 대상이라는 것을 느낄 수 있다. 이처럼 영성 지도자는 피지도자가 가진 하나님께 대한 마음을 솔직하게 나눌 수 있는 대상이 되어야 한다.

나단은 다윗의 말을 잘 경청한 후에 이렇게 말했다.

"여호와께서 왕과 함께 계시니 마음에 있는 모든 것을 행하소서"(삼하 3절).

나단의 말에는 다윗에 대한 지지와 격려가 담겨 있다. 영성 지도자는 나단처럼 피지도자에게 하나님이 함께 계신다는 사실을 자주 상기시켜 주어야 한다. 피지도자에게 그 말처럼 신앙생활에 격려가 되는 표현은 없다. 비록 피지도자가 영적으로 충만한 가운데 있다고 할지라도 그 시기에 맛보는 은혜가 하나님의 함께하심의 결과라는 사실을 인식시켜 주는 것은 피지도자가 계속 겸손하게 하나님을 바라볼 수 있도록 도와주기 때문에 무척 중요하다.

또한 마음이 하나님께 집중되어 있고 하나님과 일치된 사람은 "마음에 있는 모든 것"을 행하더라도 실수하는 일이 적을 것이다. 오히려 마음에 있는 것이 하나님을 위한 것이기 때문에 더욱 그렇다. 나단은 영성 지도자로서 다윗의 마음이 하나님께 집중되어 있고 하나님을 위해 일편단심이라는 점을 인식하고 있었던 것이다.

② 다윗이 영적으로 위기 가운데 있을 때(삼하 12:1-15)

그러나 다윗이 영적으로 충만했던 시기는 궁전에서의 편안한 삶이 지속되자 곧 영적인 위기의 시기로 바뀌었다. 다윗에게 있어서 영적인 위기는 영적인 나태로부터 시작되었다. 그는 전쟁의 시기에 부하들만 전쟁터에 내보내고 궁전에서 시간을 보냈다. 그러던 어느 날 저녁 왕궁 옥상을 거닐다가 목욕하는 여인을 보고 정욕에 사로잡혔다. 그 여인을 데려와 동침하고, 여인이 임신하자 그녀의 남편을 속이려고 거짓말을 했지만 통하지 않자 부하에게 명령해 전쟁터에서 그를 죽게 만들었다. 나태에서 비롯된 위기는 다윗으로 하여금 음란, 거짓말, 그리고 살인에 이르는 범죄를 저지르게 했다.

하나님이 예언자 나단을 다윗에게 다시 보내 영성 지도를 받게 하신 때가 바로 이 영적인 위기의 시기였다. 영적 위기에 처한 다윗에게 나단이 사용한 영성 지도는 3단계로 구성되어 있다고 할 수 있다.

1단계는 비유를 통해 자신의 행위를 객관적으로 살펴보게 한 것이다. 나단은 다윗에게 한 부자가 가난한 사람의 유일한 소유인 암양 새끼를 빼앗아 간 이야기를 들려주었다. 이 이야기를 들은 다윗은 그 부자가 실제 인물인 줄 알고 분노해 죽여야 한다고 주장했다.

2단계는 자신의 행위를 직면하게 한 것이다. 나단은 "당신이 그 사람이라"(7절)라고 말하며 부자와 같은 짓을 저지른 사람이 바로 다윗이라고 면전에서 말했다. 그러면서 객관적으로 확인된 다윗의 범죄를 하나님의 관점에서 낱낱이 고했다. 아울러 다윗이 범죄한 결과 하나님이 내리실 벌까지도 이야기해 주었다. 나단의 직면에 다윗은 자신의 죄를 인정하고 자복

했다.

"내가 여호와께 죄를 범하였노라"(13절 상).

영성 지도자는 피지도자가 하나님과의 관계에서 돌아서서 더 이상 하나님이 기뻐하시는 일을 추구하지 않고 육신의 정욕에 사로잡혀 지낼 때 그를 죄악 가운데 내버려 두지 말고, 그것이 하나님의 마음을 얼마나 아프게 하는지를 정확하게 일러 줄 필요가 있다. 그로써 피지도자가 하나님 앞에 죄를 고백하고 회개하는 일이 일어나기를 기대하는 것이다.

3단계는 하나님이 용서하셨다는 사실을 전한 것이다. 영성 지도자로서 나단은 다윗이 죄를 인정하고 회개하자 "여호와께서도 당신의 죄를 사하셨나니"(13절 하)라고 말하며 하나님으로부터 온 용서의 말씀을 전달해 주었다. 영성 지도자 역시 진실로 하나님 앞에 죄를 고백한 사람은 하나님이 용서하신다는 약속을 예수 그리스도의 십자가에 근거해서 피지도자에게 전해 준다.

신약성경에 나오는 영성 지도의 모델: 예수님

신약성경에서 대표적인 영성 지도의 모델은 예수님이시다. 예수님이 성육신하신 목적은 하나님 아버지와 하나님의 자녀 사이의 관계를 회복시켜 주시려는 것이었다. 그래서 예수님은 공생애 사역을 통해 제자들을 비롯한 세상 사람들에게 하나님 아버지와 하나님 나라에 대한 올바른 이미지를 심어 주셨고, 인류의 죄를 대신 지고 십자가에서 죽음을 맞이하셨다.

성경에는 예수님이 행하신 영성 지도가 가장 잘 드러난 만남들이 있는데, 대표적으로 사마리아 여인과의 대화와 엠마오로 가던 두 제자와의 대화를 들 수 있다.

사마리아 여인과의 대화(요 4:1-42)

요한복음은 신약성경에서 가장 영적인 깊이가 있는 책으로 알려져 있다. 또한 4장에 나오는 예수님과 사마리아 여인의 대화는 신약성경에 가장 길게 기록된 대화다. 그만큼 이 대화는 영적으로 깊은 묵상을 담고 있는 대화라고 할 수 있다. 우리는 이 대화를 읽고 묵상하면 할수록 깊은 생수를 마시는 것 같은 경험, 심지어는 우리 내면에서 생수가 솟아나는 경험을 하게 된다. 영성 지도의 관점에서 보면, 이 본문은 다음과 같은 예수님의 대화의 특징, 즉 영성 지도의 특징을 알려 준다.

① 피지도자가 지닌 갈망들을 파악하고 그가 더 깊이 있는 갈망을 알아차리도록 돕는 것이 중요하다.

우리는 예수님과의 대화를 통해 사마리아 여인에게서 다른 종류의 목마름, 즉 갈망이 드러났다는 사실을 인식할 수 있다. 그 갈망들은 네 종류로 분류할 수 있다. 육체적 목마름, 정신적 갈망, 영적 갈망, 거룩한 갈망이다.

첫째, 육체적 목마름은 말 그대로 날마다 물을 마셔야 하는 현실을 가리킨다. 예수님은 사마리아 여인이 매일 육체적 목마름을 해결하기 위해 물을 길으러 우물에 나오는 것을 고통스러워한다는 사실을 알아차리고 공감해 주셨다. 아울러 목마름이 근본적으로 해결될 수 있음을 암시하심으로 사마리아 여인의 궁금증을 불러일으키셨다.

"이 물을 마시는 자마다 다시 목마르려니와 내가 주는 물을 마시는 자는 영원히 목마르지 아니하리니 내가 주는 물은 그 속에서 영생하도록 솟아나는 샘물이 되리라"(13-14절).

둘째, 정신적 갈망은 남편이라는 존재를 향한 여인의 추구에 잘 담겨 있다. 사마리아 여인은 예수님이 말씀하신 그녀의 인생 이야기에 잘 나타나듯이, 과거에 남편이 다섯 명이나 있었고, 지금도 다른 남자와 살고 있었다. 평이하지 않은 삶은 그녀의 남편이라는 존재에 대한 집착을 잘 보여준다. 예수님은 갑자기 "네 남편을 불러오라"(16절)라고 제안하심으로 여인으로 하여금 그녀의 세상적 삶의 추구를 요약하는 남편이라는 존재의 의미를 생각해 보고, 그 추구가 그녀의 궁극적인 목마름을 채워 주지 못한다는 사실을 인식하도록 도와주셨다.

셋째, 영적 갈망은 여인이 예배에 대해 예수님께 질문하는 데 잘 드러나 있다.

"우리 조상들은 이 산에서 예배하였는데 당신들의 말은 예배할 곳이 예루살렘에 있다 하더이다"(20절).

예배는 하나님께 대한 갈망을 충족시킬 수 있는 현장이다. 여인이 예배에 대해 질문한 배경에는 하나님을 만나고 싶은 갈망이 있었다. 예수님은 예배는 공간의 문제가 아니라 시간의 문제라는 사실을 가르쳐 주심으로써 그녀의 질문에 답변해 주셨다. 사마리아 사람들의 예배 장소인 그리심 산도 아니고, 유대인들이 주장하는 예루살렘도 아니고, 하나님 아버지께 참된 예배를 드리는 때가 오는데, 곧 메시아의 때라는 말씀이 그 뜻이다. 마침내 사마리아 여인은 자신과 대화를 나누던 예수님이 메시아이시라는 사실을 인식하고 영접하게 되었다. 그로써 영적 갈망이 충족되는 경험을 했다.

넷째, 거룩한 갈망이란 다른 영혼들을 메시아께로 인도해서 영생을 맛보게 도와주려는 갈망이다. 사마리아 여인은 물동이를 버려 두고 마을 사람들에게 달려가서 자신이 만난 메시아를 증거했다.

예수님과의 대화는 사마리아 여인이 육체적 목마름에서 정신적 갈망으로, 정신적 갈망에서 영적 갈망으로, 영적 갈망에서 거룩한 갈망으로 더욱더 깊은 갈망을 알아차릴 수 있게 도와주는 대화였다. 영성 지도는 피지도자가 더욱 깊이 있는 갈망을 알아차리고, 마침내 하나님의 갈망이 그의 갈망과 일치됨을 경험할 수 있도록 도와주는 대화다.

② 영성 지도에서 영성 지도자는 피지도자의 신뢰를 얻어야 한다.

사마리아 여인은 예수님을 처음 만났을 때 유대인 남자라는 선입견으로 인해 마음을 열지 못했고, 대화를 계속할 생각을 하지 못했다. 그러나 우리는 예수님이 대화를 진행하시는 가운데 점점 사마리아 여인의 신뢰를 얻어 가셨음을 본문에서 확인할 수 있다. 여인이 예수님을 부르는 호칭이 '당신', '유대인', '주', '선지자', '그리스도'로 변화되는 것을 보라.

영성 지도자는 피지도자가 자기를 신뢰하고 마음 깊은 곳의 갈망을 드러내 보여 주는지를 점검해 보고, 그렇지 못하다면 피지도자를 대하는 자신의 마음과 태도를 살펴보아야 한다.

③ 영성 지도자이신 예수님과 우리는 다르다는 사실을 분명히 인식할 필요가 있다.

예수님은 능력과 지혜에 있어서 우리가 따를 수 없는 분이시다. 예수님은 사마리아 여인의 마음을 읽고 그녀의 지난 삶을 다 아실 수 있었지만, 우리는 그렇지 못하다. 그러므로 본문에서 예수님이 영성 지도자의 역할을 하셨다고 가정했지만, 우리가 영성 지도자로서 담당하는 역할과는 차이가 있다는 점을 인식해야 한다. 우리는 오히려 피지도자와 예수님의 관계가 더욱 친밀해지도록 돕는 역할을 한다. 우리 자신이 메시아인 척, 모든 질문에 답변해 줄 수 있는 위치에 있는 척해서는 영성 지도 사역에 큰 해를 끼치게 된다는 점을 명심해야 한다.

엠마오로 가던 두 제자(눅 24:13-35)

예수님과 엠마오로 가던 두 제자의 대화 역시 영성 지도의 좋은 예를 보여 준다. 이 대화에 나타난, 예수님이 보여 주신 영성 지도의 특징들을 요약하면 다음과 같다.

① 영성 지도는 피지도자가 현재 자신이 경험하고 있는 마음을 표현할 수 있도록 경청하면서 도와주어야 한다.

두 제자는 예수님이 십자가에서 돌아가신 후 실의에 빠져 엠마오에 있는 집으로 걸어가고 있었다. 예수님은 그들에게 이렇게 질문하셨다.

"너희가 길 가면서 서로 주고받고 하는 이야기가 무엇이냐"(17절).

질문을 받은 두 사람은 슬픔을 표현했으며, 그중 한 사람인 글로바는 심지어 "당신이 예루살렘에 체류하면서도 요즘 거기서 된 일을 혼자만 알지 못하느냐"(18절)라고 말하면서 분노를 표현하기까지 했다. 아울러 그들은 예수님에 대한 존경심을 나타냈고["그는 하나님과 모든 백성 앞에서 말과 일에 능하신 선지자이거늘"(19절)], 또한 기대를 표현했다["우리는 이 사람이 이스라엘을 속량할 자라고 바랐노라"(20절)]. 영성 지도에서 마음을 있는 그대로 표현하게 하는 것은 무척 중요하다.

② 영성 지도의 목표는 '눈이 밝아져' 예수님을 알아볼 수 있게 도와주는 것이다.

예수님과 두 제자의 대화는 두 제자가 "그들의 눈이 가리어져서 그[예수님]인 줄 알아보지 못하거늘"(16절)이라고 지적하며 시작되고, "그들의 눈이 밝아져 그인 줄 알아보더니"(31절)라고 명시하며 마무리된다. 영성 지도자는 영성 지도 대화를 통해 피지도자가 일상적 경험들을 이야기할 때 그 이야기 안에 성령을 통해 역사하신 하나님의 임재를 알아차릴 수 있도록 도와주어야 한다.

③ 영성 지도는 성경 공부와 묵상을 통해 예수님에 대해 올바로 이해하도록 도와준다.

예수님은 "모세와 모든 선지자의 글로 시작하여 모든 성경에 쓴바 자기에 관한 것을 자세히 설명"해 주셨다(27절). 물론 영성 지도가 성경을 연구하는 시간은 아니며, 시간의 제한이 있기 때문에 그렇게 할 수도 없다. 그렇지만 영성 지도에서 성경 공부와 성경 묵상을 강조하는 것은 무척 중요하다. 왜냐하면 하나님의 말씀을 묵상할 때 성령이 가장 가까이 역사하시기 때문이다. 성령이 말씀을 통해 역사하실 때 피지도자는 '마음이 뜨거워지는' 경험을 하게 된다.

④ 영성 지도는 직면하는 것이다.

예수님은 부활의 증거를 듣고도 믿지 못하는 두 제자에게 믿음의 현실을 직시하도록 말씀하셨다.

"미련하고 선지자들이 말한 모든 것을 마음에 더디 믿는 자들이여 그리스도가 이런 고난을 받고 자기의 영광에 들어가야 할 것이 아니냐"(25-26절).

예수님의 직면은 자칫 자존심 상하는 말로 들릴 수 있지만, 아마도 제자들이 정신이 번쩍 들고 예수님의 말씀에 귀를 기울이게 하는 효과를 가져왔을 것이다. 영성 지도에서 직면은 조심스럽게 사용해야 하지만, 영성 지도자가 직면하게 하시는 성령의 사인을 잘 알아차리고, 용기를 내서 직접 솔직히 말해야 할 때가 있다. 성령이 일으키신 직면은 그 이후에 마음을 뜨겁게 하는 감동의 경험으로 연결되고, 일상 속에 현존하시는 예수님을 알아차리는 경험으로 안내하기 때문이다.

⑤ 영성 지도의 효과는 공동체 안에서 예수님을 알아차리는 경험으로 나타난다.

두 제자는 예수님께 간청해서 집에서 함께 식사를 나누었다. 예수님이 "떡을 가지사 축사하시고 떼어 그들에게" 주시는 순간(30절) 그들의 눈이 밝아져 예수님이신 줄 알아보게 되었다. 영적 공동체가 함께 식사를 나누는 자리는 예수님을 가장 잘 알아차리게 되는 현장이다. 특히 예배 안에서 성만찬 시간이야말로 예수님의 임재를 경험하는 가장 중요한 순간이다. 영성 지도는 영적 공동체가 함께 하나님의 임재를 경험하고 일치를 이룰 수 있도록 돕는 효과적인 사역이다.

지금까지 구약성경에서는 제사장 엘리와 예언자 나단의 예를, 신약성경에서는 예수님의 예를 들어 영성 지도의 특징들을 살펴보았다. 이 모델들 말고도 수많은 영성 지도의 예가 성경 곳곳에 담겨 있다. 그러므로 성경 인물들과 예수님이 다른 사람들과 나눈 대화의 내용과 방식을 잘 살펴봄으로써 바람직하고 효과적인 영성 지도의 성경적인 특징들을 배워서 잘 적용하기를 바란다. 그때 피지도자들이 하나님과 더욱 친밀한 관계를 경험할 수 있을 것이고, 그 결과 하나님의 뜻을 분명히 인식하고 순종하게 될 것이다.

역사적 배경

교회사에는 영성 지도의 다양한 모델이 나온다. 사막의 영성 시기(주후 3-5세기)에는 영성 지도자를 '압바'(abba, 영적인 아버지) 또는 '암마'(amma, 영적인 어머니)라고 불렀다. 이 전통은 수도원에 그대로 이어졌는데, 나중에는 스승과 제자의 관계로 바뀌었다. 로마 가톨릭교회에서는 사제가 고백성사를 주면서 영성 지도자의 역할을 했다. 16세기 예수회를 설립한 로욜라의 이냐시오는 《영신 수련》이라는 영성 훈련 매뉴얼을 사용해 말씀 묵상을 통한 영성 지도를 했다. 이때 영성 지도자는 피정 지도자였다. 종교개혁 후에는 목회자들이 영성 지도를 했는데, 설교 및 심방, 편지 쓰기 등의 방법으로 성도들의 영적 성장을 도와주었다.

교단을 불문하고 하나님을 향한 추구를 도와주는 영성 지도자들은 언제나 있어 왔다. 영성 지도자는 대체로 하나님과의 관계를 친밀하게 경험하고 있고, 인격적으로 성숙하고, 마음이 따뜻하며, 비밀 유지를 잘해서 신뢰할 수 있는 사람이어야 한다.

전통적인 영성 지도와 현대적인 영성 지도는 다소 차이가 있다. 전통적인 영성 지도는 영성 지도자가 교회 또는 영적 공동체가 부여해 준 권위를 바탕으로 지시적인 영성 지도를 했다. 반면 현대적인 영성 지도는 교회 또는 영적 공동체 안에 세워진 영성 지도자에 의해 행해진다는 점과 하나님께 주의를 집중하는 데 도움이 되도록 영성 훈련을 안내한다는 점은 동일하지만, 교회의 지위보다는 은사를 강조하고, 비지시적으로 동반하며, 대화 방법에 있어서 현대 상담의 기술을 많이 차용한다는 특징이 있다.

영성 지도의 효과

영적인 성장 과정에서 피지도자는 하나님에 대한 오해라든가 내적인 저항과 같은 방해 요소들을 경험할 수 있다. 그러나 하나님을 신뢰하고 영성 지도자를 믿으면서 일대일 또는 소그룹 영성 지도 대화를 정기적으로 꾸준히 하면, 대체로 하나님과의 관계가 더욱 친밀해진다. 자네트 바크(Jeanne A. Bakke)는 《거룩한 초대》라는 책에서 영성 지도의 효과를 다음과 같이 더욱 구체적으로 제시했다.[1]

(1) 하나님과 자신에 대한 인식이 증가한다.

(2) 감사하는 마음이 늘어난다.

(3) 신뢰하는 마음이 커진다.

(4) 영적인 진보를 서서히 경험한다.

(5) 하나님을 더욱 원한다.

(6) 항상 기도하려고 애쓴다.

(7) 하나님의 사랑, 임재, 돌봄에 의해 더욱 고무된다.

(8) 더욱더 개방적이 되며 주의를 집중할 수 있게 된다.

(9) 내외적 실천이 그리스도의 마음과 정신을 반영한다.

(10) 기도, 관계, 일의 우선순위를 하나님 안에서 선택하기를 원하며, 성경적 가치관에 따라 활동하기를 소망한다.

(11) 의미 있는 상호 작용과 관계들에 온전히 참여하려는 소망이 더욱 커진다.

(12) 하나님을 신뢰하듯이 다른 사람을 신뢰하게 된다.

(13) 사회의 소외된 사람들에게 보다 관심을 갖게 된다.

(14) 하나님이 모든 사람을 사랑하신다는 것을 더욱 인식하게 되어 기도

와 행동에 변화가 일어난다.

(15) 적절하고 의미 있는 사회 행동에 참여하게 된다.

(16) 사랑이 커진다.

이러한 효과들은 사실 그리스도인 모두가 경험하기를 갈망하는 것이다. 그러므로 이 효과들을 기대하면 영성 지도 실습을 위한 좋은 동기 부여가 될 수 있다. 아울러 영성 지도 대화 중에 치유와 회복을 경험하기도 한다. 치유가 영성 지도의 목적은 아니지만 영성 지도는 치유가 일어날 수 있는 충분한 환경을 제공하는 것이 사실이다.

영성 지도 실습 안내문 및 해설

이 안내문은 일대일 영성 지도 대화를 위한 것이다.[2]

준비 및 기도

(1) 피지도자는 최근에 있었던 경험 한 가지를 준비해 온다. 예를 들어, 하나님의 임재를 깊이 느꼈던 순간, 가장 감사하는 마음이 들었던 순간, 또는 가장 마음이 혼란스러웠던 순간 등이다.

(2) 하나님의 임재를 상징하는 성경책을 앞에 펼쳐 놓는다.

(3) 영성 지도자와 피지도자는 침묵하며 하나님의 임재 앞에 잠시 머문다.

(4) 영성 지도자가 하나님의 인도하심을 구하는 기도를 드린다.

주의를 집중하기

(1) 피지도자가 최근에 있었던 경험을 한 가지 이야기한다.

(2) 영성 지도자는 피지도자의 이야기를 관상적으로 경청한다. '관상적 경청'(contemplative listening)이란 "오랫동안 사랑하는 마음을 품고 바라"보고 기도하면서 경청한다는 뜻이다(a long, loving look at the real).[3]

알아차리기

(1) 영성 지도자는 피지도자의 이야기를 경청하면서 피지도자의 마음의 움직임을 알아차린다.

(2) 영성 지도자는 피지도자의 이야기를 경청하면서 하나님의 움직이심을 알아차린다.

(3) 영성 지도자는 피지도자의 이야기를 경청하면서 자신의 마음의 움직임을 알아차린다.

반응하기

(1) 영성 지도자는 '어떻게 반응해 주면 피지도자가 하나님의 현존과 부르심을 바라보고 알아차리는 데 도움이 될까?'를 생각해 본다.

(2) 반응할 때 다음과 같은 대화 기술들을 사용할 수 있다. 반영하기 (mirroring), 전달하기(delivering), 재진술 하기(paraphrasing), 요약하기, 침묵 또는 쉼, 음미하기(savoring), 그리고 질문하기 등이다.

대화의 과정

(1) 피지도자는 영성 지도자의 반응을 듣고 떠오르는 것을 이야기한다.

(2) 영성 지도자는 피지도자의 이야기를 듣고 '주의를 집중하기'부터 '반응하기'까지의 과정을 반복한다.

마무리

(1) 영성 지도자와 피지도자는 함께 잠시 침묵하며 대화 가운데 하나님이 어떻게 함께해 주셨는지를 돌아본다.

(2) 영성 지도자는 피지도자로 하여금 대화 가운데 깨닫고 느낀 것을 하나님께 기도하도록 안내한다.

소그룹 나눔 질문

1 영성 지도 대화에서 피지도자 역할을 했을 때 어떤 경험을 했는가? 하나님과의 관계에 어떤 도움이 되었는가? 자신에 대해 새롭게 알아차린 것은 무엇인가?

2 영성 지도 대화에서 영성 지도자 역할을 했을 때 어떤 경험을 했는가? 경청이 잘되었는가? 경청을 방해하는 것이 있었다면 무엇인가? 반응은 잘해 주었는가? 반응을 준비할 때 어려운 점은 무엇이었는가?

참고 도서

· 로즈마리 도어티, 이만홍·최상미 역.《그룹 영성 지도》. 서울: 로뎀, 2010.

· 윌리엄 A. 베리·윌리엄 J. 코놀리, 김창재·김선숙 역.《영적 지도의 실제》. 경북: 분도출판사, 1995.

· 자네트 바크, 최승기 역.《거룩한 초대》. 서울: 은성, 2007.

· 케네스 리치, 신선명·신현복 역.《영혼의 친구》. 서울: 아침영성지도연구원, 2006.

영혼의 잔치

기독교 영성 훈련의 목적은 그리스도인이 개인적으로, 공동체적으로 하나님께 주의를 집중할 수 있게 도와주는 것이다. 영성 훈련을 지속하는 가운데 그리스도인은 하나님의 임재와 부르심을 더 잘 알아차리게 된다. 그 결과 하나님과의 친밀한 관계를 깊이 경험하고 영적으로 더욱 튼튼해져서 하나님이 맡겨 주신 사명을 잘 감당하며 살아갈 수 있게 된다.

영성 지도자 메조리 J. 톰슨은 영성 훈련들을 영혼의 잔칫상에 차려진 음식들로 비유한 적이 있다. 잔칫상에는 생존을 위해 날마다 먹어야 하는 밥과 국도 올라오지만, 잔칫날에만 먹을 수 있는 특별한 음식들도 올라온다.

영성 훈련들도 마찬가지다. 날마다 밥을 먹듯이 실천해야 하는 영성 훈련들이 있다. 예를 들어, 거룩한 읽기(2장), 의식 성찰(9장), 그리고 기도(5장) 등이 여기에 해당된다. 그런가 하면 여름철 보양식처럼 인생의 특별한 시기에 집중적으로 실천해야 하는 영성 훈련들이 있다. 그리스도의 생애 묵상(3장)이나 영적 분별(13장)과 같은 것들이다. 그렇지만 이 책에서 소개한 영성 훈련들은 대부분 특별식이라기보다는 지속적으로 정기적으로 섭취해 주어야 하는 기본식에 해당된다고 할 수 있다.

문제는 영성 훈련을 지속하기가 매우 어렵다는 사실이다. 무엇이 영성 훈련을 꾸준히 실천하지 못하게 하는가?

첫째, 영성 훈련에 대한 책을 읽는 것으로 만족하는 사람들이 있다. 책을 읽는 것은 좋지만, 책을 읽었다는 성취감에 만족하며 머물러 버리는 사람들이 적지 않다. 영성 훈련에 대한 책을 읽는 것과 영성 훈련의 효과를 경험하는 것은 전혀 다르다. 예를 들어, 기도에 대한 책을 읽는 경험과 기도를 했을 때 일어나는 경험이 매우 다르다는 점을 떠올려 보라. 하나님에 대한 이야기를 들은 사람이 말하는 하나님과 하나님을 만난 사람이 이야기하는 하나님은 전혀 다를 것이다.

영성 훈련을 소개하고 설명하는 이유는 독자들이 영성 훈련에 대한 지식을 쌓는 것보다는 영성 훈련을 실습하도록 도움을 주려는 데 그 목적이 있다. 그러므로 이 책에서 소개하는 영성 훈련들을 몇 가지만이라도 꾸준히 실천해 보기를 권한다.

둘째, 삶이 너무 바빠서 영성 훈련을 할 시간을 내기가 힘든 사람들이 있다. 영성 훈련을 소개하는 영성 지도자에게 "마음은 있지만 시간을 내기가 힘듭니다"라고 말하는 그리스도인들이 많다.

이에 대한 해결책은 우선, 내면에 하나님을 추구하는 영적 열망(spiritual desire)을 회복하는 것이다. 영적 열망이 있으면 영성 훈련을 기쁘게 지속할 수 있다. 영적 열망은 불과 같아서 더 하고 싶은 마음을 불러일으키기 때문이다. 영적 열망의 회복을 위해 기도해야 한다.

다음으로, 자신의 삶의 형편에 맞도록 시간 활용을 지혜롭고 융통성 있게 하는 것이다. 한국 그리스도인들은 성경 묵상을 아침에 1시간가량 하는 것이 전통이 되었지만, 누구나 그 방법을 따라야 하는 것은 아니다. 아침에 묵상하기 힘든 사람은 오후 또는 밤에 집중이 잘되는 시간을 선택해서 하면 된다. 또한 성경 묵상을 하루에 30분 또는 1시간씩 한 번만 해야 하는 것은 아니다. 시간을 쪼개고 묵상할 구절을 줄여서 15분씩 여러 차례 반복해서 묵상하는 것도 효과적이다.

셋째, 영성 훈련을 해 보았지만 별로 효과를 보지 못해서 포기한 사람들이 있다. 영성 훈련 후 마음의 변화, 삶의 변화, 하나님과의 관계에서 친밀함 등을 경험하지 못했다면 당연히 영성 훈련에 대해 회의하는 마음이 들 것이다. 이럴 때 가장 도움이 되는 것이 영성 지도(14장)다. 낙심한 상태에서 영성 훈련을 포기하거나 혼자 해결하려고 하지 말고, 영성 지도자나 영성 훈련을 함께 하는 소그룹 구성원들에게 사정을 솔직하게 털어놓고 중보 기도를 부탁하며 열린 마음으로 조언을 들어 보라. 하나님이 지혜를 주시고 도와주실 것이다.

그렇다면 영성 훈련을 지속하려면 어떻게 해야 할까?

영성 훈련의 지속성과 관련해서 기독교 영성사가 전해 주는 지혜는 '규칙'이다. 다시 말해서, '영성 생활 규칙'(the Rule of Life)을 세우라는 것이다.

이와 관련해서 수도원은 지혜의 보물창고다. 수도원에 대해 여전히 거부감을 느끼는 개신교인들이 많은 것이 사실이지만, 전통적으로 수도원은 평생을 영성 훈련에 헌신한 그리스도인들을 위한 학교였다. 물론 여기에서 영성 훈련 자체가 목표가 아니라 예수 그리스도의 제자로 살아가는 것이 목표였다는 점을 잊어서는 안 된다. 이 목표에 도움이 되는 영성 훈련들을 홀로, 그리고 함께 평생에 걸쳐 지속해 나가자고 결심한 그리스도인들의 공동체가 본래 수도원이었던 것이다. 이 사실을 인식한 현대 개신교회에 새로운 수도원 운동들이 일어나고 있다.

6세기에 베네딕트 수도원에서 사용했던 《베네딕트 규칙서》를 예로 들어 보자. 이 책은 수도사들의 생활과 관련된 모든 내용을 담고 있다. 특히 수도사들이 하루를 어떻게 보냈는지 눈여겨보라. 수도사들은 이 규칙서에 의거해서 매일 8회 모여 예배하고(성무일도), 2-3시간 성경을 읽고 묵상하며(렉시오 디비나), 3-4시간 노동했다. 예배와 성경 묵상, 그리고 노동이 규칙적으로 반복되는 일상이었다. 수도사들은 일상에서 반복되는 영성 훈련을 통해 하나님의 은혜 안에서 각자의 내면에 깊이 자리 잡은 죄악 된 본성들에 정화가 일어나고, 하나님에 대한 지식이 깊어지며, 하나님과 형제자매들을 깊이 사랑하는 사람으로 변화되는 것을 경험했다.

그런데 여기에서 유의할 점은 규칙을 율법 또는 행위와 혼동하지 않는 것이다. '영성 생활 규칙'은 '성령 안에서의 자유'와 상반된 표현이 결코 아니라는 점도 명심하자. 규칙을 오해하면 영적으로 성장하기보다 바리새인들처럼 규칙에 고착될 수 있다.

영성 생활 규칙은 영성 훈련을 지속적으로 정기적으로 할 수 있도록 도와주는 장치다. 다음의 질문들을 바탕으로 각자 영성 생활 규칙을 세워 보자.

(1) 매일 실천할 영성 훈련들은 무엇인가? 구체적으로 언제, 어디에서, 어떻게 할 것인가?

　　예) 아침 6시부터 1시간 동안 방에서 거룩한 읽기(2장) 방법으로 성경을 묵상한다. 밤 9시부터 30분 동안 방에서 의식 성찰(9장)을 실천하고 영적 일기(10장)를 작성한다.

(2) 매주 실천할 영성 훈련들은 무엇인가? 구체적으로 언제, 어디에서, 어떻게 할 것인가?

　　예) 금요일 오후 12시부터 1시간 동안 금식(7장)하며 중보 기도를 한다. 토요일 오후 1시부터 1시간 동안 가까운 공원에서 자연 묵상(8장)을 한다.

(3) 매월 실천할 영성 훈련들은 무엇인가? 구체적으로 언제, 어디에서, 어떻게 할 것인가?

　　예) 마지막 주 금요일 1시간 영성 지도(14장)를 위해 영성 지도자를 만나 대화를 나눈다.

⑷ 매년 실천할 영성 훈련들은 무엇인가? 구체적으로 언제, 어디에서, 어떻게 할 것인가?

예) 1월 첫 주 3박 4일간 영성 수련원에서 침묵하며 성경 한 권을 통독하고 기도한다.

영성 생활 규칙을 세웠으면 소그룹에서 그 규칙에 대해 이야기하는 것이 도움이 된다. 소그룹 구성원들은 서로 격려하고, 경험을 나누며, 서로를 위해 기도해 줄 수 있다.

자, 이제 책을 읽으면서 가장 마음에 다가온 영성 훈련부터 시작해 보자. 이 책이 한 번 읽고 지나가는 책이 아니라 독자 여러분의 손에 자주 잡히는 책이 되기를 바란다.

이강학

1장   기독교 영성 · 영성 형성 · 영성 훈련

1   이어령, 《지성에서 영성으로》(서울: 열림원, 2010).

2   Pierre Hadot, *Philosophy as a Way of Life: Spiritual Exercises from Socrates to Foucault* (Oxford: Blackwell, 1995).

3   "경건과 학문"은 장로회신학대학교의 모토이기도 하다.

4   '신심'이나 '경건'이라는 말들의 본래적, 성경적, 신학적 의미를 되찾으려는 시도는 물론 정당한 것이며, '영성' 역시 근대성, 세속화에 순치된 종교의 면모(개인화, 심리화, 사사화)를 보여 주는 예로 제시되기도 한다.

5   "[R]eligion is the substance of culture, culture is the form of religion." Paul Tillich, *Theology of Culture* (New York: Oxford University Press, 1959), 42.

6   Sandra M. Schneiders, "Approaches to the Study of Christian Spirituality," in *The Blackwell Companion to Christian Spirituality*, ed. Arthur Holder (Oxford: Malden, MA: Blackwell Publishers, 2005), 16.

7   어거스틴, 선한용 역, 《고백록》(서울: 대한기독교서회, 2003).

8   범신론적 영성과 달리 기독교 영성에서 말하는 하나님과의 일치는 '나'(I)와 '하나님'(Thou) 사이의 구별이 없어지는 존재론적 일치가 아니라 '나'(I)와 '하나님'(Thou) 사이의 사랑의 관계가 완성되는 관계적, 인격적 일치다.

9   "참된 관상은 심리적 기술(奇術)이 아니라 신학적 은총이다"(True contemplation is not a psychological trick but a theological grace). Thomas Merton, *Contemplative Prayer* (New York: Image Book, 1996), 70.

10   필자의 지도 교수였던 아더 홀더(Arthur Holder)는 기독교 영성에 대한 작업적 정의로서 "기독교 신앙과 제자도에 대한 실체험"(the lived experience of Christian faith and discipleship)을 제시한다. *The Blackwell Companion to Christian Spirituality*, 5.

2장	거룩한 읽기(렉시오 디비나)
1	"영성 신학자 유진 피터슨 목사 '성경 이렇게 읽어라'", 국민일보 2016년 1월 23일, 18면.
2	유진 피터슨, 《이 책을 먹으라》(서울: IVP, 2006), 19-25.
3	오리게네스, 《그레고리오스 타우마투르고스에게 보낸 편지》, 4.
4	요한네스 카시아누스, 《담화집》, 14,10,2.
5	크리소스토무스, 《마태복음에 관하여》, II,5.
6	어거스틴, 《고백록》, 6.3.3.
7	베네딕투스, 《베네딕트의 규칙서》, 48.1.
8	귀고 2세, 《수도승의 사다리》, 12장.
9	*Luther's Works*, American Edition 34:287.
10	Gregory the Great, *Forty Gospel Homilies*, "Homily 25."
11	아타나시우스, 《마르셀리누스에게 보내는 편지》.
12	Marjorie J. Thompson, *Soul Feast* (Louisville, KY: Westminster John Knox Press, 2005), 25-27.
13	유해룡, 《하나님 체험과 영성 수련》(서울: 장로회신학대학교출판부, 2000), 90.

3장	그리스도의 생애(복음서) 묵상
1	요셉 봐이스마이어, 전헌호 역, 《넉넉함 가운데서의 삶》(왜관: 분도출판사, 1996), 194.
2	같은 책, 162.
3	토마스 아 켐피스, 윤을수 역, 박동호 윤문, 《준주성범: 그리스도를 본받아》 1권 1장 (서울: 가톨릭출판사, 2012, 개정2판), 19.
4	로욜라의 이냐시오, 정제천 역, 《영신 수련》(서울: 이냐시오영성연구소, 2005).
5	《영신 수련》의 각 주간은 독특한 기도들을 포함하는데, 첫째 주간은 원리와 기초, 둘째 주간은 '그리스도의 나라' 묵상, '두 개의 깃발' 묵상과 '세 종류의 사람들' 묵상, 넷째 주간을 마치면서 '사랑을 얻기 위한 관상'이 있다. 이런 독특한 기도에 대해서는 향후 출간 예정인 '인도자용'에서 다루기로 한다.
6	《영신 수련》 일러두기 [4]. 《영신 수련》은 [숫자]로 각각의 구절에 번호를 부여하고 있다.
7	《영신 수련》 일러두기 [5]. 류해욱, 《여울지는 강물을 따라: 영신 수련의 해설과 적용》(서울: 이냐시오영성연구소, 2011), 77-78.
8	Joyce Huggett, "Why Ignatian Spirituality Hooks Protestants," *The Way Supplement* 68 (Summer, 1990), 25; David Lonsdale, *Listening to the Music of the Spirit: The Art of*

Discernment (Notre Dame, Indiana: Ave Maria Press, 1992), 164-165.

4장   예배

1   Andrew Louth, *The Origins of the Christian Mystical Tradition: From Plato to Denys* (NY: Oxford University Press, 1960), 199-201.

2   John D. Zizioulas, *Being As Communion: Studies in Personhood and the Church* (Crestwood, NY: St Vladimirs Seminary Press, 1997), 53-59.

3   Sandra M. Schneiders, *The Revelatory Text: Interpreting the New Testament as Sacred Scripture* (Collegeville, MN: Liturgical Press, 1999), 64.

4   *St. Cyril of Jerusalem's Lectures on the Christian Sacraments: The Procatechesis and the Five Mystagogical Catecheses* (Crestwood, NY: St Vladimirs Seminary Press, 1977). 시릴은 23장으로 구성된《교리 강론》(*Catechetical Lectures*)을 남겼는데, 1-18장은 세례 지원자(catechumen)들에게 기독교 신앙의 기본 교리를 강론한 내용이고, 19-23장은 부활절을 맞아 세례를 받은 새 신자들에게 세례와 성찬례 예절의 의미를 강론한 내용으로서, 이 마지막 다섯 장을 따로《미스타고지 강론》이라고 부른다.

5   William Temple, *The Hope of A New World* (London: SCM Press, 1941), 30.

5장   기도

1   "기도는 하나님에 관한 신학적 진리를 하나님 체험으로 바꾸는 행동이자 성경의 진리를 통하여 하나님과 친밀한 관계 형성을 추구하는 행동이다." 유해룡,《기도 체험과 영적 지도》(서울: 장로회신학대학교 출판부, 2007), 12.

2   Michael Counsell, *2000 Years of Prayer* (Harrisburg, PA: Morehouse Publishing, 1999), 117.

3   위의 책, 180.

4   "집단 사회의 행동 규범 또는 역할을 분석심리학에서 '페르조나'(Persona, 고대 그리스에서 연극할 때 쓰던 가면)라 부른다. … 집단이 개체에 요구하는 도리, 본분, 역할, 사회적 의무에 해당하는 것, 그 집단에서는 누구나 그렇게 생각하고 느끼고 행동해야 할 여러 유형이다. '나'는 '페르조나'를 배우고 여러 종류의 '페르조나'를 번갈아 쓰면서 사회 속을 살아간다." 이부영,《그림자: 우리 마음속의 어두운 반려자》(서울: 한길사, 1999), 36.

5   Ann & Barry Ulanov, *Primary Speech: A Psychology of Prayer* (Atlanta: John Knox Press, 1982), 1-2.

6장 안식

1 어거스틴,《고백록》, 19. 주후 100년경의 저술로 추정되는 이그나티우스의《마그네 시아서》는 그리스도인들의 모임이 토요일이 아닌 일요일에 이루어졌음을 보여 주 는 최초의 기록이다. "그들은 더 이상 안식일을 지키지 않고 오히려 그분과 그분의 죽음을 통해 우리의 생명이 솟아나는 날인 주의 날을 좇아 산다." 양용의,《예수님과 안식일 그리고 주일》(서울: 이레서원), 331.

2 한병철, 김태환 역,《피로사회》(서울: 문학과지성사, 2012), 23-29.

3 아브라함 조슈아 헤셸, 김순현 역,《안식》(서울: 복있는사람, 2007), 64.

7장 금식

1 "먹방과 포르노, 황교익 주장 3시간 들으면 설득당한다",《오마이뉴스》, 2017년. 4월 17일.

2 존 칼빈,《기독교 강요》4권 12장.

3 메조리 J. 톰슨, 최대형 역,《영성 형성 훈련의 이론과 실천》6장 "자기 비움의 훈련", 서울: 은성, 2015.

4 Charles M. Murphy, *The Spirituality of Fasting: Rediscovering a Christian Practice* (Notre Dame, IN: Ave Maria Press, 2010), 29.

5 Caroline Walker Bynum, *Holy Feast and Holy Fast: The Religious Significance of Food to Medieval Women* (Berkeley, CA: University of California Press, 1988).

6 Susan Hayward, "Food," in *The Westminster Dictionary of Christian Spirituality*, eds. by Philip Sheldrake (Louisville, Kentucky: Westminster John Knox Press, 2005).

7 Lynne M. Baab, "Fasting," in *Dictionary of Christian Spirituality*, eds. by Glen G. Scorgie (Grand Rapids, Michigan: Zondervan, 2011).

8 피에트라 피트니스(Pietra Fitness)는 미국의 예수성심수도회(Sacred Heart of Jesus)와 성모성 심수도회(Immaculate Heart of Mary)에 소속된 영성 수련 공동체다. https://pietrafitness. com/

8장 자연 묵상

1 에르네스트 르낭, 최명관 역,《예수의 생애》(서울: 도서출판 창, 2011).

2 같은 책, 134-135.

3 위의 책, 111.

4   Neil Douglas-Klotz, *The Hidden Gospel: Decoding the Spiritual Message of the Aramaic Jesus* (Quest Books, 1999), 53.

5   프란츠 알츠, 손성현 역,《생태주의자 예수》(경기: 나무심는사람, 2003).

6   최광선, 한국교회환경연구소 편, "생태 위기 시대, 기독교 영성 훈련",《포스트휴먼 시대, 생명, 신학, 교회를 돌아보다》(서울: 동연, 2017), 308-333.

7   Pope Francis, *Laudato Si'* (Vatican Press, 2015), no. 85.

8   Augustine, De Civit, Dei, Book XVI, as quoted by Hugh Price, *Saint Augustine of Hippo* (Image Books, 1957), 227.

9   St. Augustine, *De Civit*, Book XVI, as quoted by Hugh Price, Saint Augustine of Hippo (Image Books, 1957), 227.

10   M. Luther, *Martin Luther on Creation.* 재인용 Caesar Johnson, *To See a World in a Grain of Sand* (Norwalk, Conn: C.R. Gibson Company, 1972), 24.

11   헨리 나우웬,《분별력》, 이은진 역(서울: 포이에마, 2016), 110-111.

12   같은 책.

13   고은,《내 변방은 어디 갔나》(서울: 창비, 2011).

14   Brain Pierce, *We Walk the Path Together* (Maryknoll: Orbis Books, 2005), 13.

15   권정생,《우리들의 하나님》(서울: 녹색평론사, 2008), 28.

16   윤인중,《솔숲에서 띄우는 편지》(서울: 동연, 2008), 8.

9장   의식 성찰(성찰 기도)

1   성찰에 대해 그 초점이 무엇인가에 따라 '양심 성찰'과 '의식 성찰'로 구별하는 경우도 있다. 양심 성찰은 나의 양심에 비추어 무엇을 잘했고 무엇을 잘못했는지, 옳고 그른지를 살펴보는 것에 초점이 있고, 의식 성찰은 무엇을 잘하고 잘못했는가에 대한 판단보다는 하나님의 사랑에 대한 의식과 자신의 반응이라는 내면의 움직임에 초점을 둔다. 영어에서는 양심 성찰(examination of conscience)과 의식 성찰(examination of consciousness)로 구분되지만《영신 수련》에서 사용된 스페인어 'conscientia'는 양심과 의식을 모두 뜻하는 단어다. 따라서 오늘날은 판단을 강조하는 것처럼 보이는 양심 성찰보다는 하루 동안 있었던 사건이나 느낌에 주목해 관찰하며 내면의 움직임에 주의를 기울이는 의식 성찰이 더 적절한 용어라고 생각하는 경향이 많다. 류해욱,《여울지는 강물을 따라: 영신 수련의 해설과 적용》(서울: 이냐시오영성연구소, 2011), 116-117.

2   뻬라지오와 요한 편, 요한 실비아 역,《사막 교부들의 금언집》(왜관: 분도출판사, 1988),

42, 209-212.

3   총회목회정보정책연구소 편,《목회 매뉴얼: 영성 목회》(서울: 한국장로교출판사, 2012), 89.

4   뻬라지오와 요한 편, 앞의 책, 215.

5   같은 책, 346.

6   같은 책, 42-52, 209-212.

7   인터넷 기사, "박정은의 신학 오디세이아", 2013년 9월 12일.

8   존 칼빈,《기독교 강요》3권 7장.

9   리처드 백스터, 최치남 역,《참 목자상》(서울: 생명의말씀사, 2003), 48.

10   리처드 포스터, 권달천·황을호 역,《영적 훈련과 성장》(서울: 생명의말씀사, 2009, 3판), 131-132.

11   로버트 파빙, 이건 역,《일상생활에서의 하느님 체험》(서울: 가톨릭출판사, 2003), 18.

12   그레이엄 다우 편, 강우식 역,《나에게 맞는 기도 방법 찾기》(서울: 바오로딸, 2003), 169-174.

10장   영적 일기

1   'diary'(다이어리)는 라틴어 'diarium'(디아리움: 하루 할당량)에서, 'journal'(저널)은 'diurnus'(디우르누스: 하루의)가 고대 프랑스어 'jurnal'을 거쳐서 온 영어 단어다.

2   Joseph D. Driskill, *Protestant Spiritual Exercises: Theology, History, and Practice* (Harrisburg, PA: Morehouse, 1999), 110.

3   John Wesley, *The Journal of John Wesley* (Grand Rapids: Christian Classics Ethereal Library, 1951), 55.

4   새뮤얼 피프스와 청교도와 퀘이커 교도들의 일기에 대해서는 "Diary Writing Turns a New Leaf," *The New York Times*, November 8, 1981을 참조했다. (http://www.nytimes.com/1981/11/08/magazine/diary-writing-turns-a-new-leaf.html?pagewanted=all, 2017년 8월 31일 접속).

5   Thomas Merton, *The Sign of Jonas* (Orlando: Harvest Books, 1981), 107-108.

6   이만열, "간행사",《김교신 일보》, 김교신 지음, 김교신선생기념사업회 편 (서울: 홍성사, 2016), 4.

7   Joseph D. Driskill, 앞의 책.

8   Daniel P. Horan, "Striving toward Authenticity: Merton's 'True Self' and the Millennial Generation's Search for Identity," *The Merton Annual: Studies in Culture, Spirituality, and Social Concerns* 23 (2010), 85-86.

9   헨리 나우웬, 윤종석 역,《영성 수업》(서울: 두란노, 2007), 134-135.

11장 환대

1   Parker J. Palmer, *The Company of Stranger: Christians and the Renewal of American's Public Life* (New York: Crossroad, 1986), 69.

2   V. H. Kooy, "손님 대접",《The Christian Encyclopedia, 기독교대백과사전》vol. 9, 이기문 감수, 1984, 681.

3   누르시아의 베네딕트, 권혁일·김재현 역,《베네딕트의 규칙서》제53장(서울: KIATS, 2011), 97-99.

4   디트리히 본회퍼, 정지련·손규태 역,《신도의 공동생활》(서울: 대한기독교서회, 2010), 21. 이후 페이지만 기록.

5   메조리 J. 톰슨, 최대형 역,《영성 형성 훈련의 이론과 실천》(서울: 은성, 2015), 221.

6   디트리히 본회퍼, 고범서 역,《옥중서간》(서울: 대한기독교서회, 1995), 230-231.

7   Bonhoeffer, *Letters and Papers from Prison*, 209.

8   같은 책.

12장 일

1   김수영,《김수영 전집 2: 산문》(서울: 민음사, 2003), 65-66.

2   같은 책, 66-67.

3   뤼시엥 레뇨,《사막 교부 이렇게 살았다》(왜관: 분도출판사, 2006), 150.

4   베네딕타 와드 편,《사막 교부들의 금언》(서울: 은성, 2005), 37.

5 《베네딕트의 규칙서》(서울: KIATS, 2011), 48장 9절.

6   이형기, "중세 사회의 직업관과 루터 신학에 있어서 직업의 의미", 오성춘 편,《기독교인의 직업과 영성》(서울: 장로회신학대학교 출판부, 2001), 173.

7   로렌스 형제, 오현미 역,《하나님의 임재 연습》(서울: 좋은씨앗, 2008), 88-89.

8   '영혼의 어둔 밤'은 하나님과의 일치의 여정에서 일어나는 영적인 위기를 가리키는 말로, 하나님을 향한 사랑의 의지가 있음에도 불구하고 하나님이 계시지 않은 것 같은 느낌, 곧 환멸, 무의미, 심지어 우울증에 버금가는 정신적 상태에 놓이는 경험적 상태다.

13장 영적 분별

1   엘리자베스 리버트, 이강학 역,《영적 분별의 길: 하나님과 함께 믿음의 결정 내리기》(서울: 좋은씨앗, 2011), 53.

2   Luke Timothy Johnson, *Scripture and Discernment: Decision Making in the Church* (TN: Abingdon Press, 1996).

3   Walter Burghardt, "Contemplation," *Church*, 1989.

4   Philip Sheldrake, *Befriending our Desires* (Ottawa, Canada: Saint Paul University, 2001), 18.

5   좀 더 자세한 안내는 엘리자베스 리버트, 앞의 책, 38-42를 참조하기 바란다.

14장 영성 지도

1   자네트 바크, 최승기 역, 《거룩한 초대》(서울: 은성, 2007).

2   소그룹 영성 지도 대화의 경우에는 로즈메리 도어티, 이만홍·최상미 역, 《그룹 영성 지도》(서울: 로뎀, 2010) 참고.

3   Walter Burghardt, "Contemplation," *Church* 5(Winter 1989): 14-18.